Der Enkel oder Mister Ravensburger fängt den Hut

Der Enkel
oder Mister Ravensburger
fängt den Hut

Eine Unternehmergeschichte
Otto Julius Maier
im Gespräch
mit Andrea Reidt

sagas.edition

Erstauflage 2013
© 2013 sagas.edition, Stuttgart
Lektorat: Martin Mühleis
Korrektorat: Dr. Birgit Gläser
Gestaltung: b3K-design Max Bartholl, Andrea Schneider
Satz: Anja Pfennig-Mische
Interviewtranskripte: Birgit Drögemüller
Titelfoto: Rupert Leser, 1990
Druck und Bindung: CPI - Clausen & Bosse, Leck
ISBN: 978-3-944660-01-1

Vorwort

Wer mich kennt weiß, dass ich mit einer öffentlichen »Zurschaustellung« meiner Person Schwierigkeiten habe. Jedoch sprach Andrea Reidt, die frühere Pressesprecherin von Ravensburger, mich schon vor einigen Jahren darauf an, ob ich nicht »unternehmerische Lebenserinnerungen« festhalten wolle, und sie hat mir dazu ihre Hilfestellung angeboten.

Ich weiß nicht, ob es ihr beständiges Nachfragen, ihre journalistische Hartnäckigkeit war oder eine im Alter möglicherweise zunehmende Eitelkeit – langsam freundete ich mich mit der Idee an, vor allem, weil es einige Dinge in meinem Leben gibt, die ich glaubte, zumindest für die Geschichte der Firma und die Zeitumstände festhalten zu müssen. So kam es zu langen Gesprächen, die wir zwei Jahre lang in unregelmäßigen Abständen führten, wobei wir nicht immer einem roten Faden folgten.

Daraus ist dann, dank der Redaktionsarbeit von Andrea Reidt und auch durch die Ergänzungen und Korrekturen meiner Cousine Dorothee Hess-Maier, das jetzt vorliegende Buch entstanden. Beigetragen hat auch die ergänzende Recherche meiner langjährigen Mitarbeiterin Roswitha Bauknecht. Sie suchte Fotos aus alten Alben aus, um einige Episoden zu illustrieren. Andrea Reidt schlug den Titel vor, mit dem ich sofort sehr einverstanden war. Beim Titelbild hätte ich mich lieber etwas zurückgenommen, aber letzten Endes hat der Verleger das letzte Wort.

Nicht jeder Mitarbeiter, mit dem ich zusammengearbeitet habe, der zur Entwicklung von Ravensburger beigetragen und Impulse gegeben hat, wird sich auf diesen Seiten gewürdigt finden. Es gibt viele Menschen, an die ich heute immer wieder denke. Ich bitte um Verständnis, wenn nicht alle erwähnt sind. Es handelt sich hier nicht um eine um Vollständigkeit bemühte offizielle Geschichte des Unternehmens. Diese wird vielleicht später jemand fortschreiben.

Otto Julius Maier

01
Kinderstuben.
Marie Luise und
Otto Julius

Die mit 23 000 Einwohnern nicht besonders große Stadt Ravensburg im Hinterland des Bodensees, in die Otto Julius Maier im Jahr 1930 hineingeboren wird, nimmt damals wie heute eine landschaftlich, wirtschaftlich und politisch herausragende Position im bunten Flickenteppich Oberschwaben ein. Die Bedeutung der ehemals Freien Reichsstadt und das Selbstverständnis ihrer Bürger gehen übers Regionale weit hinaus – und das trotz der Basilikastadt Weingarten, die direkt nebenan mit ihrem gewaltigen Münster als quasi heiliger katholischer Mittelpunkt des Oberlandes mit Ravensburg um Ansehen konkurriert.

Teile der Ravensburger Bevölkerung, so auch die Familie Maier, bekennen sich zum evangelischen Glauben innerhalb des überwiegend katholischen Oberschwabens, dessen Selbstbewusstsein nach der Reformation durch den Bau prachtvoll ausgestatteter, riesiger Barockkirchen in dörflicher Agrarlandschaft gestärkt wurde. Noch bis ins 20. Jahrhundert wurden die Ravensburger Kinder in unterschiedliche Konfessionsschulen geschickt. Das verlegerische Programm, das Verlagsgründer Otto Maier im 19. Jahrhundert formulierte, entsprang streng protestantischer Geisteshaltung – »Erziehung zu Pflicht, Charakter, Sparsamkeit, Tatkraft«.

Jedoch tolerieren die Ravensburger Christen einander weitgehend, man schließt überkonfessionelle Freundschaften und Bündnisse, vielleicht auch deshalb, weil die Oberschwaben zusammenhalten mussten, nachdem die Region im Jahr 1810 Teil des Königreichs Württemberg geworden war. Es galt, sich trotz verlorener reichsständischer Selbstständigkeit gegenüber den »Herren in Stuttgart« zu behaupten. Man entwickelte und pflegt nach wie vor einen persönlichen Geist, man ist »oige«.

Bis heute ist die Mentalität der Menschen in der Stadt der vielen Türme von Bodenständigkeit und Zukunftsorientierung gleichermaßen geprägt. In der vom Landeszentrum aus gesehen randseitigen Lage, wo man immer um schnelle Bahn- und Straßenanbindungen bemüht war und gegen schleichende Minderwertigkeitsgefühle ankämpfen musste, kokettiert man gerne mit der eigenen Provinzialität, hüllt sich in vornehme Zurückhaltung und protzt keinesfalls mit der persönlichen Geschäftstüchtigkeit, dem erreichten Wohlstand und dem hohen Bildungsanspruch. Vor diesem Hintergrund ist der in den Interviews mit Otto Julius Maier mehrfach zitierte Wert der »Bescheidenheit« zu betrachten, den die Verleger für sich selbst und in den schriftlich fixierten Grundsätzen des Unternehmens Ravensburger hochhalten.

Die starke regionale Verwurzelung steht nicht im Gegensatz zu einer außerordentlichen Weltoffenheit und Wissbegier der Menschen, vielleicht eine mentale Folge der landschaftlich hervorgehobenen Lage. Die gesamte Region liegt dem Ravensburger Mehlsack zu Füßen. Von diesem Turm aus schweift der Blick weit übers Schussenbecken bis zum Bodensee, hinaus ins Allgäu und bis zur Schwäbischen Alb. »Open mind« auf Oberschwäbisch. Geradezu leidenschaftlich suchen die bodenständigen und heimatbewussten Ravensburger nach neuen Einflüssen, fremden Menschen, modernen Trends, innovativen Ideen. Sie holen sich Welt und Leute in ihre schöne alte Stadt und probieren gerne Neues aus.

Es ist dieser Geist zwischen Tradition und Aufbruchsstimmung, in dem der Bub Otto Julius, seine Schwester Marie Luise, sein Cousin Peter und seine Cousinen Dorothee und Irmela aufwachsen.

Marie Luise Kobel, geborene Maier, kam 1920 als Tochter von Otto Maier und seiner Frau Luise, geborene Dieterlen, zur Welt. Marie Luise war fünf Jahre alt, als ihr Großvater Otto Maier starb, an dessen Gestalt und einige seiner Aussprüche sie sich gut erinnert. Das hat sie ihrem zehn Jahre jüngeren Bruder Otto Julius voraus, der den Verlagsgründer nicht mehr kennenlernte. Jedoch prägte auch die Großmutter väterlicherseits, Helene Maier, geborene Kiderlen, die Kindheit und Jugend dieser Enkel, sie lebte bis 1947.

Marie Luises Kindheit unterschied sich wesentlich von der ihres Bruders, nicht nur, weil sie sich als Mädchen anderen Regeln unterwerfen musste als ein Junge, sondern weil zehn Jahre Distanz für Kinder schon fast eine Generation ausmachen. Marie Luise erlebte die 20er-Jahre bewusst, erinnert sich an das Treiben auf den Straßen, wo die anderen Kinder barfuß laufen durften – sie aber nicht. Und auch daran, dass vor der Weltwährungskrise 1929 Geldscheinstapel mit Handkarren zur Bank gebracht wurden. Und sie war schon fast erwachsen, als ihre Eltern sich Mitte der 30er-Jahre scheiden ließen.

Das folgende Gespräch mit den Geschwistern fand in Marie Luise Kobels Wohnzimmer, einer gemütlichen Stube mit niedrigen Decken, in Langenargen am Bodensee statt. Ihr Garten grenzt direkt ans Wasser, manchmal schwimmt die alte Dame noch darin. An diesem späten Frühlingstag ist es sehr heiß, die Fenster der Wohnstube stehen weit offen, um ein wenig Luft hereinzulassen. Die Bäume rauschen laut und übertönen manchmal das Klirren der Kaffeetassen und Kuchengabeln. Während des Gesprächs donnert es hin und wieder, ein Gewitter zieht auf und platzt plötzlich los.

Anfangs spricht Marie Luise Kobel leise und verhalten, offenbar weiß sie nicht so recht, was sie von der ganzen Angelegenheit halten soll; vorsichtig tastet sie sich vor und wird zunehmend lebhafter, je mehr Erinnerungen sie aus ihrem Gedächtnis hervorholt, zuweilen mit verschmitztem Lächeln.

Eine warmherzige, humorvolle und wache Neunzigerin, die man sich auch als eigene Großmutter wünschen würde! Da sie sich schon als junges Mädchen nach einigen tapsigen Versuchen von der möglichen Idee ihrer Umgebung löste, selbst im väterlichen Verlag eine Aufgabe zu übernehmen, dreht sich das Gespräch bald schon um ihre persönliche Lebensgeschichte. Diese stellt auch ohne Bezug zum Unternehmen Ravensburger ein Zeitzeugnis der vergangenen beinahe hundert Jahre dar.

Marie Luise Kobel Man soll die Schwierigkeiten des Lebens zuerst anpacken – in unserem Fall die Rinde des Kuchens! *(Sie lacht.)* Unsere Eltern und wir hatten im selben Haus wie meine Großeltern Otto und Helene Maier gewohnt und ich bin deshalb sehr viel bei den Großeltern gewesen. Das war so ein Zufluchtsort – wenn meine Mutter energisch wurde, dann ging ich nach oben. Das war in der Gartenstraße 10 in Ravensburg mit einem sehr schönen Garten und vielen Spielmöglichkeiten, wohin auch die eine Schwester des Großvaters immer wieder kam, die Tante Sophie. Dass die mit mir gespielt hat – daran kann ich mich noch gut erinnern. Bloß war die Tante Sophie ein bissel enttäuscht, wenn sie mit mir gesungen hat und ich immer »lala« gemacht habe.

Otto Julius Maier Zu Deutsch: Deine Musikalität ist nicht so entwickelt.

Marie Luise Kobel *(lacht)* Nein.

Andrea Reidt War die Sophie älter oder jünger als der Großvater?

Marie Luise Kobel Zehn Jahre jünger. Sie war meine Patentante. Ihr Mann ist früh gestorben und deshalb ist sie oft da gewesen.

Andrea Reidt Sie waren ein kleines Kind, aber erinnern Sie sich an den Großvater?

Marie Luise Kobel Ich hab immer behauptet, ich wolle den Großvater heiraten, und da hat er immer gesagt: »Du schwätzt mir zu viel, das kommt gar nicht infrage – dich heirate ich nicht.«

Andrea Reidt Wie war er?

Marie Luise Kobel Er ging regelmäßig ins Geschäft und kam dann immer wieder heim. Ich bin mir nicht im Klaren, wie sehr er auch krankheitsbedingt viel daheim war. Er war sehr schwer zuckerkrank und ist auch an dieser Krankheit gestorben, aber er war oft daheim und ich durfte dann auf seinem Schoß sitzen. Er hat immer eine Flasche Wein an einer ganz bestimmten Stelle an dem Ledersofa stehen gehabt, ich wollte von den Wein trinken. Da hat's geheißen: Nein, den »Boba-Kakao«[1], den dürfe ich nicht haben.

Otto Julius Maier Unser Großvater ist 1852 geboren, also hat er da die siebzig schon überschritten gehabt. Da waren immerhin alle Söhne schon im Verlag, unser Vater, der Eugen und der Karl auch damals.

Marie Luise Kobel Der Großvater war schon nicht mehr in der Verantwortung.

Andrea Reidt Haben Sie mitbekommen, ob und wie er über den Verlag zu Hause gesprochen hat?

Marie Luise Kobel Nein, dazu war ich zu klein.

Otto Julius Maier Meine Schwester war, als der Großvater starb, knapp fünf Jahre alt. Was hast du für Erinnerungen an den Großvater, war er streng?

Marie Luise Kobel Gütig, er war gütig.

Otto Julius Maier Hast du auch mal Kressbronn erlebt, als er dabei war? Unsere Großmutter hatte einen Anteil an einem Haus in Kressbronn, das bei der Familie eine große Rolle gespielt hat. Die Familienmitglieder konnten es im Sommer umschichtig nutzen.

Marie Luise Kobel Jede Familie hatte einen Monat das Wohnrecht dort. Ich kann mir den Großvater nimmer so recht in Kressbronn denken. Ich war später oft mit unserem Vater in Kressbronn, unser Vater hat dann auch 1937/38 bis

---

1 »Boba« = Großvater im Oberschwäbischen

1939 ein Haus in Thunau gebaut und verzichtete auf seinen Hausanteil in Kressbronn.

Andrea Reidt Im Verlagsgebäude in der Marktstraße waren Sie auch mit Ihrem Vater?

Marie Luise Kobel Ich habe später meinen Vater jede Woche am Donnerstag im Büro abholen dürfen. Dann sind wir nach Tettnang gelaufen, immer am Donnerstagnachmittag um vier Uhr. Man lief drei Stunden hin und fuhr zurück mit dem Zügle. In Tettnang sind wir eingekehrt. Es ging nur ums Laufen, nicht um irgendeinen Besuch. Ich erinnere mich, dass es mir manchmal zu lang war, und einmal hat mein Vater gesagt: »Jetzt machen wir es so, wenn du stirbst vor Hunger, dann darfst du ein Bildstöckle² aussuchen und bestimmen, was man drauf schreibt, das wollen wir jetzt gleich besprechen.« Das arme verhungerte Kind! In diesem Stil … Und als wir weiter gelaufen sind, habe ich ganz vergessen, dass ich müde war.

Otto Julius Maier Du musst dazu sagen, dass unsere Eltern sich in der zweiten Hälfte der 30er-Jahre haben scheiden lassen. Meine Mutter ist ausgezogen aus der Gartenstraße, wo die Familie gewohnt hatte, mein Vater baute ein Haus in Thunau bei Kressbronn, zog dorthin und im Jahr 1938 ist unser Onkel Eugen Maier in der Gartenstraße eingezogen. Unser Vater hat zu einem späteren Zeitpunkt gegen Ende des Krieges auch im Gebäude der Firma in der Marktstraße eine Wohnung gehabt.

Marie Luise Kobel Der Vater ist zu der Zeit manchmal von Thunau nach Ravensburg zu Fuß gegangen, weil kein Zug mehr fuhr und es kein Auto gab, das war requiriert worden. Da ist er montags hin- und freitags zurückgelaufen, jeweils fünf Stunden.

Otto Julius Maier Kutschen gab es auch nicht. Davon abgesehen, entsprach es nicht dem Stil des Vaters, ebenso wenig wie Fahrradfahren.

---

2   Ein altes Wegkreuz für gefallene Soldaten oder Unfallopfer

Andrea Reidt Die Wanderlust scheint in der Familie zu liegen. Auch der Großvater ist offenbar viel gewandert und hat sich dabei Produkte ausgedacht.

Marie Luise Kobel In unserer Familie war das eine Selbstverständlichkeit. Wir hatten erst 1933 das erste Auto, einen Mercedes Heckmotor. Der Großvater und vor allem der Onkel Karl waren große Wanderer, dieser hat sich noch an seinem 85. Geburtstag an den Südrand von Tettnang bringen lassen und ist dann nach Kressbronn zur Feier gelaufen.

Otto Julius Maier Ich bin auch in der frühen Nachkriegszeit mit dem Vater manchmal von Ravensburg nach Kressbronn gelaufen, daran habe ich schöne Erinnerungen. Das Wandern und das Zeichnen haben eine große Rolle in der Familie gespielt. Unser Vater konnte auch gut zeichnen, und der Onkel sowieso.

Andrea Reidt Ein künstlerisches Element ist dann wohl auch durch Heirat eingeflossen?

Otto Julius Maier Durch unsere Tanten Albertine und Irmela vor allem. Albertine Dependorf, 1900 geboren, 1992 verstorben, entwarf und zeichnete wunderschöne Bilderbücher und auf diese Weise hat sie den Verleger Eugen Maier getroffen. Irmela Hochstetter, 1916 geboren, 2012 verstorben, hatte in München an der Kunstakademie studiert, sie hatte ein begnadetes Händchen für Puppenherstellung, das hat sie noch mit sechsundneunzig Jahren bis zu ihrem Tod betrieben! 1955 heiratete sie ihren langjährigen Wanderfreund Karl Maier. Da haben wir es wieder: Wandern und Zeichnen.

Andrea Reidt Warum hat sich Ihr Onkel Karl Maier so spät, mit sechzig Jahren, verheiratet?

Otto Julius Maier Er wohnte bei seiner Mutter in der Gartenstraße, bis diese 1947 starb, auch dann blieb er dort. Er hatte einige Freundinnen und Verehrerinnen, die er beim Wandern und in Sanatorien kennengelernt hatte, also durchaus

Heiratschancen. Aber er war kein entscheidungsfreudiger Mensch. Dennoch hat er spät noch geheiratet und wurde mit sechzig Jahren Vater einer Tochter – die Bildende Künstlerin Irmela Kraft, auch wieder ein künstlerisches Talent.

Andrea Reidt Hatten Sie als Kinder zu Hause Otto-Maier-Spiele?

Marie Luise Kobel Ein Schreckgespenst! Ich musste immer ausprobieren, ob die sich gut spielen lassen.

Andrea Reidt Sie waren Testspielerin? Haben Sie mit den Eltern oder mit anderen Kindern gespielt?

Marie Luise Kobel Nein, nein, nur mit der Familie! »Fang den Hut« und die anderen Elo-Spiele[3] von Dr. Fritz Ehlotzky.

Otto Julius Maier Dieser Architekt und Grafiker aus Olmütz, das heutige Olomouc in Tschechien, lebte damals am Starnberger See und war ein Freund der Familie. Er entwarf für meine Großeltern auch Möbel.

Marie Luise Kobel Ich fand ihn interessant, weil er ein Auto hatte.

Otto Julius Maier In den 20er-Jahren hatten die Elo-Spiele für die damalige Zeit eine sehr moderne Gestaltung. Sie waren im Dessauer Bauhausstil der Neuen Sachlichkeit gestaltet. Erfolgreich war nur »Fang den Hut«, das bis heute im Ravensburger Programm ist. Die Hütchen sind inzwischen aus Kunststoff und nicht mehr aus Pappe wie in der Zeit, als wir Kinder waren. Die anderen Spiele waren vielleicht zu modern und haben sich gegenseitig Konkurrenz gemacht.

Andrea Reidt Haben Sie mit Ihren Cousinen und Ihrem Vetter viel Kontakt gehabt?

Marie Luise Kobel Zehn Jahre lang war ich das einzige Kind in dieser Generation. Erst 1930 kamen mein Bruder Otto Julius, 1932 Peter und 1936 Dorothee, die Kinder von Eugen Maier, zur Welt. Mein Bruder und ich sind mehr als zehn

---

3   Der von der Bauhausbewegung beeinflusste Designer Fritz Ehlotzky gestalte-te in den 20er-Jahren für den Otto Maier Verlag einige Spiele, von denen das erfolgreichste, »Fang den Hut«, 1927 herauskam. Im Jargon der Spieleleute bürgerte sich die Bezeichnung »Elo-Spiele« ein.

Jahre auseinander. 1935 kam ich ins Internat nach Friedrichshafen. 1938 nach Strass-Moos bei Donauwörth ins Landschulheim, weil mein Vater meinte, ich solle erst gescheit kochen lernen. Das war eine Hauswirtschaftsschule für Mädchen. 1939 war ich ein halbes Jahr beim Arbeitsdienst und habe 1941 in München ein hauswirtschaftliches Abitur abgelegt und anschließend angefangen, Medizin zu studieren. Das ging bis 1944, da musste ich aufhören, weil ich erst sechs Semester studiert hatte, das war genau die Grenze fürs Weiterstudieren oder den Kriegsdienst. Ich hatte großes Glück, weil ich eigentlich einen Gestellungsbefehl zur Gestapo in München hatte. Da hat ein Onkel von mir, der Arzt in Waldsee war, in dieser Zeit aber Militärarzt, seine Beziehungen spielen lassen mit der Begründung »Militär geht vor Partei«. So bin ich stattdessen nach Waldsee gekommen.

Andrea Reidt Haben Sie die Geschwister Scholl gekannt, die zur gleichen Zeit in München studierten?

Marie Luise Kobel Persönlich gekannt habe ich sie nicht. Die ganze Sache habe ich am Rande mitgekriegt. Ich hatte einen guten Bekannten, auf dessen Schreibmaschine wurde ein Brief von den Scholls geschrieben. Er bekam dann Schwierigkeiten. In Waldsee habe ich im Lazarett als OP-Schwester geholfen; ich hatte das Glück, dass ich im Dezember 1945 Diphtherie bekam, ich hatte mich angesteckt …

Andrea Reidt Das nennen Sie Glück?

Marie Luise Kobel Ich war isoliert in einem Zimmer im Krankenhaus bei meinem Onkel Alois Haerle. Während der Zeit erhielt ich einen Gestellungsbefehl an die Westfront, den ich wegen der Diphtherie nicht wahrnehmen konnte. Alle Mädchen waren beim Arbeitsdienst oder sonst wie eingesetzt.

Otto Julius Maier Ich hatte meinerseits ebenfalls Glück, der Jahrgang 1929 kam noch teilweise zum Schippen von Schützengräben zum Einsatz, mein Jahrgang 1930 in unserer Gegend nicht mehr. In Großstädten wie Stuttgart schon eher.

Marie Luise Kobel Bis September 1945 war ich im Lazarettdienst in Waldsee, auch nach der Diphtherie. Dann lebte ich beim Vater in Thunau …

Otto Julius Maier … mit Einquartierung, mit Verwandtschaft, mit dem Büro …

Marie Luise Kobel … und mit Garten und Ziegen. Ich habe mich um den Vater gekümmert und nicht weiterstudiert. In München war alles kaputt. Nach 1945 habe ich in Thunau meinen Mann kennengelernt und geheiratet.

Andrea Reidt Und das Medizinstudium abgebrochen?

Marie Luise Kobel Ja, aber ich habe es nach 1948 noch mal probiert, auch in München, ich hatte ein Zimmer dort, aber dann hatte unser Sohn so viel Heimweh nach mir, dass ich nach einem halben Semester aufgehört habe und heimgefahren bin. Es war schwierig. Schließlich war ich eine brave Hausfrau mit Haushalt und Garten. Bis unser Sohn Oskar leider Gottes krank wurde. Ich wusste, dass er nicht am Leben bleibt. Er hat zu mir gesagt: »Mutter, du musst etwas machen, wenn ich nicht mehr lebe!« Deshalb bin ich mit Anfang fünfzig auf die Pädagogische Hochschule nach Weingarten gegangen. Er war damals um die fünfundzwanzig Jahre alt, mit dreißig ist er gestorben. Ich habe bis fünfundsechzig in Mariabrunn als Grundschullehrerin gearbeitet. Das hat Spaß gemacht, mit den Schülern und Kollegen habe ich nach wie vor guten Kontakt. Ich hatte das Glück, vom Schulamt ein halbes Jahr freigestellt zu werden, als es meinem Sohn ganz schlecht ging.

Otto Julius Maier Und danach hast du dich um deinen Mann gekümmert.

Marie Luise Kobel Ja, der war inzwischen nicht mehr ganz jung. Ich bin immer am Bodensee geblieben, was mir manchmal furchtbar schwerfiel. Mein Vater hat damals gesagt: »Das eine musst du dir merken, auch wenn es dir jetzt noch so schwerfällt: Der Bodensee und der Säntis bleiben immer!«

Andrea Reidt War es eigentlich nie ein Thema für Sie, auch in das Unternehmen einzusteigen?

Marie Luise Kobel Doch. Anfang des Krieges, mit neunzehn, nachdem ich von der Landfrauenschule abgegangen war, ging ich in den Verlag und da hat man mich unordentliches Wesen in die Buchhaltung gesteckt. Da war ich so »begeistert« und habe geheult, weil ich die Journale schreiben musste und nie die richtige Spalte ausgefüllt habe – sodass ich mich vor lauter Kummer freiwillig zum Arbeitsdienst gemeldet habe. Während des Arbeitsdienstes habe ich mich entschieden zu studieren.

Andrea Reidt Konnte man denn einfach wieder aus dem Arbeitsdienst aussteigen?

Marie Luise Kobel Ich hatte im Frühjahr 1939 im Arbeitsdienst angefangen, im September bin ich entlassen worden. Als Freiwillige konnte man auch wieder gehen. Ich musste in Haushalten helfen. Es gab schöne Plätze, aber auch andere. In einer Familie mit sechs oder acht Kindern zum Beispiel musste ich jeden Samstag die Wohnstube mit Putzwolle spänen.

Andrea Reidt Die Buchhaltung war schlimmer als das Spänen beim Arbeitsdienst!

Otto Julius Maier Die Begeisterung fürs Unternehmen ist bei den weiblichen Wesen unserer Familie nicht sehr ausgeprägt. Auch meine Tochter Valerie hat, nachdem sie die Schule fertig hatte, dem Vater zuliebe zwei Jahre lang eine Verlagsbuchhändlerlehre bei Rowohlt absolviert. Anschließend sagte sie, sie würde das bestimmt nicht weitermachen. Das hatte ihr nicht geschmeckt und so ähnlich war es bei meiner Schwester.

Andrea Reidt In die Buchhaltung abgeschoben zu werden, ist ja auch nicht sehr nett.

Marie Luise Kobel Ich war auch in anderen Abteilungen, das war schöner – Lager, Packraum. Ich konnte gut Päckchen packen!

Andrea Reidt Das ist aber auch kein Lebensjob.

Marie Luise Kobel *(lacht)* Nein!

Otto Julius Maier Das gehört dazu. Das habe ich auch mal gelernt. Wie viele Mitarbeiter hatte die Firma, als du dort tätig warst?

Marie Luise Kobel Vierzig vielleicht. Man ist mit einem einzigen Bus zum Betriebsausflug gefahren.

Andrea Reidt Ihr Vater war offenbar sehr aufgeschlossen und dachte modern über berufstätige Frauen. Wie groß war denn der Anteil an Studentinnen in München?

Marie Luise Kobel Ziemlich hoch. Die Männer waren meistens Soldaten. Der weibliche Anteil an der Universität war hoch.

Andrea Reidt Gibt es noch mehr Erinnerungen an Ihren Großvater, an den Vater oder auch Ihren Bruder?

Marie Luise Kobel Etwas weiß ich sicher: Aus Abfallpapier wurden die Schreibblöcke angefertigt.

Otto Julius Maier Das war kein Abfallpapier! Sondern Druckbögen. Die unbedruckten Teile wurden zu Blöcken verarbeitet.

Marie Luise Kobel Mein Vater und seine Brüder waren immer scharf auf etwas Süßes, weil es das wegen unseres zuckerkranken Großvaters eigentlich nicht gab – Kuchen oder Nachtisch. Und nach der Inflation musste der Verlag sehr sparen. Mein Vater hat immer gesagt, dass wir uns vieles nicht leisten können. Zuerst hat man die Löhne bezahlt von den Einnahmen, erst dann konnte man für sich selbst etwas nehmen.

Otto Julius Maier Der Großvater hat ein behäbig-bürgerliches Leben geführt. Er ist in die Schweiz gefahren nach Bad Ragaz, in der Westentasche die Goldstückle, und hat da Urlaub gemacht. Aber er war auch umsichtig. Ich weiß aus Erzählungen, dass wir relativ gut durch Zeiten der Inflation kamen, weil unser Großvater einen Teil der Geschäftskonten bei

Schweizer Banken angelegt hatte – wohlgemerkt nicht in der Schweiz, sondern bei Schweizer Banken. So hatte man in der Inflation eine harte Währung, mit der man die Aufwendungen des Unternehmens zahlen konnte. Die gleichen Ausgabeposten entwickelten sich zu immer höheren Beträgen, bis es dann 10 Milliarden waren – und einen Monat später 1,20 Reichsmark. Es gibt ein Hauptbuch, in dem die Ausgaben und der Übergang von Inflation zur Reichsmark vermerkt wurden, es befindet sich im Museum. Ich zeige das immer noch gerne.

Marie Luise Kobel Die Leute haben das Geld mit dem Handwagen auf die Sparkasse gebracht. Später haben sie nichts mehr dafür bekommen! Von meiner Großmutter habe ich viele solche Familiengeschichten erfahren, weil ich nach dem Tod des Großvaters oft bei ihr geschlafen habe. Abends vor dem Einschlafen hat sie von ihren Geschwistern und Eltern, von Nachbarn und Verwandten erzählt. Ich bekam das so oft zu hören. Und viele Geschichten sind mir heute noch in Erinnerung. Man durfte bei der Großmutter auch im Bett Schokolädle essen – ohne nochmals die Zähne zu putzen. 1947 ist sie gestorben, sie hatte den Großvater um mehr als zwanzig Jahre überlebt.

Andrea Reidt Hatten Sie denn als Angehörige der Familie Maier eine andere Erziehung als andere Kinder?

Marie Luise Kobel Ja, ich durfte nicht barfuß laufen, ich armes Mädele. Das war für mich sehr schlimm. Manchmal habe ich mich ein paar Häuser weiter auf den Boden gesetzt, die Söckle ausgezogen, die Schuhe irgendwohin gesteckt und bin barfuß in die Schule gelaufen. Wenn ich dann mit dreckigen Füßen heimkam! Es hieß, das ist nicht gesund, du wirst krank. Es war Fürsorge, kein Dünkel.

Otto Julius Maier Wenn es irgendwo eine herausgehobene Rolle der Familie gegeben hat, so kam es aus dem Hintergrund der Großmutter, aus der Familie Kiderlen, die durchaus wohlhabend war. Der Großvater hatte anfangs nicht viel Geld. Da gibt es eine schöne Geschichte: Der junge Otto Maier machte in den 80er-Jahren des 19. Jahrhunderts eine Buchhändlerlehre in Berlin. Seine Mutter Julie schrieb ihm jede Woche einen Brief. Sie musste sehr sparen und verdünnte deshalb die Tinte. Eines Tages kam ein Brief ohne jegliche Adresse, aber korrekt mit drei Kreuzern frankiert an. Ein Triumph der Reichspost! Das Rätsel war für den Postboten lösbar, weil die Briefe immer am gleichen Tag gleich frankiert ihren Empfänger erreichten! Die Brüder unserer Großmutter waren Beamte, da gab es auch nicht im Entferntesten einen aufwendigen Lebensstil.

Die Wohnung der Großmutter war für uns alle eine Anlaufstelle. Wir sind immer nach oben gegangen, wo auch zwei Mädchen wohnten, die unsere Großmutter gepflegt und betreut haben und die nachher selbst von meinem Onkel und einem Mägdlein betreut wurden, bis sie gestorben sind.

Marie Luise Kobel Und die hatten vom Großvater Otto Maier das Hausrecht bekommen. Sie durften lebenslang wohnen bleiben.

Otto Julius Maier In den Jahren nach dem Krieg ist mein Vater immer zum Mittagessen zu unserer Großmutter gekommen. Die beiden Mädchen haben gekocht und er ging dann wieder ins Büro. Unser Onkel Karl Maier wohnte zu der Zeit auch im oberen Stock bei der Großmutter. Die Familie war sehr lange eng beieinander. Wir haben bis heute ein gutes Einvernehmen in der Familie; das liegt sicher daran, dass wir alle noch diese Erinnerungen teilen.

Andrea Reidt Frau Kobel, sind Sie heute Gesellschafterin des Unternehmens Ravensburger?

Marie Luise Kobel Nein, das bin ich nicht.

Otto Julius Maier Wir haben beide meinen Kindern unsere Anteile übertragen und nur für einen Teil davon noch den Nießbrauch, de facto sind wir nicht mehr Gesellschafter. Wir haben gerade noch ein Stimmrecht. Wir gehen natürlich zur Hauptversammlung und sind dem Unternehmen weiterhin verbunden.

Andrea Reidt Wie empfinden Sie das Unternehmen heute? Das ist eine ganz andere Firma als 1940.

Marie Luise Kobel Natürlich. Das war ganz, ganz anders. Am häufigsten musste ich zum Beispiel, als ich damals im Verlag mitgearbeitet habe, die Stenogramme meines Vaters verdeutschen. Seine Schreibkräfte kamen oft zu mir, ich kannte die Satzstellungen meines Vaters und wusste, was gemeint war.

Otto Julius Maier Heute kann keine Sekretärin mehr Stenografie. Das braucht man nicht mehr.

Marie Luise Kobel Es ist fabelhaft, was mein Bruder aus dem Unternehmen gemacht hat! Es hätte anders ausgehen können.

Otto Julius Maier Wir hatten gute Mitarbeiter. Auch gute Autoren.

Marie Luise Kobel Ich kannte einige Autoren persönlich gut. Zum Beispiel die Autorin für Kinderbeschäftigungen, Ruth Zechlin. Sie hat mich in Berlin 1938 betreut, dorthin hatte ich meinen Vater für vierzehn Tage begleitet.

Otto Julius Maier Ruth Zechlin kannte ich auch gut, sie hatte 1931 das erfolgreiche »Spielbuch für Regen- und Krankheitstage« veröffentlicht. Ihre »Fröhliche Kinderstube« bildete 1949 den Grundstock für das Nachkriegsprogramm und ihr wichtigstes Buch war das »Werkbuch für Mädchen«.

Marie Luise Kobel Als ich eine eigene Familie hatte, habe ich mich nicht mehr sehr für das Unternehmen interessiert. Mein Vater hat aber immer neue Spiele mitgebracht für meinen Sohn.

Andrea Reidt Haben Sie selbst als Kind Konkurrenzprodukte gespielt?

Marie Luise Kobel »Mensch ärgere dich nicht« durften wir nicht spielen, das war nicht erlaubt – weil es von der Konkurrenz war. *(Sie lacht.)* Ich war scharf drauf, weil es »verboten« war. Wir hatten stattdessen »Fang den Hut«, das Spielprinzip funktioniert zwar ganz ähnlich, aber das war für mich nicht dasselbe.

Unternehmensgründer Otto Maier mit seiner Enkelin Marie Luise im Jahr 1924

02

Verschonter Jahrgang.
Ein kleiner Junge
auf vorbestimmtem Weg –
1930 bis 1952

Die Stadt Ravensburg gehörte in Württemberg »zu den letzten
Widerstandsnestern gegen die Schulpolitik der Partei«, so berichtet es der Stadthistoriker Dr. Peter Eitel in seinem Buch »Ravensburg im 19. und 20. Jahrhundert«. Bis Mitte 1937 hatte die
NSDAP erreicht, dass alle Bekenntnisklassen aufgelöst waren
und alle Kinder eine staatliche »Deutsche Schule« besuchten.
Weltanschauungsunterricht löste die Religionsstunde ab und in
Realschulen und Gymnasien wurde das Fach »Rassenkunde«
eingeführt. Ebenfalls ab 1937 durfte nur das Abitur ablegen, wer
in der Hitlerjugend gewesen war. Während des Krieges holte
man allerdings viele bereits pensionierte Lehrer an die Schulen
zurück, weil sie nicht mehr zum Militär eingezogen wurden –
und diese waren nicht alle linientreu, sondern teilweise auch
regimekritisch oder zumindest politisch neutral.

Mit vierzehn Jahren erlebt Otto Julius Maier den Zusammen-
bruch des Dritten Reiches und das Kriegsende. Die Bewohner
von Ravensburg und Weingarten waren von Luftangriffen weitgehend verschont, die meisten Privathäuser unversehrt geblieben. Allerdings verstrich ab Frühling 1944 kaum ein Tag ohne
Fliegeralarm, man hatte die Zerstörungen in Friedrichshafen
und Ulm vor Augen, seltene Male fielen doch Bomben, es gab
Verletzte und Tote. Im April 1945 warfen die Alliierten 230
Sprengbomben auf die Argonnenkaserne in Weingarten ab, aber
das Stadtgebiet blieb bis auf Hunderte zerborstener Fenster-
scheiben verschont. 13 590 Kriegsverletzte, die in 118 Lazarett-
zügen angekommen waren, wurden von Sanitätern zwischen

1940 und 1945 versorgt, dies trug dazu bei, Bombenabwürfe auf die beiden Städte zu verhindern.

Später wehte eine weiße Fahne am Mehlsack. Ravensburg gehörte zur französischen und der nördliche Teil Oberschwabens zur amerikanischen Besatzungszone. Seit Beginn des Krieges und bis zur Währungsreform 1948 brauchte man Lebensmittelmarken und Bezugsscheine für Textilien und Passierscheine, um zu reisen. Es fuhren keine Busse und Bahnen, private Autos schon gar nicht. Zu Beginn der Besatzungszeit gab es abends Sperrstunden, die Post funktionierte nicht, Telefone, Fotoapparate und Ferngläser mussten abgeliefert werden.

Frauen zogen schwere Leiterwagen durch die Straßen, ein wichtiges Transportmittel jener Zeit. Dazu Peter Eitel: »Ravensburg war damals eine überfüllte Stadt: Tausende von Fremden – französisches Militär, verwundete und kranke Soldaten in den Lazaretten, Heimatvertriebene, bombengeschädigte Evakuierte … Im milden und schneearmen Winter 45 waren die Wälder rings um Ravensburg voll von Menschen, die Brennholz sammelten, legal und illegal. Kohle gab es kaum, eher schon Torf … Nicht jeder besaß etwas Brauchbares zum Umtauschen, zum Beispiel Schuhe gegen Butter.« Die französischen Truppen requirierten Häuser und Wohnungen. Vor den französischen Dienststellen wurde die Trikolore gehisst und Passanten mussten sie grüßen, wie auch die französischen Offiziere. Durch Abnehmen des Hutes zum Beispiel.

Der aus dem Elsass stammende Gouverneur Pierre Paul Ulmer, der mit dem fünfzehnjährigen Otto Julius Maier freundschaftlich umging, war nicht nur für den Jugendlichen ein prägendes positives Vorbild, sondern erreichte offenbar, dass die Bevölkerung ein gutes Verhältnis zur Siegermacht Frankreich entwickelte. »Der bei seinem Amtsantritt erst fünfunddreißig Jahre alte, gewandte und gesellige ehemalige Offizier war erfolgreich um eine atmosphärische Verbesserung des Verhältnisses zwischen Deutschen und Franzosen bemüht. So verzichtete er bereits kurz nach seinem Amtsantritt auf die bis dahin übliche Überwachung aller politischen Veranstaltungen der Deutschen. Er förderte das Ravensburger Kulturleben, wo immer er konnte, und besuchte oft und gerne die Vorstellungen im Konzerthaus.

Auch der deutsch-französische Schüleraustausch geht auf seine Initiative zurück. Nach seinem Tod wurde er als ›Pionier der französisch-deutschen Verständigung‹ gerühmt. Zu seiner Beerdigung im Jahr 1953 auf dem Ravensburger Hauptfriedhof strömte ›fast ganz Ravensburg‹.« (Eitel).

Die Schulen öffneten erst 1946 wieder ihre Tore, erste Fremdsprache wurde nun Französisch. Als erstes Presseerzeugnis durfte bereits im Juli 1945 das »Katholische Kirchenblatt für Ravensburg« erscheinen, im Dezember folgte die »Schwäbische Zeitung«, sie kam zweimal wöchentlich mit verschiedenen Lokalausgaben in einer für diese papierarme Zeit hohen Auflage von 125 000 Stück heraus.

Mitten in der Ravensburger Altstadt, im schön sanierten Eckhaus in der Marktstraße, Stammsitz des Otto Maier Verlags, sind heute das Museum Ravensburger und die Stiftung Ravensburger Verlag untergebracht. Hier treffe ich Otto Julius Maier in seinem mit edlem Parkett ausgelegten Besprechungszimmer zu unserem nächsten Gespräch.

Wohnte Ihre Familie in diesem Altstadtgebäude, als Sie ein Kind waren?

Die Familie hat nie hier gewohnt, das heißt mein Vater hat in einem angrenzenden Haus mal ein paar Jahre – während der Kriegszeit oder kurz nach dem Krieg – gewohnt. Ich nehme an, dass mein Großvater ganz am Anfang nach der Verlagsgründung im Jahre 1883 in der damaligen Dorn'schen Buchhandlung in der Bachstraße gewohnt hat. Jeder hat ja Erinnerungen an die ersten Jahre seines Lebens, wobei man nicht weiß, sind das Dinge, die einem erzählt wurden, oder erinnere ich mich selbst daran. Ich erinnere mich noch ganz vage an die Wohnung meiner Eltern in der nahe gelegenen Gartenstraße in dem Haus, das oben die Großeltern bewohnten. Meine Eltern haben sich Mitte der 30er-Jahre scheiden lassen und ich lebte dann bei meiner Mutter. Insofern waren wir keine ganz normale Familie. Ich bin zu meinem Vater nach meiner Erinnerung zu streng verabredeten Terminen jeden zweiten Sonntag gekommen und ich habe regelmäßig meine

Großmutter besucht. Das war in den Scheidungsprozessen ausgehandelt.

Wie alt waren Sie bei der Scheidung?

Ich war sieben oder acht Jahre alt und weiß noch ungefähr, wie meine Mutter die neue Wohnung eingerichtet hatte. Vage sehe ich noch Spiele und andere Sachen aus dem Verlag vor mir, als die Eltern noch zusammen waren. Ich hatte viele Bilderbücher aus anderen Verlagen, denn damals hat die Firma in diesem Segment keine große Rolle gespielt. Für mich als Kind war die Firma Märklin das große Ideal. Ich war glücklich, als eines Tages der Herr Märklin bei meinem Vater zu Besuch war – und fast enttäuscht, weil er wie ein ganz normaler Mensch ausschaute. Ich hatte mir vorgestellt, dass der einen Rattenschwanz von Eisenbahnen hinter sich herzieht.

Märklin war keine Konkurrenz?

Nein, nein, aber es war ein Spielwarenhersteller und für mich stellte er ein besonders wichtiges Spielzeug her, das ich im Alter von acht oder neun Jahren bekommen habe. Die Beziehung zum Hause Märklin datierte schon aus Zeiten meines Großvaters. Damals gab es eine Vereinbarung zwischen den Firmen über die Lieferung eines Puppenkochherds für das Beschäftigungsspiel »Puppenmütterchens Kochschule«. Worum es bei diesem Besuch in den 30er-Jahren ging, weiß ich nicht.

Hatten Sie viele Ravensburger Spiele zu Hause? Und haben Sie sie mit Spielkameraden gespielt?

Vor allem Beschäftigungsspiele. Klebespiele, Legespiele. Da gab es ein Spiel namens »Stäbchenlegen«. »Papierweben«, das hatte ich auch. Meine Mutter wohnte ein bisschen abseits, im Hirschgraben. Und da hatte ich wenig Spielkameraden. Ich bin wie jeder andere auch in die Volksschule in der Wilhelmstraße neben dem Konzerthaus gegangen.

Hatten Sie engen Kontakt zu Ihrem Vetter Peter und der Cousine Dorothee?

Natürlich hatten wir Beziehungen, nur habe ich woanders gewohnt. Wenn jetzt die Familie Maier in der Gartenstraße beieinander war, dann war ich nicht mehr automatisch mit dabei, weil ich eben woanders wohnte – was mich aber nicht besonders traurig gestimmt hat. Aber ich erinnere mich zum Beispiel an die Taufe meiner Cousine Dorothee, dass ich da mit meinem Vetter Peter gespielt und Dummheiten gemacht habe.

Was für Dummheiten?

Ach, mein Gott, das Badezimmer haben wir überschwemmt. Und andere Bubenstreiche. In der Gartenstraße bei der Großmutter haben wir auch irgendein Baumhaus gebaut.

Wie lange sind Sie zur Schule gegangen?

Gegen Ende des Krieges ging zunächst einmal gar nichts mehr. Die Schule wurde im Februar/März 45 geschlossen. Und erst im Spätherbst begann der Unterricht wieder. Mein Vater hat mich kurz vorher, wahrscheinlich im Januar oder im Dezember, ganz aus der Schule rausgenommen. Er hatte dafür einen bestimmten Grund: Er befürchtete, dass der Jahrgang 1930 noch an den Westwall zum Schippen oder in den Volkssturm geholt wird. Der Jahrgang 1929 war noch einberufen worden. Das wollte er vermeiden. Meist hat man ganze Schulklassen eingezogen. Da war ich wahrscheinlich in der, die man heute achte Klasse nennt, also vierte oder fünfte Klasse Oberschule. Da hat er mich rausgenommen und bestimmt: »Jetzt arbeitest du im Verlag.« Heute würde man es als Praktikum bezeichnen, im Herbst kam ich wieder in die Schule. In der Zwischenzeit hatte ich alles andere als Lernen im Kopf – zum Beispiel den Franzosen Bücher und Spiele verkaufen. Das war viel lustiger. Ich war danach völlig unmotiviert in der Schule, musste dann noch zwei oder drei Jahre absitzen. Und da hat mein Vater schließlich gesagt: »Das ist Unsinn. Jetzt gehst du lieber ganz raus aus der Schule.« Ich hatte das, was man heute Mittlere Reife nennt. Danach habe ich eine richtige Lehre im Verlag angefangen, von Päckchen packen bis Buchhaltung.

Wie haben Sie persönlich denn das Jahr 1945 erlebt?

Ich war bei meiner Tante Albertine in der Gartenstraße zu Besuch. Als ich zu meiner Mutter zurückgegangen bin, kamen gerade die französischen Panzer reingefahren. Ich bin dagestanden, habe mir das angeschaut und fand das wahnsinnig interessant. Ich war vierzehn. Die Soldaten saßen oben auf ihren Panzern und haben den Mädchen nachgeschaut. Ich weiß noch, dass sie einen deutschen Soldaten herzitierten und ihm das Koppel und die Waffe abnahmen, ihn aber laufen ließen – ganz entgegen der Annahme, dass die jetzt mit Messern auf uns losgehen und sämtliche Frauen vergewaltigen würden. Bei uns gab es nicht solche Schauergeschichten wie in Berlin und Ostdeutschland, wo die Russen einmarschierten. Nach ein paar Tagen kam dann die Besatzung. Da mussten meine Großeltern mütterlicherseits ihr Haus den Franzosen überlassen. Die Zeiten waren schwierig, es gab nichts zu essen und kaum etwas zu kaufen. Bis zum Jahr 48 hatte man ja Lebensmittelmarken, wie im Krieg auch. Das hatte nichts mit den Franzosen zu tun. In Frankreich hatten sie ja auch nichts zu essen.

Hatten Sie Kontakt mit Franzosen in der Zeit?

Ja, relativ bald mit der französischen Zivilverwaltung. In Ravensburg wurde ein Mann namens Ulmer als Gouverneur eingesetzt. Der hat meinem Vater einen Besuch abgestattet, ebenso einige französische Offiziere, die für kulturelle Dinge zuständig waren. Die Kinos zeigten oft französische Spielfilme und wenn der Kinobesitzer freundlich gestimmt war, durfte ich mit hineingehen. Im Ravensburger Konzerthaus, dem einzigen Theater in der ganzen Gegend, gab es sehr gute Theateraufführungen, Tourneen der Comédie-Française, klassische Theaterstücke. Die durften wir besuchen. Insofern war das für mich eine interessante Zeit.

Konnten Sie schon gut Französisch zu dem Zeitpunkt? Wie kamen Sie denn zu diesen Kontakten?

Nein, ich habe dadurch erst Französisch gelernt. Meistens sagte der Gouverneur Ulmer: »Komm, ich hab da einen jungen Franzosen, der ist etwa in deinem Alter, und ich möchte, dass du mit dem Kontakt hast.« Manchmal wurde ich von französischen Offizieren in Ravensburg und Weingarten zum Essen eingeladen. Da war zum Beispiel ein junger Mann, der einige Zeit als Gast bei meiner Mutter und mir wohnte, wir haben ganz friedlich und freundschaftlich ein Zimmer geteilt. Eigentlich hatte meine Mutter keine Einquartierung, meine

Großeltern Dieterlen mütterlicherseits schon, deshalb mussten sie ihre Wohnung räumen und sind zu uns gezogen. Für meine Großeltern war das nicht ganz einfach, im Alter von über siebzig Jahren aus einer großen Wohnung in ein einzelnes Zimmer bei der Tochter zu ziehen. Meine Mutter war übrigens verpflichtet, die elterliche Wohnung für die einquartierten Franzosen in Ordnung zu halten. Aber so kam der Kontakt zu den Franzosen zustande. Ich junger Kerl war wirklich mit dem Gouverneur befreundet, sofern man das von einem Jungen zum Älteren sagen kann. Und natürlich habe ich weitere Franzosen kennengelernt und mich mit ihnen angefreundet.

Und da haben Sie wahrscheinlich mehr Französisch »auf der Straße« gelernt bei diesen Kontakten als danach in der Schule?

Sicher, ja, wobei ich 1947 oder 1948 sowieso die Schule verlassen habe. Mein Vater hatte mich auch auf Reisen mitgenommen. Die Franzosen hatten zwei Verwaltungszentren – das eine für Württemberg und Hohenzollern in Tübingen, das andere befand sich in Baden-Baden. Und wenn man etwa wie in unserem Fall Papier und eine Druckerlaubnis für Bücher haben wollte, musste man nach Baden-Baden fahren. Man bekam dort Papiergutscheine und die Drucklizenz für Bücher. Ich habe das als ziemlich aufregend empfunden und ich habe gute Erinnerungen an diese geschäftlichen Reisen. Mein Onkel hatte nämlich ein Auto, einen Zweisitzer mit Heckklappe, über den Krieg gerettet. Vorne saß mein Vater mit seiner auch französischsprachigen Sekretärin und ich hockte in der Heckklappe. Manchmal fuhren wir auch mit dem Zug nach Baden-Baden.

Ihr Lebensweg war vorgezeichnet.

Der Altersunterschied zwischen meinem Vater und mir betrug vierzig Jahre. Und er wollte gerne, dass ich statt auf der Schule rumzuhängen in den Verlag komme und eine Lehre mache.

Wann hat denn der Verlag nach dem Krieg wieder angefangen zu arbeiten?

Der hat eigentlich durchgearbeitet. Wichtige Titel waren damals die Werkbücher für Mädchen und für Jungen, natürlich

»Fang den Hut« als Klassiker. Wir hatten ein Spielemagazin mit ganz gebräuchlichen Spielen, das während des Krieges für die Soldaten produziert worden ist. Nach dem Kriegsende hieß das nicht mehr »für Soldaten«, sondern einfach Spielemagazin. Und das wurde auch an die Franzosen verkauft. Wir hatten zum Beispiel auch Geduldsspiele im Programm, damals noch nicht Puzzles, die im eigenen Hause in der Burgstraße produziert worden sind.

War es nicht ungewöhnlich, dass das Unternehmen nach 1945 sofort nahtlos weitermachen konnte? Gab es da keine Probleme?

Der Verlag war im Krieg nicht stillgelegt worden. Mein Vater und meine Onkel waren keine Parteimitglieder und weitgehend politisch zurückhaltend. Sie haben das System nie aktiv unterstützt, sondern sich durchgemogelt – um eine Schließung der Firma zu verhindern. Der Otto Maier Verlag war zwangsweise Mitglied der Reichsschrifttumskammer, sonst hätte man nichts publizieren dürfen. Natürlich wurde Druck ausgeübt, Eugen Maier trat deshalb pro forma in das NSKK, das Nationalsozialistische Kraftfahrkorps, ein, das war so eine Art Nazi-Automobilclub, er beteiligte sich aber nicht an Aktionen.

Hat der Verlag Kriegsspiele produziert?

Nein, nur zwei militärisch orientierte, das Spiel »Seeschlacht« und »Wer da?«, das später von einem anderen Verlag als »Stratego« herausgegeben wurde. Das »Soldaten-Werkbuch« war eine Version des »Werkbuchs für Jungen« und für verletzte und behinderte Soldaten in Lazaretten bestimmt. Dann gab es noch das Spielemagazin für Soldaten und Werkbögen für Jugendarbeit. Das Unternehmen profitierte durchaus davon, dass man traditionell ein starkes Werkprogramm vorweisen konnte, das nun in den nationalsozialistischen Zeitgeist passte und sich entsprechend der Nachfrage ausbauen ließ. Mit solchen Produkten wurde die Betriebsschließung abgewendet – denn man war ja »kriegswichtig«.

Wurden Zwangsarbeiter beschäftigt?

Nein, keine. Um Gewissheit darüber zu gewinnen, haben wir diese Frage mal an das Stadtarchiv von Ravensburg gestellt, sie wurde definitiv verneint. Trotzdem hat das Unternehmen später freiwillig in den Ausgleichsfonds gezahlt, um das Solidarprojekt zu unterstützen.

Gab es denn in der Belegschaft keine überzeugten Nazis, die die Zurückhaltung der Unternehmer kritisch betrachteten?

Der Leiter der Druckerei, die in den Verlagsgebäuden untergebracht war und mit der wir kooperierten, achtete offenbar genau darauf, dass der Verlag die nationalsozialistischen Vorgaben umsetzte. Es wird erzählt, dass er meinen Vater zumindest einmal anzeigte. Er passte auch auf, dass der Betrieb sich an den Aufmärschen beteiligte. Der sogenannte »Deutsche Gruß« war in der Firma unüblich und wurde noch im Frühjahr 1938 nicht praktiziert. Erst im Juli 1938 ordnete Otto Maier, vermutlich aufgrund einer Anzeige, in einem Rundschreiben an die Belegschaft an, den Deutschen Gruß im Betrieb zu verwenden, was, wie er ausdrücklich schreibt, zuvor nicht geschehen war.

Gab es Kontakte zu jüdischen Mitbürgern?

Man erzählt sich in der Familie, dass mein Vater die Autorin Beate Hahn, sie hatte das Kindersachbuch »Dein Garten wächst mit Dir« geschrieben und war eine Schwägerin von Kurt Hahn, des Gründers der Schule Schloss Salem, über die Schweizer Grenze »geschmuggelt« haben soll. Bezeichnend für die Haltung der Familie war es, dass man einigen Künstlern, die in Berlin aufgrund ihrer politischen Haltung in Misskredit gerieten, dazu verhalf, am Bodensee einen Rückzugsort zu finden, zum Beispiel Fritz Spannagel. Ein Berliner Professor, Autor des Standardwerks »Der Möbelbau« und von Büchern für Schreiner. Und die Spiele-Illustratorin und Kinderbuchautorin Marigard Bantzer wohnte mit ihrem Sohn Christian Ohser, der in meinem Alter war, ein Jahr in Thunau bei uns. Ihr Mann Erich Ohser, der von den Nazis verfolgte Schöpfer der berühmten »Vater und Sohn«-Geschichten, die unter dem Pseudonym »e. o. plauen« erschienen waren, war als Karikaturist 1944 wegen vermeintlicher »Wehrkraftzersetzung« verhaftet worden und seinem Todesurteil durch Selbstmord zuvorgekommen. Marigard Bantzer illustrierte auch nach

Kriegsende für den Otto Maier Verlag Kinderbücher, zum Beispiel das Bilderbuch »Hans Häschen«. Hier in Oberschwaben am Bodensee war man weitab vom Schuss. Auch einige Lehrer und Professoren, die sich unbeliebt gemacht hatten, wurden vom evangelischen Landesbischof hierher geschickt, zum Beispiel die Theologieprofessoren Günther Dehn und Helmut Thielicke. Ersterer hat mich 1945 konfirmiert. Und in unserem Vorarlberger Ferienhaus in Bürserberg brachte mein Vater am Ende des Krieges eine Familie Knaus unter. Offenbar war die Familie in den Widerstand der Gruppe 20. Juli 1944 verwickelt. Übrigens nutzte der Verlag das Ferienhaus, um von allen Büchern je ein Belegexemplar dort zu lagern, falls die Gebäude in Ravensburg in Brand geraten wären.

Die Firma galt also nicht als kompromittiert.

Ja, sie war einer der ersten Verlage in der französischen Besatzungszone, die ihre Arbeit wieder aufnehmen konnten. Natürlich musste und wollte man die Löhne und Gehälter für die Mitarbeiter weiterzahlen, auch wenn es nicht viel war. Dazu brauchte man Einnahmen. Also hat man an die Franzosen verkauft. Päckchen konnte man 1945 nicht verschicken, später schon, da kam wieder ein bisschen Geld rein.

Und für Material musste man immer Anträge stellen …

Das war schwierig, man bekam Zuteilungen für Papier. Das war einer der Gründe, warum mein Vater die Zeitschrift »Bauen + Wohnen« gründete: Mein Vater dachte sich, wenn man eine Zeitschrift hat, erhält man eine permanente Papierzuteilung. Und so kam es. Da hat man dann Papier für Bücher abgezweigt.

Was war mit Maschinen?

Druckereien gab es genügend, die Arbeit gesucht haben. Wir hatten selbst in der Burgstraße eine Offset-Presse und eine alte Steindruck-Presse, die bis in die 50er-Jahre genutzt wurde – mit großen Steinplatten, die heute im Museum ausgestellt sind. Die erste größere Offset-Druckmaschine ist dann Anfang der 50er-Jahre angeschafft worden.

Es hört sich alles so an, als hätten Sie diese erste Zeit nach dem Krieg als durchaus amüsant erlebt.

Amüsant ist übertrieben, aber interessant und nicht unerfreulich. Es gab eine ganze Reihe von Problemen, das ist ja klar. Mein Vater wohnte in der Gegend von Kressbronn im Landkreis Tettnang. Wir dagegen arbeiteten im Kreis Ravensburg und vom einen Kreis in den anderen musste man einen Passierschein haben. Mein Vater hatte im Haus in Thunau auch ein Redaktionsbüro, wo er die Fachbücher konzipierte. Und so kam ich durchaus gelegentlich mit geschäftlichen Dingen in Berührung.

Ihr Vater hat Sie frühzeitig gezielt für seine Nachfolge prädestiniert?

Sonst hätte er mich nicht relativ früh die Lehre machen lassen. Ich war zuerst in München, dann hat er mich in die Schweiz geschickt und schließlich nach Frankreich. Und eigentlich sollte ich noch einen vierten Aufenthalt, ein Praktikum in England, absolvieren, war schon angemeldet in einer Buchhandlung in Cambridge. Plötzlich sagte mein Vater: »Ach, es wär mir lieber, du würdest das nicht machen.« Das war im Jahr seines Todes. Was aber noch niemand wissen konnte.

Hatten Sie als Kind einen Berufswunsch?

Eigentlich nichts Konkretes. Mein Vater hat mir immer zu verstehen gegeben, dass ich im Verlag arbeiten sollte. So wie er.

Und Sie haben nie daran gezweifelt?

Nein, ich hatte keine ausgeprägten Interessen oder Neigungen, ich wollte nicht Arzt werden oder Jurist wie mein Großvater Dieterlen, keinesfalls. In den ersten drei, vier Jahren unmittelbar nach dem Tod meines Vaters habe ich mich durchaus amüsiert und das Leben genossen, unser Onkel hat immer gesagt »pfludere lassen«. Bis uns irgendwann das Wasser am Hals stand.

Es war ein vorgezeichneter Weg, der Sie nicht belastet hat? Sie mussten sich nicht aufbäumen und protestieren?

Ich war zufrieden, ja. Später habe ich meinen eigenen Kindern gesagt: »Ganz gleich, was ihr macht, ihr müsst euch hineinknien, dann kommt der Spaß von selbst. Dann seid ihr auch gut.«

Und das war bei Ihnen der Fall?

Ich war so früh in der Denke »Verlag«, dass es nichts anderes zu überlegen gab. Mein Vater, den ich heiß geliebt habe, hat mich stark geprägt, obwohl ich ihn in manchem nicht verstanden habe. Beispielsweise hatte ich keinen Zugang dazu, dass er sich am Ende seines Lebens mit Philosophie beschäftigte. Er wollte philosophische Bücher herausgeben. Übrigens hat mich die Münchener Buchhandlung, in der ich mein erstes Praktikum ableistete, auch ganz besonders geprägt. Mein Vater wusste, dass dieser Buchhändler Söhngen ein erklärter Anti-Nazi war. In dieser sehr kleinen Einraum-Buchhandlung, heute in der Residenzstraße, herrschte eine interessante Atmosphäre.

Sie haben keine klassische Verlagslehre absolviert?

Formal betrachtet nicht. Ich habe sämtliche Abteilungen im Verlag durchlaufen. Mein Gott, das war alles so klein-klein, es gab dreißig bis vierzig Mitarbeiter.

Haben Sie Lehrgeld bekommen?

Ja, sicher, 30 Mark, das kann man in den alten Gehaltsbüchern nachlesen.

Wann hatten Sie Ihr erstes Auto?

In dem Moment, als mein Vater starb. Da fiel mir sein Firmenwagen zu.

Sind Sie Motorrad gefahren oder Roller?

Nein, nein, dafür war ich zu ungeschickt. Ein Freund von mir besaß ein Motorrad, da bin ich manchmal mit aufgesessen. Aber als ich später mal versuchte, selbst eine Vespa zu lenken, bin ich auf einen Bordstein aufgefahren und runtergefallen. Die Technik lag mir nicht und es hat auch keinen Spaß gemacht. Sportlich war ich auch nicht besonders. Wandern, ja, aber nicht so systematisch wie der Onkel Karl. Der war auf den Landstraßen Oberschwabens als Spaziergänger bekannt. Ich war eher ein Leser. Als Bub habe ich natürlich Karl May verschlungen und in der Münchener Buchhandelslehrzeit habe ich bereits beruflich gelesen, damit ich Kunden Bücher empfehlen konnte. Nach dem Krieg haben wir uns gefreut, dass wieder neue Bücher gedruckt wurden, auch schon vor der

Währungsreform. Zu meiner Konfirmation bekam ich von meinem Vater Adalbert Stifters »Nachsommer« geschenkt.

Sie Ärmster, das langweilt doch Vierzehnjährige.

Nein, gar nicht! Das ist heute noch eins meiner Lieblingsbücher.

Offenbar war Ihrem Vater daran gelegen, dass Sie eine breite Bildungsbasis bekamen. Warum bestand er nicht darauf, dass Sie die Schule mit Abitur beendeten?

Er hat selbst auch nicht studiert, keiner von den drei Brüdern hatte einen akademischen Abschluss. Ein gewisses Bildungsniveau wurde trotzdem erwartet, das hatte vielleicht auch mit dem Verlag zu tun. Wir führten halt keine Maschinenfabrik oder ein rein technisches Unternehmen. Als »Fabrik« haben wir uns nie angesehen, wobei es die Firmierung als Otto Maier Verlag erst ab dem neuen Gesellschaftsvertrag Ende der 50er-, Anfang der 60er-Jahre gab. Vorher hieß die Firma nur »Otto Maier«. Ich weiß noch, als mein Vater mich einmal, als ich am Telefon »Maier Verlag« gesagt hatte, in den Senkel gestellt hat: Die Firma heißt »Otto Maier« und nicht »Maier Verlag«! Gibt's gar nicht! Mein Vater als ältester Sohn und als Namensträger hat immer Wert darauf gelegt, dass die Firma »Otto Maier« heißt – nach demjenigen, der sie gegründet und ihren Geist bestimmt hat. Und dann gab es zwei jüngere Brüder, Karl und Eugen. Mein Großvater, so weiß ich es von meinem Vater, wollte nicht, dass einer allein die Firma leitet. Deshalb hat er meinen Onkel Eugen, den Jüngsten, überredet, in die Firma zu kommen. Der wollte eigentlich mehr ins Künstlerische, er studierte Kunstgeschichte in München. Der Onkel Karl, derjenige, der letztendlich am längsten gelebt hat, er starb 1979 mit fünfundachtzig Jahren, war in der Jugend fast aufgegeben worden, er war lungenkrank. Und deshalb begannen alle drei Söhne, im Verlag zu arbeiten.

Und das blieb auch so nach dem Tod von Otto Maier senior?

Keiner sprang ab. Nach dem Tod meines Großvaters 1925 waren es vier Gesellschafter – zusammen mit meiner Großmutter. Später waren Otto, Karl und Eugen jeweils mit einem Drittel an der Firma beteiligt. Mein Vater, Jahrgang 1891, war schon vor dem Ersten Weltkrieg in der Firma tätig, dann kurz beim Militär. Sein Bruder Karl, Jahrgang 1894, musste sich damals noch häufig in Sanatorien aufhalten. Eugen, der 1899 geboren ist, kümmerte sich um die Spiele, die vor dem Zweiten Weltkrieg nur ein kleines Anhängsel an den Verlag darstellten. Karl war für die Beschäftigungsprodukte zuständig und mein Vater leitete das Unternehmen. Er interessierte sich leidenschaftlich für gutes Design. Sein Spezialgebiet waren Architektur und Baufachbücher, später die Zeitschrift »Bauen + Wohnen«. Es war eine glückliche Fügung. In den schweren Nachkriegsjahren waren die Baufachbücher die wirtschaftliche Basis des Verlags.

Ich kenne Sie als kaufmännisch orientierten Menschen – das müssen Sie ja auch irgendwo gelernt haben.

Jetzt muss ich etwas ausholen. Nach dem Tod meines Vaters 1952 lebte aus der Generation nur noch mein Onkel Karl. Ich war zwanzig, einundzwanzig. Über Nacht saß ich im Büro meines Vaters und ich durfte sein Auto fahren. Ehrlich gesagt: Der Ernst des Lebens kam mir nicht so ganz stark unter die Haut. Und dann gab es Jahre, wo wir durch ein Bauvorhaben, durch nicht gut laufende Geschäfte mit einer Umsatz-Größenordnung von knapp 2 Millionen Mark, in finanzielle Schwierigkeiten kamen. Das war der Moment, in dem ich mich selbst zur Räson gerufen habe: Halt, halt, jetzt muss ich mich etwas mehr hineinknien! Vielleicht dadurch, dass die kommerziellen Dinge an mir hingen, denn unser Onkel war an den redaktionellen Bereichen interessiert, wie früher auch. Der hat keine Chefrolle übernommen. Die war also vakant. Also musste ich mich zwangsweise hineinknien und habe langsam »by doing« gelernt.

Finden Sie, dass Sie Ihrem Großvater oder Ihrem Vater ähnlich sind?

Äußerlich vielleicht. Viele Leute haben mir schon gesagt, ich säße in derselben Haltung am Schreibtisch wie mein Vater. Heute wird meinem Sohn Clemens nachgesagt, dass seine Körperhaltung der meinen stark ähnelt. Na ja, die Gene.

Faksimile des Schreibens
von Otto Maier zum Hitlergruß
an die Mitarbeiter

Betr. Offizielle Einführung des Deutschen Grusses.

Wenn wir morgens oder nachmittags unsere Arbeit beginnen, wenn
wir sie mittags oder abends beenden, grüssen wir uns auch heute
noch nach alter Gewohnheit mit Guten Morgen, Gesegnete Mahlzeit,
Guten Tag, Guten Abend oder Auf Wiedersehn. Nun gibt es aber seit
Jahren schon einen Gruss für Deutsche, der bei jedem Anlass angewandt werden kann, den Deutschen Gruss, der lautet : Heil Hitler !
Wenn die Betriebsführung die offizielle Einführung dieses Grusses
bis heute unterlassen hat, so hat das Gründe.
Sie legt auf Äusserlichkeiten keinen Wert und weiss, dass Äusserlichkeiten von denen am leichtesten übernommen und angewandt werden, welche die mangelnde Bereitschaft zu wesentlicher innerer
Wandlung verdecken wollen. Sie empfindet aber auch die jederzeitige
Anwendung des Deutschen Grusses in der vielfach auftretenden ver-
stümmelten Form als eine Entweihung des Führernamens und der mit
ihm verbundenen feierlichen und verpflichtenden Grussform. Vor
allem aber kann die Betriebsführung annehmen, dass ihre Haltung
von der Gefolgschaft als nationalsozialistisch empfunden und anerkannt wird, und dass sie bei der Gefolgschaft eine Gesinnung
voraussetzen darf, die auf der Basis gegenseitigen Vertrauens auf
Formen verzichten kann.

Die Betriebsführung ist sich aber klar geworden, dass diese Auffassung böswillig oder fahrlässig zu falscher Deutung durch nur
das Äussere sehende Aussenstehende führen kann, und dass sie sich
für die Betriebsgemeinschaft nachteilig auswirken könnte. Sie
sieht sich deshalb veranlasst, die Anwendung des Deutschen Grusses
im Betrieb mit sofortiger Wirkung anzuordnen.

Ravensburg, den 21.Juli 1938.

03
Berufsziel Enkel.
Lehr- und Wanderjahre –
1948 bis 1952

Sonntag, 20. Juni 1948. Währungsreform. Jeder Bürger bekam jetzt 40 neue Deutsche Mark im Tausch für ebenso viele Reichsmark. In den folgenden Tagen kurbelte der Umtauschkurs von 1 D-Mark gegen 10 Reichsmark den Wirtschaftskreislauf an. Von heute auf morgen füllten sich in Ravensburg, wie überall im westlichen Deutschland, die Regale in den Geschäften mit Waren. Handwerker waren jetzt gefragte Leute und hatten volle Auftragsbücher. Auf dem Ravensburger Wochenmarkt gab es wieder frisches Gemüse und Obst in Hülle und Fülle. Das Nachholbedürfnis an Konsumartikeln – Mode, Schuhe, Radioapparate, Möbel – war groß.

Die Industrie erlebte einen Aufschwung, die Beschäftigtenzahlen stiegen sprungartig an. Noch 1946 hatte es in Ravensburg nur ein einziges Unternehmen mit mehr als hundert Mitarbeitern gegeben: die Maschinenfabrik Escher Wyss. Drei Jahre später beschäftigten elf Betriebe mehr als hundert Leute – und Escher Wyss hatte bereits 766 Arbeiter und Angestellte.

Noch eindrucksvoller sind die Vergleichszahlen von 1938/39 und 1959: Vor dem Krieg zählte man in Ravensburg 6 441 Erwerbstätige, fünf Jahre danach schon 11 899. Viele davon verdienten ihren Lebensunterhalt im Baugewerbe, wovon der Otto Maier Verlag indirekt profitierte, weil Bauherren und Handwerker jetzt dessen Fachbücher erwarben. Allerdings taucht der Verlag in der historischen Wirtschaftsstatistik über diese Zeit wohl nur wegen seines späteren rasanten Wachstums auf – 1960 »schafften beim Otto Maier« mittlerweile 180 Menschen. Und das war erst der Anfang.

In der umtriebigen Frühzeit des deutschen Wirtschaftswun-
ders verlässt der siebzehnjährige Otto Julius Maier 1948 endgültig die Schule und beginnt eine Lehre im väterlichen Betrieb.
Sein Vater sorgt dafür, dass er schon bald in befreundete Unternehmen im In- und Ausland hineinschnuppern kann und die
wichtigen Branchen des Bücherverlegens, Spieleherstellens, des
Großhandels und Einzelhandels kennenlernt.

Lebhaft erinnert er sich heute, sechseinhalb Jahrzehnte
später, an diese erfüllende Zeit in München, Olten und Paris, in
der er nicht nur vielfältige Erfahrungen sammelte, interessante
Menschen traf, Freundschaften schloss und erste eigene berufliche Gehversuche unternahm. »Man tat seine Pflicht«, dämpft
er seine aufkeimende Begeisterung ab. Er sagt es sachlich, prag-
matisch. Aber in seinen Augen schimmert dabei ein verdächtig
fröhlicher Funken vergangenen Glücks.

**Wie war das damals, als Sie als Lehrling ins Unternehmen
kamen? Wie wurden Sie von den etwa dreißig Mitarbeitern
angesehen?**

Das war ein ganz normales und durchaus herzliches Verhältnis. Sie haben sich gefreut, dass da ein Junger kam, der zur
Familie gehörte. Ich habe bei allem mitgemacht, in der Fertigung Papier gestapelt und solche Arbeiten.

**Man wusste zwar nicht, dass Ihr Vater so früh sterben wür-
de, aber vielleicht hat man geahnt, dass Sie ihm irgendwann einmal nachfolgen würden?**

Sicher. Geahnt und durchaus als richtig empfunden.

Wie war Ihr Verhältnis zu Ihrem Vetter Peter Maier?

Als frühere Spielkameraden verstanden wir uns ganz gut. Zu
der Zeit lebte mein Vetter jedoch einige Jahre in Karlsruhe bei
einem Patenonkel, der eine Druckerei hatte, und machte dort
eine Druckerlehre. Er kam 1951 zurück. Peter Maier kümmerte sich um die Druckerei und war redaktionell für Bilderbücher und Spiele tätig. Es bestand durchaus ein gutes Verhältnis zwischen uns. Er war künstlerisch sehr begabt und
brachte viele Impulse in das Unternehmen ein. Wir bauten in

der Marktstraße die Druckerei neu, was notwendig war, uns aber zu viel Geld kostete. Zudem verdienten wir wenig und kamen dadurch in eine Situation, in der die Existenz der Firma gefährdet war. Mein Vetter wollte expandieren, ich meinte, wir müssen sparen, so haben wir uns zerstritten.

Bleiben wir noch bei Ihren Ausbildungs- und Wanderjahren, die offenbar ineinander übergingen?

Ja. Zunächst wurde ich in die Münchener Buchhandlung L. Werner geschickt. Der Inhaber war ein Anti-Nazi gewesen, das wusste mein Vater. Er hat angefragt, ob ich dort sechs Monate meiner Lehrzeit absolvieren könnte. Diese Zeit hat mich sehr geprägt und ich habe sie sehr genossen. Wir waren zu viert oder fünft in der Buchhandlung und ich durfte so ziemlich alles machen.

In München haben Sie im Grunde das Buchhandelsgeschäft erlernt?

Ich musste verkaufen, den Kunden Leseempfehlungen geben, und natürlich musste ich viel lesen dafür. Viele Bücher habe ich nach Feierabend in mein Zimmer mitgenommen. Die Buchhandlung L. Werner war spezialisiert auf Bau und Architektur, es wurde an Behörden und Architekten verkauft, ich war manchmal der Austräger. Die nächste Station war das Schweizerische Vereinssortiment SVS, das Barsortiment des Schweizer Buchhandels in Olten, eine Art Großhandel. Ich blieb dort auch wieder einige Monate. Da hat man nichts anderes getan, als aus dem Lager die Bestellungen zusammenzutragen und in den Packraum zu bringen. Anschließend war ich in Zürich im Spielwarenhandel Franz Carl Weber. Dann habe ich mich wieder ein halbes oder dreiviertel Jahr in Ravensburg aufgehalten, anschließend kam Frankreich für drei Monate.

Mein Vater hatte Beziehungen zum Verlag Nathan – erstens, weil dessen Produktion zum Teil der unseren ähnelte, vor allem aber, weil der Sohn des Verlagsinhabers Offizier in Baden-Baden und verantwortlich für die Lizenzierungen deutscher Verlage in der französischen Zone war. Über den entstand der

Kontakt. Die Eltern Nathan kamen auch meinen Vater besuchen, daran erinnere ich mich noch gut. Bei einer solchen Gelegenheit hat er gefragt, ob ich in Paris bei ihm einen Teil meiner Lehre absolvieren könne. Das hat Nathan abgelehnt, sie seien überhaupt nicht dazu in der Lage, er würde mir aber das dortige Groß-Barsortiment von Hachette empfehlen. Deshalb bin ich dort gelandet, wie viele andere junge Leute aus Deutschland auch, die vor oder nach mir dort hospitiert haben. Ich habe drei Monate lang Bestellungen bearbeitet und ähnliche Tätigkeiten ausgeübt und fand Paris wunderschön. Alle Stationen dienten der beruflichen Horizonterweiterung, der Persönlichkeitsentwicklung.

Zu der Zeit hatte der Spielebereich nur eine geringe Rolle gespielt. Im Buchbereich gab es den Schwerpunkt »Bau und Architektur«, daneben die Werkbücher und etwas Kinder- und Jugendbuch. Das Programm entsprach den Vorlieben der drei Brüder. Onkel Karl machte die Beschäftigungsbücher, Onkel Eugen bis zu seinem Tod die Spiele, mein Vater hat sich zusammen mit einem Mitarbeiter vor allem um die Fachbücher gekümmert, die den Verlag in der Zeit nach der Währungsreform getragen haben. Der Verlag hatte kein richtiges Profil. Als sich dann in den 50er- und 60er-Jahren die Spiele sehr positiv entwickelt haben und der Fachbuchbereich zurückging, wusste man in den Buchhandlungen nichts so recht mit uns anzufangen. Als die Jugendbücher vor allem durch die Taschenbuchreihe zu einem gewissen Schwergewicht im Buchhandel wurden, standen die Werkbücher im selben Regalfach, wo sie eigentlich nicht gesucht werden. Deshalb haben wir uns sehr viel später entschlossen, nur noch Jugendbücher zu verlegen und keine Fach- und Beschäftigungsbücher mehr. Das ist uns gut bekommen. Das ist lange her. Wenn Sie heute in eine Buchhandlung gehen, finden Sie Ravensburger Bücher nur noch in den Regalen der Abteilung Kinder- und Jugendbuch.

**Haben die Spielwaren- und Buchmessen für den Verlag da-
mals schon eine Rolle gespielt?**
Die erste Frankfurter Nachkriegs-Buchmesse für die britische
und amerikanische Zone fand relativ früh, schon 1949, statt.
Es gab einen Börsenverein für die französische Zone. Die
Buchhändler der französischen Zone wollten jedoch nicht
nach Frankfurt gehen und stiegen erst später ein. War ich da
mals dabei? Ich weiß es nicht mehr, ganz sicher habe ich an
der ersten Nürnberger Spielwarenmesse 1949 teilgenommen.
Das war natürlich aufregend, plötzlich mit allen anderen
Spielwarenherstellern und mit den Kunden zusammenzukommen, die ich zuvor nicht gekannt hatte. Vom Spielwarenhandel wusste ich, abgesehen von meinen Eindrücken bei
Franz Carl Weber, nicht viel. Wir hatten einen kleinen Stand,
vielleicht 15 Quadratmeter groß, Spiele, teilweise Bilderbücher ausgestellt, und haben Kunden bedient.

War das schon international besucht?
Nein, keineswegs, nur deutschsprachig, aber aus der Schweiz
und aus Österreich kamen Kunden. Der damalige Wirt-
schaftsminister Ludwig Erhard redete bei den Eröffnungsfei-
ern den Verantwortlichen der Messegesellschaft ins Gewissen,
dass sie sich dringend internationalisieren müssten. Das wollten die Nürnberger und die deutschen Hersteller gar nicht.
Den Ausländern die Tür öffnen? Nein! Die Kunden wollten
sie natürlich schon dabei haben, aber nicht die ausländischen
Hersteller. Das war eine lange Geschichte, bis man die ausländischen Hersteller »reingelassen« hat. Es dauerte bis 1958.

Man hatte Angst vor der Konkurrenz?
Es herrschte ein etwas enger Geist in Nürnberg. Ich war im
Aufsichtsrat in diesen Jahren und hatte vielleicht etwas mehr
die Nase hinausgestreckt gehabt. Ich hatte einen anderen
Blickwinkel, vielleicht weil ich als Verlagsunternehmer nicht
nur so fertigungsorientiert war wie die Konkurrenten, die
Blech- oder Plüschfabrikanten waren. Dass Produkte auch bei
Dritten im Ausland gefertigt wurden, wie wir das als Verleger
machten, war für die anderen Hersteller damals undenkbar.

Wie lange haben Sie im Aufsichtsrat mitgewirkt?

Vierzig Jahre. Jetzt, wo ich daran denke, habe ich alle möglichen Erinnerungen an diese frühe Zeit in Nürnberg, an die ersten Kunden, an die Ausstellerkollegen. Ich habe damals Freundschaften geschlossen. Unseren ersten Messestand, der über reines Regale aufbauen, Spiele und Bücher hineinstellen weit hinausgegangen war, haben wir mit Otl Aicher zusammen konzipiert.

Ich bin öfters nach Ulm gefahren und saß bei Aichers im Wohnzimmer in der Hochschule für Gestaltung auf dem Kuhberg, wo die Familie auch wohnte, da hat man das besprochen. Inge Aicher-Scholl saß daneben und hat genäht oder Hausarbeit gemacht. Sie erschien mir als eine mütterliche Frau. Wir sind an Otl Aicher gekommen, weil wir ein Bilderbuchprogramm verlegten von Graf Thun, der durch seine Radiogerätefabrik in der Nähe von Ulm eine alte Beziehung zur Hochschule für Gestaltung und zu dem Produktdesign-Dozenten Hans Gugelot hatte. Graf Thun hatte auch für die Radiofabrik Braun gefertigt – die für ihr modernes Design berühmten Braun'schen Geräte –, die wiederum mit Gugelot zusammenarbeitete. Über diese Kette Thun, Hochschule für Gestaltung entstand unser Kontakt zu Otl Aicher. Natürlich waren wir positiv vorbelastet, weil wir die Zeitschrift »Bauen + Wohnen« hatten und das passte zur »Guten Form«. Deshalb war Aicher bereit, den Messestand neu zu gestalten – erstmals mit schrägen Aufstellern. Es war der erste richtige und moderne Messestand, das hatte es zuvor in der Branche nicht gegeben. Man hatte einfach nur Tische dekoriert, und nun hat man zum ersten Mal eine Konzeption erarbeitet.

Apropos Design und Architektur. Sie erwähnten an anderer Stelle bereits die Zeitschrift »Bauen + Wohnen«. Was hatte es damit auf sich?

Die Idee, eine Architekturzeitschrift herauszubringen, hing sicher nicht nur mit der bereits erwähnten vorteilhaften permanenten Papierzuteilung zusammen, sondern auch damit, dass nach dem Krieg für den Wiederaufbau eine Orientierung für die Architekten und Bauleute notwendig war. Der Verlag hatte schon vor dem Krieg Baufachbücher für Zimmerleute und Schreiner herausgegeben und vor allem mein Vater war immer interessiert an guter Form. So entstand, ich meine noch vor der Währungsreform, die Zeitschrift »Bauen + Wohnen«. Es ging auch darum, den Bauinteressierten positive Beispiele aus dem Ausland zu zeigen. Mein Vater hat im Verlag 1950 ein Buch über Schweizer Architektur herausgebracht. Ich erinnere mich noch an eine einwöchige Reise mit meinem Vater und dem in Deutschland lebenden Schweizer Architekturprofessor Hans Volkart durch die Schweiz bis hinunter zum Genfer See zur Vorbereitung für dieses Buch. Wohl etwa gleichzeitig kam auch in der Schweiz eine Zeitschrift »Bauen + Wohnen« heraus. Es gab einen Rechtsstreit über die Namensrechte. Irgendwann ging mein Vater auf die Schweizer zu und schlug eine Zusammenarbeit vor. Die Verträge wurden noch zu Lebzeiten meines Vaters, also wohl 1951, geschlossen. Die Schweizer hatten 50 Prozent, wir hatten zusammen mit einer Münchner Druckerei die anderen 50 Prozent.

Wie ging das dann nach dem Tod Ihres Vaters weiter?
Ich wurde Geschäftsführer der deutschen »Bauen + Wohnen«-Ausgabe. Das war keine sehr anstrengende, aber eine interessante Aufgabe. Es gab einen deutschen Chefredakteur, der eng mit den Schweizern zusammenarbeitete, und alle paar Monate gab es eine Sitzung mit den Schweizer Partnern und der Druckerei in München oder auch in der Schweiz. Einer der Partner von der Gestaltung der Zeitschrift war der Schweizer Maler und Grafiker Richard Lohse. Es entwickelte sich eine Freundschaft, sowohl zu den Schweizern als auch zu dem Münchener Partner. Da wir auch Bücher für Bau und Architektur herausgaben, habe ich für die Arbeit im Verlag in Ravensburg viele Anregungen erhalten. So unternahm ich meine erste Reise nach den USA im Jahre 1960 teilweise für »Bauen + Wohnen«. Die Zeitschrift erhielt viele Inserate, unter anderem auch von Fluggesellschaften. So kam ich zu relativ günstigen Preisen an die Flugtickets.

Damals habe ich auch Architekten in den USA besucht. Ich erinnere mich an einen Besuch im Büro Mies van der Rohes – ihn persönlich sah ich allerdings nur von ferne. In Los Angeles habe ich einen Architekten getroffen, der Mitglied des Patronatskomitees unserer Zeitschrift war. Wir freundeten uns rasch an und trafen uns immer wieder – eine Freundschaft, die bis zum Tode dieses Freundes in den 80er-Jahren andauerte. Das war Craig Ellwood.

In Los Angeles hatte ich auch Architekturzeitschriften besucht. Ich erinnere mich an John Entenza, den Initiator der berühmten »Case Study Houses«. Craig Ellwood war einer der Architekten in diesem Programm. Er baute klassische moderne Architektur im Sinne von Mies van der Rohe, hatte aber auch Bürohäuser und Fabriken gebaut. Mich interessierten die Kosten dieser Bauten und die klaren Strukturen. Wir hatten damals überlegt, für unsere eigenen Bauvorhaben mit ihm zusammenzuarbeiten, aber die Bauvorschriften in Europa und speziell in Deutschland waren anders, schwieriger. Und so hatte es leider mit einer Zusammenarbeit nicht geklappt, was er und ich bedauert haben. Was aber unserer Freundschaft nicht geschadet hat.

Wie ging es mit der Zeitschrift weiter?

Nachdem »Bauen + Wohnen« in den 80er-Jahren in der Schweiz mit der Zeitschrift »Werk« fusionierte, hat sich die Zeitschrift ganz auf die Schweiz konzentriert und wir sind 1984/85 als Gesellschafter ausgeschieden, auch deshalb, weil wir schon früher unsere Architektur- und Baufachbücher aufgegeben hatten.

Wie haben Sie denn als lernender Jungunternehmer die Bundesrepublik Deutschland und das Land Baden-Württemberg politisch erlebt?

Die Zeitereignisse haben unser aller Leben in hohem Maße beeinflusst. Große politische Traditionen gab es in der Familie nicht, wir haben immer eher liberal gedacht und gewählt. Reinhold Maier, den ersten Ministerpräsidenten von Baden-

Württemberg, hat mein Vater persönlich gekannt, er spielte in dieser Zeit eine wichtige Rolle. Ebenso natürlich Theodor Heuss. Man hat sich aufgehoben gefühlt. In der hiesigen katholischen, oberschwäbischen Gegend war die Zentrumspartei früher stark gewesen. Das war allerdings nicht die politische Heimat meines Vaters, der eher liberal eingestellt war. Später ging es dann in Richtung CDU.

Sie hatten Teil am Wirtschaftswunder …

Na ja, danke für die Ehre, aber zum Zeitpunkt des Todes meines Vaters haben wir 2 Millionen Mark Umsatz gemacht, also von wegen großes Wirtschaftsleben! Ich erinnere mich noch an die Währungsreform 1948, jeder bekam zunächst 40 Deutsche Mark auf die Hand. Kurz nach dem Stichtag steckte mein Onkel Karl mir 5 D-Mark in die Tasche. Ich war achtzehn Jahre alt. Mein Vater hat protestiert: »Bist du wahnsinnig, das kannst du doch nicht machen. Wie kannst du dem Jungen plötzlich so viel Geld geben?« So habe ich diese Umstellungszeit erlebt. Mir war bewusst, dass man alles tun musste, damit die Firma weiter existieren konnte. Es wurde oft erzählt, dass unser Packmeister mit dem Leiterwagen auf die Bahn gefahren ist und die Pakete dort abgeliefert hat. Ich weiß auch, dass mein Vater damals einen Wechsel bei der Bank über 10 000 D-Mark unterschrieben hat für ein Startkapital, damit man wieder die Löhne und Gehälter zahlen konnte, so lange, bis dann wieder Geld von den Kunden aus den Lieferungen reinkam.

Da gab es sicher eine Zeit, in der man die Mitarbeiter nicht bezahlen konnte?

Nein, die Mitarbeiter wurden immer bezahlt. Das hat man schon so gerichtet, dass das ging. Dafür hat vor allem der Verkauf der Baufachbücher gesorgt. Das Maurerbuch ging weg wie warme Wecken. Dadurch wurde Geld eingenommen, das war damals Anfang der 50er-Jahre das Rückgrat für den Verlag. Die Baufachbücher haben zu der Zeit vielleicht 50 bis 60 Prozent des Umsatzes ausgemacht, die Spiele und die sonstigen Bücher haben eine sehr geringe Rolle gespielt.

Kluge Weitsicht von Ihrem Vater.

Ob das Weitsicht war – wir hatten schon nach dem Ersten Weltkrieg die Zimmereifachbücher von Kress, insofern war es auch ein bisschen Pflege der Tradition. Mein Vater interessierte sich immer für Design, für gute Formen, und pflegte dies auch während des ganzen Krieges – »Hausgerät, das nicht veraltet«, hieß eins dieser Bücher beispielsweise. »Drechslerwerk«, ein großes Fachbuch.

Wie würden Sie Ihr Lebensgefühl in diesen frühen Lehr- und Wanderjahren beschreiben?

Das ist schwer zu beantworten, ich versuche es mit einer Geschichte: Während meiner Lehrjahre in München nahm mich mein Chef, immer wenn er einen Auftrag für irgendwelche Kunden hatte, mit, um bei Auktionen Bücher zu ersteigern. Als er gesehen hat, dass der junge Mann das ordentlich macht, hat er mir den jeweiligen Ausstellungskatalog gegeben und mir sein Limit reingeschrieben, wie viel ich bieten darf. Da hab ich dann Bücher ersteigert. Einer unserer Kunden war ein amerikanischer Offizier namens Heinz Berggruen, der spätere große Kunstsammler. Für ihn ersteigerte ich Bücher und für viele andere Kunden auch. Das hat Spaß gemacht, meinen Horizont erweitert und mich auch geprägt. Die Zeit im zerstörten München im Jahr 1949 war für mich wichtig und hochinteressant. Sie haben mich mal gefragt, ob ich die Jugendjahre genießen konnte. Man hat über das Lebensgefühl nicht so viel nachgedacht wie heute, man tat seine Pflicht. Ich meinte, es sei alles gottgegeben und habe dann erst im späteren Leben erfahren, dass es auch ein anderes Lebensgefühl gibt.

Faksimile der ersten und letzten Seite
des Lehrvertrags

Lehrvertrag

DES BUCHHANDELS IN DER FRANZÖSISCHEN ZONE

Lehrvertrag über die Erziehung des Lehrlings Otto Julius M a i e r

geb. am 6.10.1930   in Waldsee/Württ.

durch die Lehrfirma Otto Maier in Ravensburg

zum Buchhandlungsgehilfen.

Gesetzlicher Vertreter des Lehrlings Otto Maier

1. Lehrzeit

Auf Grund der vorgewiesenen Schulzeugnisse und der sonstigen Vorbildung wird eine Lehrzeit von 2 - von 3 - Jahren Dauer vereinbart, beginnend am 15.10.1948, endend am Oktober 1950 vergl. Punkt 14

Der Lehrherr kann mit Zustimmung des gesetzlichen Vertreters des Lehrlings bei dreijähriger Lehre bis zu ¹/₂ Jahr erlassen, wenn auf Grund ganz besonderer Leistungen des Lehrlings das Lehrziel schon vor dem vertraglichen Ende der Lehrzeit als voll erreicht angesehen werden kann. In gleicher Weise kann der Lehrherr in Übereinstimmung mit dem Gehilfenprüfungs-Ausschuß die Verlängerung der Lehrzeit bis um ¹/₂ Jahr verlangen, wenn außergewöhnlich geringe Leistungen des Lehrlings dies zur Erreichung des Lehrziels notwendig erscheinen lassen, oder bei mehr als dreimonatigem Fehlen. Will der Lehrherr davon Gebrauch machen, so hat er es dem gesetzlichen Vertreter des Lehrlings spätestens 3 Monate vor dem vertragsmäßigen Ende der Lehrzeit mitzuteilen.

2. Probezeit

Die ersten drei Monate der Lehrzeit gelten als Probezeit im Sinne des § 77 des Handelsgesetzbuches. Während dieser Frist ist den Vertragschließenden der jederzeite fristlose Rücktritt vom Vertrage gestattet. Muß der Lehrherr die Eignung des Lehrlings für den Buchhändlerberuf bezweifeln oder verneinen, so hat er dies dem gesetzlichen Vertreter des Lehrlings spätestens mit Ablauf der Probezeit mitzuteilen.

3. Vertragslösung

Ist die Probezeit ohne Kündigung verstrichen, so kann das Lehrverhältnis nur gelöst werden aus einem nach dem HGB wichtigen Grunde, insbesondere infolge Todes des Lehrherrn oder infolge Berufswechsels des Lehrlings. Hierfür gelten die gesetzlichen Bestimmungen.

4. Vergütung

Der Lehrherr vergütet dem Lehrling monatlich

 im ersten Jahr 30.-

 im zweiten Jahr 45.-

 im dritten Jahr 70.-

Änderungen, die während der Vertragsdauer an allgemeinen Regelungen, die dieser Vereinbarung zugrunde liegen, eintreten, sind sinngemäß anzu-

11. Anmeldung

Der Lehrling, ist alsbald nach seinem Eintritt beim zuständigen Landesverband des Börsenvereins anzumelden.

12. Weiterbeschäftigung

Der Lehrherr verpflichtet sich, dem Lehrling beim Ablauf der Lehrzeit zur Erlangung einer seiner Fähigkeiten entsprechenden Gehilfenstellung nach Kräften behilflich zu sein. Kann der Lehrling nicht von seinem Lehrherrn als Gehilfe eingestellt werden, so hat er drei Monate vor Beendigung der Lehrzeit Anspruch auf ein vorläufiges Zeugnis, das über Ausbildungsgang, Betragen und Leistungen erschöpfende Auskunft gibt, ebenso auf ein endgültiges Zeugnis bei Austritt.

13. Austragung von Streitigkeiten

Für alle aus diesem Vertragsverhältnis entstehenden Streitigkeiten ist das Arbeitsgericht in

zuständig mit der Maßgabe, daß die Parteien einander versprechen, eine gütliche Einigung unter Zuziehung von Vertrauenspersonen zu versuchen und eine Stellungnahme des Landesverbandes einzuholen, bevor sie eine richterliche Entscheidung anrufen.

14. Sondervereinbarungen

Die vom 1.3.1945 bis 31.12.1945 bereits im Verlag Otto Maier abgeleistete Lehrzeit wird angerechnet.

Vorstehender Vertrag ist in zwei gleichlautenden Ausfertigungen ausgestellt und von den Vertragschließenden eigenhändig unterschrieben worden.

Abgeschlossen am 15.10.1948 in Ravensburg

Unterschrift des Erziehungsberechtigten

Unterschrift des Lehrherrn

Unterschrift des Lehrlings *Otto Julius Maier*

04
Von null auf hundert. Der junge Unternehmer in der jungen Republik – 1950er- und 1960er- Jahre

»Otto Julius Maier, Enkel des Gründers, hat den 1883 gegründeten Verlag zusammen mit seiner Cousine Dorothee Hess-Maier geprägt, gewissermaßen stets vom Hauch der Geschichte umweht, denn der Stammsitz befindet sich in einem stattlichen Gebäude mit Mauern aus spätgotischer Zeit.« Dieses Zitat aus der Frankfurter Allgemeinen Zeitung anlässlich des 60. Geburtstags des Verlegers würdigt nicht zufällig die früheren Betriebsräume in der Ravensburger Altstadt, in denen sich heute das Verlagsmuseum befindet und die gemeinnützige Stiftung Ravensburger Verlag residiert. In diesem Stammsitz aus spätgotischer Zeit wohnte Otto Julius Maier als junger Familienvater in den 60er-Jahren. Die Decke des damaligen Wohnzimmers und späteren Verlegerbüros, genannt »Die Kapelle«, war von einem namenlosen Lüftlmaler im 18. Jahrhundert verziert worden. Vier üppige Damen, die vier bürgerlichen Kerntugenden Justitia (Gerechtigkeit), Constantia (Beständigkeit), Sapientia (Weisheit) und Temperantia (Mäßigung) darstellend, blicken milde aus einem barockisierten Himmel herab.

Eigentlich handelte es sich um drei vordere, mittelalterliche Gebäude und vier neuere, rückwärtige, die an der Ecke Burgstraße/Marktstraße aneinanderklebten und im Lauf der Zeit innen mit Durchbrüchen verbunden wurden, um den Mitarbeitern kurze Wege zu schaffen. Die hinteren Gebäude wurden mittlerweile abgerissen, um Platz für das neue Kunstmuseum Ravensburg zu machen.

Das Stammhaus Marktstraße 26 war im Jahr 1416 neben anderen Patrizierhäusern errichtet worden, als der oberschwäbi-
sche Marktflecken sich zu einer der führenden und reichen Han-
delsstädte in Süddeutschland entwickelt hatte. Hier in der oberen Marktstraße residierte einige Jahrzehnte vor den Augsburger
Fuggern die größte private Kaufleutevereinigung Deutschlands,
die »Große Ravensburger Handelsgesellschaft«.

In der Region wurde damals großflächig Flachs angebaut, Ra-
vensburger Kaufleute handelten bereits im Jahr 1214 in Genua
mit »tela di Germania«, mit alemannischer Leinwand. In dieser
Epoche entstanden die bis heute repräsentativen Gebäude der
Altstadt, das Rathaus und das Waaghaus mit dem gewaltigen
Satteldach, viele Zunfthäuser, Teile der Stadtbefestigung und
natürlich Türme, deren Verzierungen mit Wappen und Rauten
die Einflüsse norditalienischer Kunst bezeugen. Die Zentrale der
Handelsgesellschaft befand sich in der oberen Marktstraße im
»Humpis-Quartier«. Man handelte international mit Luxus-
gütern wie Seide, Samt, Gewürzen, Edelsteinen, Waffen, Kir-
chenaltären, Zucker, Korallen, Silber, Kupfer und Pelzen.

Nach 1530 schrumpfte die wirtschaftliche und verkehrstech-
nische Bedeutung von Ravensburg für die nächsten 300 Jahre
wieder auf kleinstädtisches Niveau. Die Gebäude blieben jedoch
erhalten und boten im späten 18. und frühen 19. Jahrhundert erfolgreichen protestantischen Kaufleuten Wohnung und Arbeits-
räume. Die meisten stammten nicht aus dem Patriziat, sondern
waren tüchtige Leute, die mit hohem Arbeitsethos und geschick-
ter Heiratspolitik eine erfolgreiche Bürgerschicht bildeten. Auch
ein gewisser Otto Maier, der von seinem Vater Carl eine Buchhandlung geerbt hatte, zählte dazu. 1896 kaufte er das Haus in
der Marktstraße für seinen jungen Buch- und Spieleverlag.

Der Verleger und prominente Antiquaria-Sammler Wulf
D. von Lucius brachte die Zusammenhänge treffend auf den
Punkt: »Vor 600 Jahren hat schon einmal ein Unternehmen den
Namen Ravensburgs in ganz Europa berühmt gemacht: die
›Große Ravensburger Handelsgesellschaft‹, deren Geschäftssitz
nur wenige Häuser entfernt in der Ravensburger Marktstraße
war, in der heute noch das Stammhaus des Otto Maier Verlags

steht. Otto Julius Maier und sein Haus haben dies wiederholt. Sie haben nicht nur das (juristisch fast unmögliche) Kunststück vollbracht, ihren Ortsnamen als Warenzeichen zu schützen, sondern das viel wichtigere, ihn mit Ansehen und Marktgeltung zu erfüllen, ein Garantiezeichen für äußere und innere Qualität.«

Diesem Rückblick, 1990 im »Börsenblatt des Deutschen Buchhandels« erschienen, ist nichts hinzuzufügen. Aber kehren wir in die Marktstraße zurück, wo der einundzwanzigjährige Otto Julius Maier von heute auf morgen auf den Stuhl seines Vaters klettern soll.

Am 30. Juni 1952 starb Ihr Vater unerwartet mit nur einundsechzig Jahren. Das muss für Sie ein totaler Schock gewesen sein.

Ja, das war es. Er hatte einen Routineeingriff, eine Bruchoperation, und starb an einem Herzinfarkt, den er im Krankenhaus erlitten hatte. Ich war überhaupt nicht darauf vorbereitet. Er hatte mich an dem Tag der OP nach München bestellt und mir erklärt, ich müsse jetzt ein wenig verändern im Verlag, durch ein neues Programm, das vom Fachbuch wegführt. Beschäftigung zum Beispiel, wobei er das nicht klar definiert hat. Er war wahrscheinlich der Meinung, ich sollte Kontakt mit Hochschulen für Gestaltung suchen, um Leute zu finden, die uns neue Produkte konzipieren. Ich hätte gar nicht gewusst, wo ich anfangen sollte. Ich bin dann nach Hause zurückgefahren und habe mich notgedrungen langsam eingearbeitet in die Verlagsarbeit. Wobei das Gefühl, jetzt am Schreibtisch und im Auto meines Vaters zu sitzen und mir in der Buchhaltung Geld holen zu können, vielleicht wichtiger war als die Frage, wie es weitergeht. Das kam mir dann erst in den Sinn, als die Schwierigkeiten begannen.

Können Sie dieses Gefühl noch ein wenig genauer beschreiben?

Plötzlich durfte ich das Auto meines Vaters selbst fahren, war ein freier Mensch und unabhängig. Mein Vater hatte mich als Jugendlicher relativ kurz gehalten, auch in puncto Finanzen.

Ich bekam als Lehrling ein Gehalt und vielleicht ein bisschen Geld zusätzlich von ihm. Vielleicht sogar nichts. Ich wohnte bei meiner Mutter. Er nahm mich mit auf Messen und zu Autorengesprächen, das ja, aber sonst hatte ich keine besondere Aufgabe. Und plötzlich saß ich auf seinem Schreibtischstuhl und meinte, ich sei nun der Chef. Oder wenigstens einer der Chefs.

Haben Sie ein bisschen Angst gehabt?

Die Angst kam erst später, als ich begriffen habe, dass die Zusammenhänge zwischen dem Leben, eine gewisse Unabhängigkeit zu haben, auch finanziell, und dem Wohlergehen des Unternehmens unmittelbar sind. Und erst, als es dann einen Schüttler getan hat, der Verlag nämlich keine Gewinne erwirtschaftete und mehr investierte als gut war, und die Handwerker oder der Garagist hier in Ravensburg sagten, ich solle mal lieber ihre Rechnungen bezahlen – da ist bei mir der Groschen gefallen.

Wie lange währte diese Phase?

Oh, das waren vielleicht zwei, drei Jahre, in denen ich mit Freunden herumgereist bin und den Herrgott einen guten Mann habe sein lassen.

Haben Sie das Unternehmen dadurch gefährdet?

Nein, aber ich habe dem Unternehmen auch nicht wirklich geholfen. Erst dann, als man gesehen hat, dass die Decke knapp wird. Da fällt mir ein Erlebnis aus dieser Zeit ein, das meinen jugendlich-übermütigen Geisteszustand und einen gewissen Reifungsprozess vielleicht verdeutlicht. Es muss schon etwas später gewesen sein, ich war vierundzwanzig oder fünfundzwanzig Jahre alt. Ich hatte einen Traum: einen Sportwagen zu kaufen. Es sollte ein Mercedes 190 SL sein. Ich habe gespart, um ihn selber bezahlen zu können, bloß irgendwann habe ich gedacht, es ist eigentlich ein Unsinn, was fängst du mit einem zweisitzigen Sportwagen an! Du bekommst von der Firma ein Auto zur Verfügung gestellt, das vier Plätze hat und in dem du Leute mitnehmen kannst. Ich erinnere mich daran, dass unser Partner bei »Bauen + Wohnen«, Dr. Rudolf

Oldenburg, sich immer über diese Pläne amüsiert hat und dann sehr befriedigt schien, als ich ihm sagte, dass ich diesen Traum begraben hatte. Ich hatte diesen Sportwagentraum nie mehr wieder und bin immer bei ganz normalen viersitzigen Autos geblieben.

Sie waren jung! Haben Sie es später bedauert, sich so früh auf die Verantwortung eingelassen zu haben?

Nein, das nicht – allerdings habe ich bereut, dass ich sonst nichts gelernt hatte. Studium? Hätte ich mich überhaupt dazu geeignet, systematisch etwas zu machen? Mir hätte es sicher gutgetan, wenn ich in einer Bank eine Zeit verbracht und Kenntnisse erworben hätte, die ich mir so selbst aneignen musste. Ich hatte keine Universität besucht und musste mir alles selbst erarbeiten. Es wäre besser gewesen, ich hätte ein solideres Basiswissen gehabt. Ich hatte schlicht von Tuten und Blasen keine Ahnung. Immerhin war ich offen für fremde Erfahrungen, bin auf andere Leute zugegangen, habe sie ausgefragt, mir Bücher empfehlen lassen, später Lehrgänge zum Thema Organisation und Management besucht und versucht, passende Strukturen für uns herauszufinden.

Das Kaufmännische war für Sie Neuland.

Ja. Das Kaufmännische war eine Herausforderung, wir mussten zusehen, dass das irgendwie funktionierte. Wir mussten da eine Struktur reinbringen! Es kam uns gelegen, dass 1958 eine wichtige Mitarbeiterin im kaufmännischen Bereich in Rente ging, die von den Bilanzen bis zum Zahlungsverkehr alles verantwortet hat. Wir mussten Ersatz suchen und fanden einen soliden, erfahrenen Kaufmann, Adolf Schädler. Wir haben uns ein wenig geschämt, um Gottes Willen, der sieht, in was für einem schlechten Zustand die Firma finanziell ist! Seine Reaktion war verblüffend, er war sehr angetan von der Aufgabe und sagte »Das ist gut, da gibt es ja manches zu tun, das macht mir Spaß, da komme ich gern.« Wenn alles gestimmt und es keine Probleme gegeben hätte, wäre er vielleicht nicht interessiert gewesen. Anfang fünfzig war er damals, und der hat wirklich Struktur reingebracht ins Kaufmännische, ich habe sehr eng mit ihm zusammengearbeitet. Er hatte mal im Druckereigewerbe und bei einer Käsefirma im Allgäu gearbeitet, ein hundertprozentiger Finanzmann.

Ein Glücksfall.

Ja, aber es gab auch menschlich schwierige Momente in meinem ersten Verlagsjahrzehnt. Eins der für mich belastendsten Erlebnisse in meiner beruflichen Laufbahn war, dass ich einem wichtigen leitenden Mitarbeiter einen Aufgabenbereich wegnehmen musste. Dem Vertriebsmann, dem auch die Auslieferung unterstand, ein prima Mann, der toll verkaufen und Kunden begeistern, aber nicht organisieren konnte. Und da bin ich als junger, vielleicht dreißigjähriger Spund mit ihm mal anderthalb Tage weggefahren und hab ihm sagen müssen, dass ich ihm den ganzen Bereich der Auslieferung und die dazugehörenden Büroabteilungen wegnehme. Für mich war es ein bedrückendes Gefühl, dass der Mann dann geweint hat. Er war ein Kriegsteilnehmer, verwundet, und da sitzt der und muss sich von einem jungen Kerl so etwas sagen lassen. Die Maßnahme selbst habe ich nicht bereut, denn Adolf Schädler hat den Bereich übernommen, und nach einem halben Jahr wurde über die Probleme nicht mehr gesprochen.

Und blieb der Vorgänger trotzdem noch im Unternehmen?

Natürlich! Willi Baumann war ein großartiger, für uns sehr wichtiger Vertriebsmann, nur kein Organisator, er war ein Mensch, der seinen Mitarbeitern vertraute und nichts von Kontrolle hielt. Jedenfalls ist diese Erfahrung für mich heute noch gegenwärtig. Machst du es richtig, habe ich mich damals gefragt, aber es hat mich auch gestärkt, weil ich das, was ich mir vorgenommen hatte, auch durchgezogen habe. Aber den wesentlich Älteren in dem Zustand zu sehen, das war nicht einfach.

Man eignet sich eine harte Schale an?

Die muss man ohnedies haben, um des Unternehmens willen.

Manchmal muss das Menschliche dann zurückstehen?

Ja, natürlich, das muss sein. Nachher ist mir Ähnliches öfter passiert. Wir haben uns aber immer bemüht, Entscheidungen im Konsens herbeizuführen. Manchmal aber muss man Dinge entscheiden, die nicht allen schmecken.

Wie war denn die Aufgabenstruktur zwischen Ihnen und Ihrem Onkel Karl Maier anfangs? Ihr Cousin Peter Maier aus der Eugen-Maier-Linie kam wohl erst später dazu?

Peter Maier begann 1953, nachdem er seine Druckerlehre beendet hatte, im Unternehmen; er kümmerte sich um die Druckerei und einen Teil des Buchprogramms. Anfangs gab es gar keine klare Struktur. Der Onkel unterschrieb zwar in Abwesenheit meines Vaters Schecks und Korrespondenz, natürlich auch die Verlagsverträge für die von ihm selbst entwickelten Produkte, aber das war keine Geschäftsführung in dem Sinne. Er war zwar persönlich Haftender und damit automatisch Geschäftsführer, aber er hat die Rolle nie angenommen, die mein Vater ursprünglich innehatte.

Wie hat man sich das praktisch vorzustellen – hat Ihr Vater alles koordiniert und die Besprechungen zur Programmplanung geleitet?

Ich habe meinen Vater als Unternehmensleiter kaum richtig mitgekriegt, er starb sechs Monate, nachdem ich von Auslandsaufenthalten als Teil meiner Ausbildung zurückkam. Mein Vater hat zwar koordiniert, letztlich aber das gemacht, was er für richtig hielt. Er hat den anderen Anregungen gegeben, Produkte wiederzubeleben oder Themen zu besetzen. Bei ihm liefen die Fäden zusammen. Ich habe etwa im Spieleverlag ein paar Quartette herausgebracht, mein Onkel hatte auch einmal Spiele produziert, das waren Zufälligkeiten. Es gab kaum Zuständigkeiten, jeder hat alles gemacht. Mein Vetter Peter hat sich mit einem gewissen Schwergewicht den künstlerischen Produkten gewidmet, nicht den Baufachbüchern, die betreute Andreas Pollitz. Ich kümmerte mich zunächst mehr um den Vertrieb, obwohl ich auch gelegentlich Produkte entwickelte. Es gab also drei oder vier Verleger, Produktmanager, wobei sie damals natürlich noch nicht so hießen.

Waren alle Familienmitglieder zugleich Gesellschafter?

Ja, inklusive meiner Stiefmutter, meiner Cousine, meiner Tante, meiner Schwester. Einige von den Gesellschaftern waren im Unternehmen beschäftigt und haben dafür ein bescheidenes Gehalt bekommen. Es gab aber keine Gesellschafterversammlungen, außer einmal 1961, weil wir einen Gesellschaftsvertrag schließen wollten. Der Entwurf dafür stammte von meinem Vetter und mir. Meine Cousine Dorothee, die um einiges jünger war als mein Vetter und ich, war diejenige, die sich durch Freunde einen Anwalt in München vermitteln ließ. Der sah, dass der neue Gesellschaftsvertrag nur einen Teil des Problems darstellte. Der Anwalt erkannte Interessengegensätze zwischen meinem Vetter und mir und dass niemand so richtig wusste, wer für was zuständig ist. Ihm haben wir zu verdanken, dass wir a) einstimmig einen Gesellschaftsvertrag beschlossen haben und b) dass das Verhältnis zwischen meinem Vetter und mir geklärt wurde. Das war für den Verlag, für mich persönlich und für meine Cousine eine zwar schwierige, aber wichtige Zeit.

Ihre Cousine Dorothee Hess-Maier war zu dem Zeitpunkt noch gar nicht im Verlag beschäftigt? Kam sie anstelle ihres Bruders Peter Maier?

Nein, sie arbeitete schon vorher im Vertrieb bei Willi Baumann mit und wurde 1966 persönlich haftende Gesellschafterin, einige Zeit nach dem Ausscheiden meines Vetters. Sie hatte ein paar Semester Kunstgeschichte studiert, eine Foto- und Grafikerausbildung und eine als Verlagsbuchhändlerin. Diese professionelle Weichenstellung hat ihr später in der Verlagsarbeit sehr genützt. Dennoch fühlte sie sicher auch eine Verpflichtung der engeren Familie gegenüber, nachdem mein Vetter ausgeschieden war. Vor allem meiner Tante, also ihrer Mutter gegenüber, die meinen Vetter Peter immer etwas hochstilisiert hat. Das war für meine Cousine nie ganz einfach.

Obwohl sich die Wege zwischen Ihnen und Peter Maier trennten, klingt das alles sehr harmonisch und friedlich.

Zwischen Peter Maier und mir war die Situation eskaliert, wir haben nicht gerade Krieg geführt, aber uns gegenseitig misstraut. Der Münchener Anwalt, der im Interesse seiner Mandantin eine Lösung suchte, hat Peter und mir eine Aufgabe gestellt: »Macht mir mal eine Konzeption, wie stellt ihr euch vor, dass es im Verlag weitergehen soll?« Ich habe mich auf den Hosenboden gesetzt und innerhalb einiger Wochen etwas ausgearbeitet, von meinem Vetter kam nichts. Damit waren für den Anwalt die Würfel gefallen.

Der Anwalt übernahm eine psychologische Mediatorenrolle?
Ja, abgesehen von rechtlichen Fragen. Meine Cousine Dorothee spielte einen wichtigen Part in diesem Veränderungsprozess, sicher auch ihrer Mutter gegenüber – dass sie nicht einfach auf die Karte meines Vetters gesetzt hat, sondern geschaut hat, dass es dem Verlag gut geht.

Um auch den Eugen-Zweig der Familie zu vertreten.
Das war wahrscheinlich ein wichtiges Motiv für sie.

Peter wurde ausgezahlt? Waren Sie zufrieden mit dem Ergebnis?
Ja, das haben wir beide zusammen gestemmt. Meine Cousine konnte so viel, wie da zu zahlen war, nicht aufbringen. Ich habe durch eine Bürgschaft meiner Mutter etwas mehr auf den Tisch legen können, aber wir haben uns bis zum Hals verschuldet. Und der Vertrag enthielt auf Wunsch des Anwalts den Passus, dass meine Cousine nach der Transaktion in jedem Fall 25 Prozent, also ein Viertel der Anteile und damit die Sperrminorität, hält. Um das zu erreichen, habe ich ihr in drei oder vier Jahresraten jeweils ein Prozent abgegeben. Das lief alles problemlos ab. Wir haben überhaupt nie ein Problem miteinander gehabt – was nicht selbstverständlich war, denn zunächst kannte ich meine Cousine nur als die Schwester meines Vetters. Sehr langsam hat sich ein ganz, ganz hervorragendes Verhältnis zwischen uns herausgebildet, für mich hätte es gar nicht schöner kommen können. Es lag sicher auch an ihrem Mann Billy Hess, weil er ein sehr ausgeglichener und ausgleichender Mensch war.

Das Einvernehmen zwischen Ihnen beiden hat wahrscheinlich Ihrem Unternehmen die Zukunft gerettet.
Ja, ganz zweifellos. Meine Cousine hat anfangs nach dem Ausscheiden meines Vetters keine dominierende Rolle gespielt. Ich konnte die Dinge in Ruhe organisieren, sie war fast

immer einverstanden. Mein Onkel war auch einverstanden, das heißt der Onkel hat sich nicht so sehr gekümmert; weil es funktionierte, ließ er mich machen. Das stimmte dann auch für die Mitarbeiter, das war das eigentlich Positive an der ganzen Entwicklung.

Wie hat Ihr Onkel denn reagiert?

Als er gesehen hat, dass wir alle damit einverstanden waren, einen neuen Vertrag zu schließen, hat er es ebenfalls bejaht. Und das war's.

Was war Karl Maier denn für ein Typ? So, wie Sie ihn jetzt schildern, hört es sich an, als wäre er froh gewesen, seine Ruhe zu haben und sein Programm zu entwickeln.

Er arbeitete sehr, sehr gerne mit Autoren, die ihm gefielen, und er hat sicher Gewohnheiten unseres Großvaters weitergeführt. Die Verlagsentscheidungen kamen zu dessen Zeiten relativ zufällig zustande. Ob Bürgerliches Gesetzbuch oder Vorlagenwerke für Steinmetze – der Großvater verlegte vieles. Mein Onkel hatte genau wie sein Vater Stöße mit Spielevorschlägen auf seinem Schreibtisch. Wenn er die Post öffnete, legte er das Interessante auf den Stoß. Die Gefahr bestand, dass es lange liegen blieb und oben wieder Neues draufkam. Aber Karl Maier hatte sehr gute und wichtige Autoren, deshalb versuchten wir nicht, ihn und seine Arbeitsweise zu ändern. Die größere Strukturveränderung, bei der bestimmte Buchtitel aufgegeben wurden, haben wir erst nach seinem Tod 1979 eingeleitet.

Hat er Sie respektiert? Gab es Generationsprobleme?

Er war ein ausgesprochen liebenswerter Mann. Anfangs hat er mich ein wenig belächelt und dann durchaus ernst genommen. Ich habe mich ihm gegenüber verpflichtet gefühlt, er sollte orientiert sein, was läuft. Manchmal holte er sich noch die Meinung eines wichtigen Mitarbeiters ein, dann nickte er. Denn als persönlich Haftender musste er ja einverstanden sein.

Was war er sonst für ein Mensch?

In seinem Büro stand der alte Rollschreibtisch des Großvaters, der heute Teil der Museumsausstellung ist. Karl Maier saß an einem großen Tisch auf einem Hocker, gegenüber war ein weiterer Hocker für den Gast. Und da machte er seine Arbeit, vom Postöffnen bis zum Unterschreiben von Schecks und Autorengespräche führen. Das machte er von morgens bis abends. Ganz selten unternahm er einmal eine Reise. Er ist auf Buch- und Spielwarenmessen gefahren, ansonsten kamen die Leute zu ihm.

Er saß auf einem Hocker?

Ja genau, rückenfreundlich, Marke Thonet. Er war ja ein großer Sportler. Das heißt, ursprünglich war er todkrank, mit einer offenen Tuberkulose. Und irgendwann hat er das überwunden und ist zum großen Sportler geworden – er ist Ski gelaufen, auf Berge gestiegen, auf den Montblanc und andere hohe Berge. Irgendwann in den 50er-Jahren war das Rollschuhfahren ganz ungeheuer in Mode gekommen, ich hätte sehr gerne Rollschuhe gehabt. Die Rollschuhe hatten selbstverständlich zwei Achsen, man hat dann den eigenen Schuh draufgeschnallt. Mein Onkel besaß von früher Rollschuhe, die er wohl hat anfertigen lassen. Im Haus meiner Großeltern hatte er im obersten Stock ein oder zwei Zimmer, in denen sie im Schrank lagen. Mein Onkel zeigte sie mir, da waren die Räder hintereinander montiert, ganz anders als damals üblich, genau wie die heutigen Inliner! Und da hab ich gesagt: »Was ist denn das für ein dummes Zeug?« Das entsprach nicht dem, was man damals hatte oder wollte. Onkel Karl hatte auch einen starken Drang zum Schlittschuhfahren, und zwar bis in seine späten Jahre. Und er war ein unentwegter Wanderer, an den Wochenenden musste er seine 20, 30 Kilometer abwandern.

Und in seinem Büro stand immer noch der alte Büroschrank des Großvaters.

Der alte Schrank stand vergessen in einem kleinen Raum hinter dem Arbeitszimmer Karl Maiers, dem sogenannten KM-Zimmer, wie es noch Jahrzehnte nach seinem Tod genannt wurde, als es als Besprechungsraum genutzt wurde. Unser Großvater hatte seine Ideen in Fächer eingeordnet. Nach seinem Tod 1925 wurde der Schrank einfach vergessen. Pietät spielte für unseren Onkel Karl eine große Rolle. Ich glaube nicht, dass er da jemals reingeschaut hat. Und so stand der Schrank vierundfünfzig Jahre mit Originalinhalt aus Großvaters Zeiten verborgen in der Ecke – so lange, bis der Onkel selbst gestorben ist.

Der Verlag lebte damals in den frühen 50er-Jahren hauptsächlich von den Fachbüchern?

Na ja, Spiele und das Segment Beschäftigungsbücher waren mittlerweile auch wichtig geworden. Vor dem Krieg schon gab es die Heftreihe »Spiel und Arbeit«. Das waren Anleitungen mit gefalteten Plänen für Flugmodelle, für Segelboote, von allem Möglichen. Auch technische Geräte, die man selbst konstruieren konnte. Dieses Segment hat mein Onkel besonders gepflegt. Manche Bauteile waren beim Verlag bestellbar, zum Beispiel kleine Motoren. Heute stehen im Verlagsmuseum noch einige nach dieser Anleitung gebaute Modelle. Als die Kunststoffbausätze im Markt aufkamen, lief die Reihe aus. Dann haben wir uns stärker auf allgemeine Bastel- und Werkbücher konzentriert, die vor allem für Lehrer gedacht waren für den Werkunterricht. Viele Werk- und Bastelbücher entstanden für die Kindergärtnerin und für die Familie. Das war vor allem die Domäne meines Onkels.

Beschäftigungs- und Geduldsspiele sind verschiedene Dinge, oder?

Ja. Geduldsspiele, die Vorläufer der Puzzles, gab es schon 1884 in den ersten Programmen von Otto Maier. Ein Geduldsspiel war ein mit einem bunten Bild beklebtes Stück Pappe, das mit einem Wellenschnitt relativ einfach maschinell zu stanzen war, in geringer Auflage. Dabei gab es Landkarten oder Kinderbilder aus unseren Bilderbüchern. Eigentliche Puzzles im Interlocking-Schnitt[4] entstanden erst sehr viel später.

---

4   Der Engländer John Spilsbury gilt als der Erfinder des Puzzles. Im 18. Jahrhundert stellte er sie auf der Grundlage von Mahagoniholz-Landkarten her. Weil das teuer war, benutzte man später preiswerteres Eichenholz. Damit die Gebilde zusammenhielten, sägte man ab 1780 in England und den Niederlanden die Bildränder verzahnt (Interlocking). Die einzelnen Puzzleteilchen hatten jetzt »Öhrchen« und Einbuchtungen, welche wiederum die »Öhrchen« der Nachbarteilchen umschlossen usw. Puristen bezeichnen bis heute nur solche intensiv verzahnten Bilder als Puzzles.

Das Stichwort Beschäftigung spielte damals eine große Rolle, wie im Übrigen heute noch. Es gab Beschäftigungskästen mit Material für Kinder zum Legen, Falten, Schneiden, Flechten und Bücher für Kindergärtnerinnen und Mütter mit denselben Themen.

Sie erwähnten schon den amerikanischen Markt. Wann beginnt eigentlich die Ravensburger Exportgeschichte? Schon zur Zeit des Großvaters um die Jahrhundertwende?

Im deutschsprachigen Raum gab es damals kaum Grenzen, alles, was in Richtung K.-u.-k.-Monarchie ging, war leicht zu verkaufen. Da musste man keine fremdsprachigen Ausgaben machen. Aber auch zu Großvaters Zeiten hatten wir schon Kunden in England, in Frankreich, und es gab Exportausgaben in Italienisch, Holländisch, Spanisch, Russisch, Böhmisch, Polnisch und Ungarisch. Aber die fremdsprachigen Ausgaben im eigentlichen Sinne mit Marketingaktivitäten kamen erst später mit der Etablierung der ausländischen Tochtergesellschaften. Im Buchverlag gab und gibt es heute immer noch nur Ausgaben in Deutsch, wir haben keine fremdsprachigen Bücher im Angebot. Mit kleinen Ausnahmen wie »Englisch lernen«. Hier arbeiten wir ja mit Lizenzen und Verlagen im fremdsprachigen Ausland.

Nach Ende des Krieges begannen wir, mit der Schweiz Lizenzabkommen zu schließen, weil es damals noch schwierig war zu exportieren und weil die Schweizer während des Krieges eine eigene Produktion aufgebaut hatten. 1964 haben wir eine Tochterfirma in Holland gegründet und zum ersten Mal speziell für den holländischen Markt Dinge entwickelt. Das kam so: Der Programmverantwortliche für den Spieleverlag, Erwin Glonnegger, hatte eine gute Zusammenarbeit mit Jan van Heusden, dem Leiter eines kleinen Spieleverlags in Holland, mit dem wir Lizenzen austauschten. Diese Firma gehörte zu einem großen Verlag, den van Heusden wohl aus persönlichen Gründen verlassen wollte. Er schlug uns vor, in Holland eine eigene Firma zu gründen zur Herausgabe unserer Spiele in holländischer Sprache. Und zur Entwicklung neuer Spiele. Wir sind auf das Angebot eingegangen und haben eine eigene Firma in Holland gegründet. Das war unsere erste Auslandsniederlassung.

Auch mit dem französischen Spieleverlag Nathan gab es erste Lizenzgeschäfte. Als Schulbuchverleger verfügte Nathan über Material für Schulen und Kindergärten. Davon haben wir manches übernommen, weil nützliche Dinge für Kinderbeschäftigung in der Schule oder im Kindergarten dabei waren. Im Gegenzug übernahm Nathan Produkte von uns in Lizenz. Auf diese Weise kamen sie selbst zu Spielen. Und irgendwann hab ich mir gesagt: »Müssen wir denen etwa unsere Fertigungsmethoden zeigen und sie anleiten, wie das geht? Ist eigentlich blöd.« Wir sind dann selbst eingestiegen auf den französischen Markt, haben unsere Lizenzvereinbarung mit Nathan nicht verlängert, sondern die eigenen Produkte ins Französische übertragen und selbstständige Produkte für Frankreich entwickelt.

Hatte das auch mit dem Entstehen der Europäischen Wirtschaftsgemeinschaft EWG, der späteren EG und heutigen EU, zu tun?

In der Tat, der gemeinsame europäische Markt wurde langsam Realität. Die Zölle waren weitgehend weggefallen und die Einfuhr in andere Länder wurde liberalisiert. Der größere Markt eröffnete bessere Verkaufschancen. Die Konkurrenzunternehmen schliefen allerdings auch nicht. Ich war damals überzeugt davon, dass nur diejenigen den großen europäischen Markt erobern konnten, die mit modernsten Maschinen und rationellen Fertigungsmethoden niedrigste Herstellungskosten hatten. Aus diesem Grund ließen wir die Lizenzvergaben an ausländische Hersteller auslaufen, damit wir uns nicht der Möglichkeiten beraubten, selbst diese Märkte zu beliefern. Anders verhielt es sich mit dem Vertrieb in überseeische Länder, für die die Versandkosten sehr hoch waren, da haben wir großzügiger Produktlizenzen vergeben.

Puzzles mussten Sie ja nicht übersetzen.

Genau, dafür spielt die Sprache überhaupt keine Rolle. Wir lieferten nach Kiel, warum sollen wir nicht auch nach Straßburg liefern? Wir haben also keine Lizenzen vergeben, sondern selbst Puzzles für fremdsprachige Märkte produziert und exportiert. Zum Missvergnügen der Mitbewerber. Wir wollten unser Wissen nicht mehr verschenken. Wir hatten einen Lizenznehmer in Spanien noch aus der Zeit, als es nach Spanien überhaupt keine Einfuhrmöglichkeiten gab. Die Spanier sind angereist und haben sich von uns zeigen lassen, wie man Puzzles produziert. Eines Tages haben wir uns gesagt: »Was für ein Blödsinn, unser Wissen zeigen wir denen nicht mehr.« Seitdem haben wir den Export in andere Länder stärker forciert.

War das denn so einfach zu realisieren?

Natürlich musste man umdenken, die Produkte mussten aus Kostengründen einerseits standardisiert werden. Andererseits darf man nicht deutsche Produkte einem anderen Markt aufoktroyieren. Es ging darum, nationale Eigenheiten und Gewohnheiten aufzuspüren und die Produkte anzupassen.

Ein Gedanke, der offenbar funktioniert hat.

Bis zu einem gewissen Grad ja. Wir machen heute im Spieleverlag im Ausland mehr Umsatz als im Inland.

Seit 1964 hatten Sie in Holland eine Niederlassung und damit die Beneluxländer abgedeckt. Dann gab es eine längere Pause, 1970 haben Sie gleich zwei Tochtergesellschaften gegründet, in der Schweiz und in Österreich. 1973 in Italien und Frankreich. Es wirkt ein wenig unsystematisch.

In der Tat hat sich vieles einfach so ergeben. In Österreich gab es Einfuhrschwierigkeiten. In der Schweiz konnten wir die Bücher verkaufen, aber für Spiele gab es mit der Firma Carlit eine Konkurrenz, gegen die es schwer war vorzugehen. In der Nazizeit hat ein Jude, der aus Deutschland in die Schweiz geflohen war, mit einer großen Schweizer Druckerei und Kartonagenfirma eine eigene Spieleproduktion gegründet, die Firma Carlit. Es entwickelte sich mit denen im Laufe der Zeit sowohl auf redaktioneller als auch vertrieblicher Linie ein gutes Einvernehmen, vor allem mit dem Sohn Herbert Pinthus. Eines Tages saß ich zufällig mit dem Inhaber dieser Firma im Flugzeug nach Paris zum Salon du Jouet. Bei der Gelegenheit haben wir überlegt, eine gemeinsame Vertriebsfirma in der Schweiz aufzubauen, das war Carlit + Ravensburger.

Nach einigen Jahren äußerten die Schweizer den Wunsch, auch in Frankreich, wo sie eine Tochterfirma hatten, mit einem sehr guten Geschäftsführer Joseph Bubendorff, mit uns zusammenzuarbeiten. Wir sollten ihnen Lizenzen geben und uns an ihrer Firma beteiligen. Später haben wir beide Firmen ganz übernommen, also nicht nur die gemeinsame französische Firma, sondern auch den dahinter stehenden Schweizer Carlit-Verlag. Nach Ausscheiden von Pinthus gab es zwei Geschäftsführer, Curt Isler und Rolf Zindel, mit denen ich in all den Jahren eine sehr gute und vertrauensvolle Zusammenarbeit hatte.

In Italien lief es ähnlich. Dort gab es einen Vertreter, der ein Handelsunternehmen hatte, eine Art Importeur. Wir haben eine eigene Firma gegründet und den Importeur als Leiter eingesetzt. Meistens wollten die ursprünglichen Firmen sich noch beteiligen und einen Fuß drin behalten. Deshalb entstand das Auslandsnetz ohne richtige Systematik. Der englische Markt ist erst sehr viel später angegangen worden. In England gibt es jetzt eine eigene Firma, in den USA ebenfalls, auch wieder durch ein Zusammenspiel anlässlich der Übernahme der deutschen Firma F. X. Schmid, die bereits eine US-amerikanische Niederlassung hatte.

Das kam später, erst in den 90er-Jahren.
Wir sind in der Regel nicht wirklich strategisch vorgegangen und haben gesagt: »Da ist eine weiße Stelle, da gehen wir jetzt hin, da holen wir uns jemanden.« In den skandinavischen Ländern gibt es heute noch Export im eigentlichen Sinne, an langjährige Importeure dort.

War es innerhalb des Unternehmens schwierig, solche Dinge zu diskutieren, oder bestand von Anfang an Konsens darüber, sich stärker im internationalen Markt zu engagieren?
Manche Dinge sind einfach auf uns zugekommen wie Holland, Frankreich oder die Chance mit Carlit aufgrund der guten Zusammenarbeit bei Carlit + Ravensburger. Wir haben natürlich darüber geredet, dann entschieden – und unser Onkel war mit allem einverstanden.

Was war in jenen ersten fünfzehn, zwanzig Jahren nach dem Krieg, aus Ihrer Sicht, das Erfolgsrezept?
Die Identifikation der Mitarbeiter mit dem Familienunternehmen hat eine große Rolle gespielt. Mein Verdienst war es vielleicht, gute Leute zu holen, zu halten oder zurückzuholen, ihnen dann einen gewissen Freiraum zu geben und aufzupassen, dass sie in die richtige Richtung ziehen. Und von Seiten der Gesellschafter gab es nach Klärung der gesellschaftsrechtlichen Fragen in keiner Weise ein Problem, man war sich einig.

Sie haben keine Energien verschwendet.
Überhaupt nicht für Streitereien. Auch die Mitarbeiter haben sich im Grunde nicht mit Konkurrenzspielchen aufgehalten, wobei die Zahl der Mitarbeiter noch überschaubar war. Zu der Zeit, als ich Verantwortung übernommen habe, waren das vielleicht sechzig Leute. Zahlenmäßig gewachsen ist das Unternehmen nicht so sehr durch die redaktionelle Tätigkeit, sondern durch die Produktion für den Spieleverlag.

Womit verdiente der Verlag denn in den ersten fünfzehn Jahren nach dem Krieg Geld? Mit Fachbüchern?
Zunächst ja, aber auch mit dem ganz allgemeinen Programm mit Büchern und Spielen. Ehrlich gesagt, war der Gewinn der ersten Nachkriegsjahre bescheiden, das verrät ein Blick in die alten Bilanzen. Der Verlag musste in den raschen Wachstumsphasen mehr verdienen, damit er das Wachstum aus eigener Kraft finanzieren konnte. Als wir 1970 mit dem großen Bau in der Robert-Bosch-Straße begannen, habe ich Kredite aufgenommen bis zur Oberkante. Wenn man in der heutigen Zeit zu Banken gehen würde, die würden einen wegschicken. Aber damals hatten wir ein oder zwei Hausbanken, die haben gesagt: »Wollen Sie's machen – na ja.« Wir mussten nicht einmal eine saubere Planung vorlegen. Wir haben bloß gesagt: »Wir wollen jetzt 15 Millionen haben.«

Wie haben Sie die Banken überzeugt?
Durch gegenseitiges Vertrauen, mit einem Bankdirektor hatte ich ein besonderes Vertrauensverhältnis. Das war eine ganz

persönliche Geschichte. Der war halt irgendwann einmal hierher gekommen, hat sich den Betrieb und den Mann angeschaut, und dann war das Thema eigentlich erledigt. Das war übrigens unser späterer Aufsichtsratsvorsitzender Dr. Nikolaus Kunkel. In der finanziell schwierigen Phase der Umstellung von der Kommanditgesellschaft auf die GmbH habe ich ihn gefragt, ob er in unseren Beirat gehen wolle. Und in dem Moment war natürlich die Umstellung – nämlich von der persönlichen Haftung in eine GmbH – auch für unsere zweite Hausbank kein Problem mehr, denn wenn der Leiter der Deutschen Bank in Stuttgart bei uns als Beiratsvorsitzender mitmache, so haben sie gesagt, da müsse es in Ordnung sein. So ging das damals noch. Das kann man sich heute gar nicht mehr vorstellen.

Das war eine gute Referenz.
Oh ja, ihm bin ich heute noch dankbar.

Im Verhältnis zu den Banken setzte Vertrauen Solidität voraus – kann man das sagen?
In dieser Zeit haben die Banken noch nach anderen Gesichtspunkten entschieden. Wenn ich mir vorstelle, dass heutzutage einer daherkäme und möchte die Hälfte seines Umsatzes als Kredit, dann würden die Bankleute sich doch genau die Planung ansehen. Das hat man damals nicht gemacht, man hat dem anderen in die Augen geschaut und überlegt, ob der seriös und gesund ist. Ich hab damals auf Anraten unseres Finanzprokuristen eine Lebensversicherung abgeschlossen und verfügt, dass der Firma, wenn mir was zustieße, gleich ein größerer Betrag zufließt – aber das wussten die Banken nicht einmal.

Wodurch waren die 50er- und 60er-Jahre in technischer Hinsicht für das Unternehmen geprägt?
Es war die Zeit einer enormen technischen Veränderung, ja, einer kompletten Umwälzung: Die Kartonageverarbeitung wurde von Handarbeit auf industrielle Bandfertigung umgestellt. Als mein Vater starb, stand die Druckerei gerade an der Schwelle der Umstellung eines handwerklichen Kleinbetriebs

zu einem Industriebetrieb. Er hatte noch selbst die Anschaffung einer Einfarbenoffset-Druckmaschine in Auftrag gegeben, die den altertümlichen Steindruck ersetzen sollte, und erlebte im Frühjahr 1952 gerade noch deren Aufbau in der Burgstraße. Josef Auffinger, der Leiter der Druckerei, erzählte später, dass mein Vater sich allerhand Sorgen darüber machte, ob eine so schnell laufende Maschine mit ihrem für damalige Verhältnisse enorm hohen Ausstoß überhaupt kontinuierlich auszulasten war. Der Erfolg übertraf diese Erwartungen um ein Vielfaches, er hätte sich gefreut! Eine ähnlich bedeutende Umwälzung gab es im Technischen Betrieb nochmals in den 70er-Jahren, nach dem Umzug in die Robert-Bosch-Straße. Der Stundenausstoß der Offsetmaschinen betrug mittlerweile bis zu 10 000 Bögen. Während dieser weiteren Umstellung stieg die Kapazität der Spielefertigung von 40 000 Spielen und Puzzles im Monat auf 70 000 Spiele – pro Tag! Fast eine Revolution damals. Und das reichte immer noch nicht. Eugen Hildebrand, der Leiter des Technischen Betriebs, und Karl Friedrich Maier, unser Herstellungsleiter, begannen, auswärtige Produktionsstandorte zu suchen, vor allem für die Puzzles und den Bestseller »Memory«.

Noch ein Wort zum Zeitgeist der 50er-Jahre. War Ihnen bewusst, dass Sie in der sogenannten Wirtschaftswunderzeit agierten? Jetzt wird in die Hände gespuckt …

Wir steigern das Bruttosozialprodukt? Natürlich, die ganz allgemeine Einstellung lautete: Wir müssen was machen. Aber ist das nicht heute noch so?

Haben Sie sich mit anderen Unternehmern ausgetauscht?

In der direkten Umgebung gab es niemanden, der ähnliche Dinge gemacht hat. Im weiteren Umkreis habe ich mich in puncto Lohn- und Gehaltspolitik orientiert. Ich hatte durch eine relativ frühe Mitgliedschaft in der Vollversammlung der IHK Kontakte, ebenso über den baden-württembergischen Spielwaren-Verband. Und Ende der 50er-, Anfang der 60er-Jahre habe ich mich im Börsenverein des Deutschen Buchhandels etwas engagiert, so lange bis Andreas Pollitz im

Verlegerausschuss saß – einige Zeit, bevor meine Cousine über den Landesverband Baden-Württemberg im Börsenverein aktiv wurde.

Später waren Sie ja auch lange IHK-Vorsitzender. Was motivierte Sie, sich in diesen Verbänden zu engagieren?

Man bekommt Kontakte zu anderen Unternehmen, man lernt neue Sichtweisen kennen, man schafft sich ein gewisses Netzwerk. Das war für mich, aber auch für das Unternehmen wichtig. In den regionalen Gremien engagiert man sich auch, weil man in der Region, in der man lebt, etwas mitgestalten will. Das gilt auch für die Branchengremien, wie zum Beispiel die Spielwarenmesse. Dabei ist der Erfahrungsaustausch mit Kollegen wichtig, die im selben Bereich tätig sind. Hier habe ich viel lernen können.

Sie hatten frühzeitig gute Erfahrungen durch Ihre Praktika gemacht. Es war Teil Ihrer Ausbildung, sich in anderen Unternehmen inspirieren zu lassen.

Auch da ging es meinem Vater darum, dass ich die Welt nicht nur vom Ravensburger Standort aus betrachte, sondern auch aus anderen Perspektiven. Dass ich andere Menschen, andere Betriebe kennenlerne. Ich war immer neugierig und möchte all diese Erfahrungen nicht missen.

Peter Maier (links) und Otto Julius Maier, 1938.
Otto Julius Maier mit seinem Vater Otto Maier, ca. 1952.
Otto Julius Maier mit seinem Onkel Karl bei einem
Betriebsausflug im Jahr 1978

05

Schachtel auf Schachtel. Wachstum und Expansion – 1962 bis 1975

292 Jahre lebte die Wirtsfamilie König im sogenannten Humpis-Quartier. Als letzter aus dieser Dynastie führte Heinrich August König, genannt Heiner, das Wirtshaus »Humpis-Stuben« in der Marktstraße von Ravensburg. Wenn Otto Julius Maier und andere Verlagsleute straßenseitig hinaussahen, blickten sie direkt auf das Schild der Stadtwirtschaft, bei geöffneten Fenstern konnten sie mittags den draußen Sitzenden in die Suppe schauen. Viele Redakteure und andere Mitarbeiter stiegen mittags aus ihren Denkstuben und Grafikateliers hinab, um gegenüber Käseomelette, Gemüseplatte, Rindsroulade, Holderküchle oder Gulasch zu essen. Und immer gab es eine Tagessuppe. Samstags und sonntags Saure Linsen à la carte – aber dann waren die Gäste vom Otto Maier Verlag selten dabei und der Lehrling, der Karl Maier auch samstags die Post bringen musste, konnte sich wohl noch kein Gasthaus leisten.

In einem mit schönen Fotos von Ernst Fesseler ausgestatteten und von Elisabeth Häußler verfassten Abschiedsbuch der Stammgäste für Heiner findet man es schwarz auf weiß: »An einem Tisch sind die Herren vom Gericht, ein anderer ist immer schon gedeckt für die Gäste vom Otto Maier Verlag gegenüber. Das hat Tradition. ›Seit über zwanzig Jahren essen wir hier zu Mittag‹, erzählt Herr Göggerle von der Herstellung. Seiner Sekretärin Frau Thommel brachte der Wirt damals auch schon mal den Nachtisch rüber, ›wenn sie dringend weg musste. Wir gehen auch mit dem Geschäftsbesuch hin. Die sind immer ganz begeistert, sagen schon: Gehen wir doch zum Heiner, da ist die Welt noch in Ordnung‹.«

Heiners eigene Erinnerungen reichen weit zurück bis in die Kriegsjahre, als man mit dem Stammessen anfing. »Schon damals sind etliche vom Otto Maier Verlag rübergekommen. Mittags zum Essen, abends nach Feierabend auf ein paar Bier. Allerdings sind sie abends hinten rein. Die Anwohner hatten nämlich alle ein Kissen auf dem Fensterbrett und haben den ganzen Tag spazierengeguckt. Jetzt gehen die schon wieder zum Saufen, hätt's dann geheißen … Der ganze Verlag bestand damals aus ungefähr fünfunddreißig Personen. Die Spiele wurden von Hand verpackt und mit dem Leiterwagen zum Bahnhof gekarrt. Den hatten sie bei uns untergestellt. Es war noch ein richtiger Familienbetrieb, drei Männer und der Rest Frauen. Eugen Maier wurde nur ›der schöne Eugen‹ genannt. Er war auch wirklich ein schmucker Bursche. Für ihn hab ich als Kind manchmal beim Tennis den Balljungen gemacht, an der Veitsburg oben. Er ist im Krieg umgekommen… Karl Maier hat erst spät geheiratet. Aber er hat immerhin noch eine Tochter zustande gekriegt, ein strammes Mädchen. Hat sich wohl zusammengerissen. Man hat eben irgendwie Anteil genommen, die Gebrüder Maier haben ja lange genug gegenüber gewohnt.«

In den 60er- und 70er-Jahren ging es permanent aufwärts, mit dem Umsatz, dem Absatz, den Mitarbeiterzahlen, den Investitionen, aber es wurde räumlich enger in der Marktstraße. Das Programm wurde stark ausgeweitet, neue Marktbedürfnisse entstanden, zum Beispiel gewann das Thema Vorschulerziehung an Bedeutung.

Herr Maier, als Sie im Unternehmen 1952 Verantwortung übernommen haben, lag der Umsatz bei 2 Millionen D-Mark; diese Summe hat sich im Laufe der Jahre und Jahrzehnte um ein Vielfaches multipliziert. Wie erklärt sich ein solches Wachstum in derartigen Größenordnungen?

Bis 1960 gab es auch schon Wachstum, jedoch mit relativ bescheidenen Steigerungsraten. 1962 haben wir einen Umsatz von 8,5 Millionen D-Mark erreicht. Danach ging es eigentlich erst richtig los, das hatte verschiedene Ursachen. Die Verantwortlichkeiten waren klar gegliedert, wir hatten einige wichtige personelle Veränderungen vorgenommen, Erwin Glonnegger kümmerte sich um das Spieleprogramm, um die Puzzles, um die Themen Beschäftigung und Hobby. Christian Stottele um das Kinder- und Jugendbuch, Andreas Pollitz um das Fachbuch. Und mit Willi Baumann hatten wir einen professionellen Vertriebsmann, mit großer Dynamik. Baumann organisierte nicht nur den Vertrieb neu, sondern stellte auch viele Forderungen an die Redaktionen: »Ihr müsst zu diesem Thema was bringen, da und da sind Chancen.« Er hatte erkannt, dass in den noch vom Großvater entwickelten Ideen viel Potenzial steckte. Das wiederum setzte Energien frei und führte zusammen mit einer Umorganisation zu einer raschen Umsatzausweitung. In alten Papieren aus den 60er-Jahren, in denen ich gestöbert habe, formuliere ich die Erwartung einer Umsatzsteigerung von 15 bis 20 Prozent im darauffolgenden Jahr. Das war realistisch und ist auch eingetreten. Danach ging es sehr viel stärker nach oben, ganz ohne Zweifel den beiden Personen Willi Baumann und Erwin Glonnegger und ihrer sehr marktorientierten Arbeitsweise zu verdanken. Durch das Ausscheiden meines Vetters Peter Maier wurden Unklarheit und Unruhe beendet und alle zogen nun an einem Strang.

Was kennzeichnete Willi Baumanns Konzept?

Willi Baumann hat gewirkt wie ein Missionar für das Programm! Er konnte alle begeistern. Er verkaufte dem Außendienst und dem Handel Heilsideen, die bis dato längst im Verlagsprogramm schlummerten – zum Beispiel die Erkenntnis, dass auch schon kleine Kinder spielerisch lernen. Diesen Gedanken hatte der Großvater schon um die Jahrhundertwende von dem Pädagogen Friedrich Fröbel übernommen und gepflegt. Allerdings sorgte Erwin Glonnegger dafür, dass

Willi Baumann ein entsprechend gutes Programm in die Hand bekam, zum Beispiel das Gedächtnisspiel »Memory« – natürlich ein glücklicher Zufall.

Und Sie führen dieses enorme Wachstum in den Umsatzzahlen auf diese Zusammenarbeit und auf Leute wie Baumann und Glonnegger zurück? Und vor allem auf die enge Kooperation zwischen Vertrieb und Redaktion?

Wichtig war auch, dass die Produktion Schritt halten musste. Die erhöhten Mengen zu produzieren, war nicht einfach, weil wir nicht oder nur in geringem Maße auf Fremdlieferanten zurückgreifen konnten.

Hatte der Erfolg auch damit zu tun, dass Ravensburger einfach sehr gut im Markt dastand?

Alles kam zusammen – wir hatten die richtigen Produkte, gute Mitarbeiter, bearbeiteten die Märkte systematisch und die Absatzzahlen gingen in die Höhe. Das Wachstum kann auch auf neue Impulse zurückgeführt werden. Im Produktbereich kam die sogenannte Vorschulwelle, das heißt vorschulische Bildung im Kindergarten. Man brauchte Materialien für den Kindergarten. Es entstanden bei uns viele neue Programmideen, alle Welt lernte Mengenlehre, frühes Lesen war angesagt. Sowohl mit Spielen als auch mit Kinderbüchern haben wir darauf reagiert. Wenn immer mehr neue Handelskunden merken, dass ein Programm Potenzial hat, präsentieren sie es auch besser, dadurch steigen die Stückzahlen einzelner Titel. Allerdings gehört auch die systematische Pflege des Sortiments zum Geschäft.

Um noch mal auf Willi Baumann zu kommen – das muss eine ganz schillernde Persönlichkeit gewesen sein, die wichtige Weichen gestellt hat. Was war er für ein Mensch?

Schillernd war er nicht; er war ganz eindeutig ein dynamischer Mensch, der vom Verlagsprogramm überzeugt war. Er kam von Bertelsmann, wo er auch andere Dimensionen erlebt hatte. Er war dort frustriert und begann zunächst im Außendienst. Sein alter Freund aus Jungbuchhändlertagen, Andreas

Pollitz, hatte ihn mal auf der Buchmesse angesprochen, ob er nicht nach Ravensburg kommen wolle. Willi Baumann war ein ausgezeichneter Außendienstmann. Als wir begannen, einen Vertriebsleiter zu suchen, haben wir festgestellt, dass wir bereits einen sehr guten Mann im Hause hatten, der diese Funktion übernehmen konnte. Und so war es dann auch.

Hat er versucht, Ihnen reinzuregieren?

Nein, überhaupt nicht, es war eine sehr loyale Zusammenarbeit. Er hat uns allen berechtigte Programmforderungen gestellt. Wobei die Zusammenarbeit zwischen Charakteren wie Glonnegger und Baumann naturgemäß schwierig war, denn sie waren von ihrem beruflichen Hintergrund und in ihrem gesellschaftspolitischen Denken völlig unterschiedliche Typen – Baumann eher, um es mal vorsichtig zu beschreiben, deutsch-national, und Glonnegger christlich geprägt.

Und doch muss ihre Zusammenarbeit zu einem guten Programmkonzept geführt haben!

Ja sicher. Jetzt war es keine Frage des Zufalls mehr, ob ein Produktvorschlag beim zuständigen Programmmitarbeiter oder, wie früher, in den Programmstößen meines Onkels landete – und dort versackte. Jetzt geriet die Idee sofort auf den Schreibtisch des zuständigen Menschen, der etwas daraus machen konnte.

Wenn der Vertrieb damals eine größere Bedeutung bekam, hat man sicher die Vertriebsarbeit neu aufgestellt.

Ja, aber das wichtigste Kriterium bestand wohl darin, dass Baumann die Qualität des Programms missionarisch zu den Kunden transportiert hat.

Glauben Sie, dass die Zeit auch eine wichtige Rolle gespielt hat, gab es fünfzehn Jahre nach Kriegsende noch ein Nachholbedürfnis bei der Bevölkerung, in den Familien? Oder wäre diese Erfolgsgeschichte zu jeder Zeit so abgelaufen?

Verschiedene Umstände trafen zusammen, Personen, Zeitströmung und praktische Umsetzung. Nehmen wir unseren erfolgreichen Klassiker »Memory«, den wir seit 1959 im

Programm haben. Das Spielprinzip existierte bereits, man spielte mit normalen Spielkarten, in verschiedenen Ländern gab es sogar Zwillings- und Konzentrationsspiele mit dieser Spielregel. Entscheidend war, was Erwin Glonnegger daraus gemacht hat: der Name, quadratische Karten, passende Motive. Er hat die Grundidee weiterentwickelt, Willi Baumann trug sie mit Begeisterung nach draußen, so entstand ein Verkaufsschlager mit bis heute 75 Millionen verkauften Exemplaren des Original-»Memory« und der diversen Varianten. Begünstigt wurde der internationale Erfolg auch dadurch, dass man es in allen Sprachen und Kulturen und in allen Generationen spielen kann.

Wer hat Ihnen die Idee nahegebracht?

Ein Schweizer hatte sie dem Leiter des Carlit-Verlags vorgeschlagen, der hat ihn weitervermittelt. Übrigens stellten uns die hohen Stückzahlen später vor ein Produktionsproblem.

Den Markt zu bedienen, den Sie zuvor geschaffen haben?

Diese Expansion musste man technisch bewältigen, das war nicht ganz einfach.

Im letzten halben Jahrhundert gab es immer wieder Zeiten, in denen es konjunkturell nicht so toll stand – und gerade in diesen Zeiten wuchs Ravensburger immer weiter.

In der Tat hatten wir in vielen Jahren Umsatzsteigerungen von 20 bis 30 Prozent. Und meine Kollegen im Spielwarenverband saßen mit offenem Mund da und haben gestaunt.

Was war das Geheimnis?

Qualität. Gute Ideen und Lieferanten zu finden. Mut zu Veränderungen. Zum Beispiel haben wir eine Zeit lang die »Memory«-Karten im Badischen schneiden und einlegen lassen – so lange, bis jemand meinte, man solle eine eigene Maschine konstruieren. Gesagt, getan. Solche Dinge wurden von Herstellungsleiter Karl Friedrich Maier und Produktionsleiter Eugen Hildebrand entwickelt.

Es kommt vielleicht noch ein anderes, für Ravensburger branchentypisches Phänomen dazu: In wirtschaftlich schlechten

Zeiten wird gespart, man bleibt zu Hause, verreist nicht, kümmert sich um Familie und Freunde – und dann ist Spielen, Basteln und Puzzeln angesagt. Man nennt dieses Verhalten »Cocooning«. Und da ist ein Spiel natürlich preiswerter als eine Urlaubsreise und man geht großzügig für die Familie einkaufen. Dieses Phänomen haben wir immer wieder erlebt, gerade auch im Weihnachtsgeschäft.

Das hört sich an, als wäre es selbst in allgemein schlechteren Zeiten für Ravensburger immer nach oben gegangen? Gab es auch Rückschläge?

Sicher, ich persönlich habe auch Flops gebaut. Ich denke zum Beispiel ans Kapitel »Hegi«. Dazu muss ich die Vorgeschichte erzählen: Wir waren mit anderen Spielwarenherstellern in einem sogenannten Markenspielwarendienst verbunden, da sollten unter anderem Marktforschungen vorgenommen werden. Mit dabei waren die Firmen Märklin, Steiff, Lego, Faller, Ravensburger und auch Revell. Der Leiter der Firma Revell, ein Herr Schöneberg, hatte eine Firma Hegi übernommen, die Bastelartikel wie Flugzeuge und Schiffe herstellte. Etwa 1978 waren die Inhaber von Revell mit der Entwicklung nicht zufrieden und wollten diesen Teil abtreten. Wir haben Hegi mehrheitlich übernommen, zusammen mit dem Leiter, Herrn Schöneberg, haben die Firma aber nicht richtig integriert, sondern dort am Standort Bünde belassen. Nach kurzer Zeit haben wir gesehen, dass wir nichts anderes tun konnten, als dort Geld hinzuschicken. Es gab Probleme in der Produktion. Irgendwann haben wir dann die Reißleine gezogen und uns von der Firma getrennt. Herrn Schöneberg gelang es schließlich, die Firma Steiff zur Übernahme dieser Einheit zu überreden, aber auch dort war kein Erfolg gegeben. Für uns war das schmerzlich, nicht nur, weil es uns Geld und auch einiges an Energie gekostet hat, sondern weil es auch für mich eine persönliche Enttäuschung war.

1958 gab es zum Beispiel eine Neuordnung des Rechnungswesens. Warum?

Viele Entscheidungen kamen durch Zufälle ins Rollen. Wir haben selten oder nie Dinge planvoll verändert, oft sind wir eher spontan vorgegangen – das vorausgeschickt. In diesem Fall ging die Leiterin der Buchhaltung, Fanny Mack, in den Ruhestand. Wir hatten in den Jahren 1957/58 erhebliche finanzielle Schwierigkeiten, weil wir zu viel investiert hatten für die damaligen Verhältnisse und die finanzielle Decke zu kurz geworden war. Deshalb haben wir einen neuen Leiter des Rechnungswesens gesucht – heute würde man sagen: einen kaufmännischen Leiter – und ihn in Adolf Schädler gefunden. Der hat die Sache professionell in die Hand genommen und Dinge eingeführt, die es bis dahin bei uns nicht gab, vor allem die Zahlung mit Wechsel. Damit nahm er den Druck der Lieferanten, die auf die Bezahlung der Rechnungen warteten, raus. Ebenso veranlasste er, dass die Außenstände besser erfasst, die Rechnungen vernünftig geschrieben wurden. Später hat Herr Schädler auch die Auslieferung übernommen, die ursprünglich beim Vertrieb angesiedelt war. Nachdem ich zum großen Kummer von Willi Baumann diesem die Oberhoheit über die Auslieferung abgenommen und Herrn Schädler gegeben hatte, lief das, wie gesagt, wie am Schnürchen und wir hatten keine Probleme mehr.

Haben Sie die Kompetenzen stärker aufgeteilt dadurch?
Ja natürlich, es war wichtig, die Verantwortung eindeutig auf der Grundlage der Kompetenzen zu regeln. Mit der Verantwortung hatten die Betreffenden mehr Freiheit, in ihrem Bereich so zu schalten und zu walten, wie sie es für richtig hielten, ohne dass andere dreingeredet haben. Ein Beispiel: Wenn vor dieser Zeit ein Fachbuch, das von Andreas Pollitz betreut worden war, in die Auslieferung kam, dann musste alles andere zurückstehen, weil er der Meinung war, sein Buch hat höchste Priorität. Das änderte sich nun, die Auslieferung entschied autonom über Prioritäten. Man muss immer wieder darauf hinweisen, dass die Umsatzsteigerung, so begrüßenswert sie war, natürlich eine ganze Reihe von Problemen verur-

sachte, a) in der Produktion und b) in der Administration. Und auch in der Auslieferung brachte sie letzten Endes Probleme für die räumliche Situation. Damals waren alle Bereiche noch in der Marktstraße und in der Burgstraße untergebracht, da hielten die Lastwagen zum Abladen, zum Einladen – das war in den engen Gassen der Ravensburger Altstadt auf die Dauer untragbar. Als wir dann am Stadtrand in der Robert-Bosch-Straße einen ersten Bauabschnitt mit einem Produktionsgebäude verwirklicht haben, hat sich die Situation entspannt.

Die Kartonagefertigung zog 1962 um.
Damit war der eigentliche Engpass zunächst einmal behoben. Damals haben wir erstmals eine Kantine eingerichtet. Solange die Mitarbeiter im Stadtkern tätig waren, konnten sie sich natürlich irgendwo in der nächsten Metzgerei oder Gastwirtschaft etwas zum Essen holen. Das war draußen, weit vor den Toren Ravensburgs, nicht mehr möglich.

Die Druckerei ist dann zwei Jahre später nachgezogen.
Die Druckerei war in relativ ordentlichen Räumen in der Marktstraße in einem Bau untergebracht, der 1957/58 entstanden ist, und konnte dort gut arbeiten, aber die Drucke mussten dann zur Kartonagefertigung transportiert werden und sie benötigten auch Lagermöglichkeiten.

Die kaufmännische Verwaltung zog 1970 auf das neue Außenbetriebsgelände. In der Unternehmenschronik liest man für diesen Zeitpunkt »Einsatz einer Hollerithmaschine zur Datenverarbeitung«. Was hat es damit auf sich?
Rechnungen wurden Ende der 50er-Jahre noch mit der Hand geschrieben. Wir begannen, uns über die maschinellen Möglichkeiten zu informieren. Die Firma IBM bot uns eine Fakturiermaschine an, brachte aber zur gleichen Zeit eine neue kleinere Lochkartenmaschine auf den Markt, eine Hollerith. Hollerith ist der Name des Erfinders der Lochkarten, eine Parallelentwicklung in Deutschland und den USA. IBM hatte eine kleine Lochkarte für Betriebe unserer Größenordnung

entwickelt, zu einem Preis, der nicht viel höher war als eine
normale Fakturiermaschine. Wir hatten diese Anlage genommen, hatten aber große organisatorische Probleme damit.
Gott sei Dank kam damals ein Berater ins Haus. Karl-Heinz
Hahn war dann fast ständig bei uns und half uns über diese
Probleme hinweg. Wir haben vielleicht zwei Jahre herum-
gedoktert und letztendlich von IBM, wo man sich für das
Schlamassel, das man bei uns angerichtet hatte, verantwortlich fühlte, dann auch eine normale Lochkartenmaschine bekommen.

Die Vorläufer der Datenverarbeitung hielten Einzug.

Ja, Ende der 60er-Jahre. Aus dieser Zeit sind große Mengen
von Lochkarten übrig geblieben, als mit der Firma IBM die
wirkliche Computerwelt Einzug hielt. Von den schönen Karten, die nicht mit Löchern gestanzt waren, habe ich mir einen
Vorrat angelegt. Ich schone sie und denke, dass sie mir noch
bis zu meinem Lebensende reichen. Es sind ideale Notizzettel
für die Jackentasche.

**Diese Notizzettel sind vielleicht ein kleines Symbol für den
sparsamen Unternehmensgeist – etwas, das seine ursprüng-
liche Funktion verloren hat, nicht fortzuwerfen, sondern
einer neuen Bestimmung zuzuführen.**

Es gibt noch ein anderes Beispiel, das Sie als Zeichen für den
sparsamen schwäbischen Unternehmer werten können: Lange Jahre wurden die unbedruckten Teile von Druckbögen aller Art als Notizzettel verwendet. Auch Künstler haben früher
ihre Skizzen mehrfach mit Motiven übermalt oder die Lein-
wandrückseite verwendet, Papier war eben ein wertvoller
Stoff.

**Ist nicht Sparsamkeit ein typisches Zeichen der Maier'schen
Unternehmenskultur?**

Zweifellos – das Aufheben von Büroklammern vom Fuß-
boden …

Wer tat das?

Da fragen Sie gerade den Richtigen!

Hat Ihr Onkel nicht mal angeordnet, dass die Hölzer der Treppenstufen in der Marktstraße umgedreht und wiederverwendet werden? Eine beliebte Anekdote für neue Mitarbeiter. Stimmt die Geschichte?

Die Geschichte kenne ich nicht.

Und dass der Hausmeister, der dafür verantwortlich war, dann gesagt hat: »Herr Maier, das haben wir schon beim letzten Mal gemacht.«

Nie gehört.

Ein Gerücht?

Ja – aber ein Gerücht entsteht, weil man annimmt, es könnte passiert sein. *(Er lacht.)*

Zurück zu den sukzessiven Umzügen aus der Ravensburger Altstadt ins Gewerbegebiet Robert-Bosch-Straße.

Die Druckerei zog 1964, im Zuge des zweiten Bauabschnitts, auch in die Robert-Bosch-Straße raus, weil es unsinnig war, hier in den beengten Verhältnissen zu drucken, das Material rauszuschaffen und dort zu schneiden. In den frei gewordenen Räumen der Markt- und Burgstraße wurde die Buchherstellung untergebracht. Und der Platz reichte immer noch nicht aus. Dann wurde auf dem Gelände am Stadtrand ein dreistöckiges Bürogebäude errichtet, Bauabschnitt drei, eine Etage für die Auslieferung, eine für das Lager und die Packerei, ein dritter Stock für Büros. Neues Problem! Da der Bau quadratisch war, war man gezwungen, ein neues Bürokonzept zu finden. Unter enormen Schwierigkeiten wurde ein Großraumbüro konzipiert, das die Leute zunächst total ablehnten. »Da haben wir nicht mehr unsere Kästchen, in denen wir allein sitzen.« Es wurden also Trennwände aufgestellt, um alles abzuschotten. Auch die Vorgesetzten des Spieleverlags sind da eingezogen. Der Chef hat vielleicht eine eigene Ecke gehabt, aber er war auch offen einzusehen. Das kostete viel, viel Überwindung. Die Räume waren klimatisiert – dem einen hat es gezogen, dem anderen war das Fenster zu weit weg, und so weiter und so fort.

**Damals haben wahrscheinlich viele Betriebe Großraum-
büros eingeführt.**

Das änderte nichts daran, dass viele unserer Mitarbeiter
frustriert waren.

**Aus heutiger Sicht ist es schwierig, sich zurückzuversetzen
in eine Zeit ohne Großraumbüros. Was war die Grundidee
des Großraumbüros?**

Architektonische Überlegungen. In einem quadratischen
Raum mit vielleicht 1 000 Quadratmetern konnten Sie keine
Wände einziehen, weil Sie in der Mitte keine Beleuchtung
gehabt hätten. In Amerika, wo ich das natürlich auch gesehen
habe, hat man ungeniert Wände eingezogen und die Leute
einfach in lichtlose Räume mit Neonlicht gesetzt, basta – das
wollte man bei uns nicht. Wir haben erst einmal Besichti-
gungsfahrten in andere Betriebe unternommen und uns informiert. Aber dramatisieren wir die Angelegenheit nicht. In
den Räumen, die wir hier 1945 nach dem Krieg hatten, gab es
auch »Großraumbüros« in dem Sinn, dass es einen Bau gab,
der so breit war, dass mehrere Leute in einer Abteilung nebeneinander saßen. Links Fenster, rechts Fenster und der Chef in
einem kleinen Glaskabuff oder nicht einmal das. Da saßen
vielleicht zehn Leute, im Großraumbüro waren es nun fünfzig
oder achtzig, insofern wurde einfach eine Idee erweitert, die es
schon gegeben hatte. Aber die Mitarbeiter beurteilten das anders. Das Konzept war nicht leicht durchzubringen.

War der Betriebsrat dagegen?

Im Gegenteil – der Betriebsrat war kooperativ. Denn in der
Produktion und der Auslieferung gab es immer schon Groß-
räume, das Problem waren die Büros. Der Leiter der Druckerei, Josef Auffinger, war lange Jahre Betriebsratsvorsitzender,
der hatte dafür wenig Verständnis. Er schaute gerne auf Recht
und Ordnung, vor allem auf Ordnung. Das berührt ein anderes Thema: die Einführung der gleitenden Arbeitszeit. Die
allgemeine Arbeitszeit begann im Prinzip morgens um acht
Uhr. Kurz vor acht stand Auffinger an der Treppe und schau-

te, ob auch alle tatsächlich kamen. Es passierte immer wieder, dass der eine oder der andere später kam, insbesondere unser wichtiger Prokurist Andreas Pollitz, der gerne abends bis um 20 Uhr arbeitete. Der war halt morgens nicht um sieben Uhr aus dem Bett gekommen und traf erst sagen wir um halb neun ein. Das gab ständig Probleme, weil Pollitz und Auffinger gegeneinander operierten und sich kritisierten. Schließlich haben wir beschlossen, die Arbeitszeit individueller zu gestalten. Das Einzige, was wir verlangt haben, war eine Kernzeit zwischen 8.30 und 12 Uhr und von 14 bis 16 Uhr. Zunächst versuchten wir es abteilungsweise mit Zeitblöcken: Im Bürobereich kommen die Leute um acht Uhr, in der Druckerei um sieben oder um halb acht oder so was. Später wurde es mit Stechkarten individualisiert. Selbstverständlich musste ich auch mit der Stechkarte kommen. Das Problem war behoben.

Das war für das Jahr 1970 sehr fortschrittlich.

Ich weiß es gar nicht. Zu der Zeit, als ich im Verlag begann, gab es noch eine Sechs-Tage-Woche. Selbst am Sonntag musste der jeweils jüngste Lehrling auf die Post gehen, um meinem Onkel die Stahlkassette mit der Post in die Wohnung zu bringen – obwohl die Post gar nicht vor Montag bearbeitet wurde. Das war eine liebgewordene Marotte meines Onkels. Das lief nach der Einführung der Fünf-Tage-Woche auch noch so bezüglich des Samstags. Die Fünf-Tage-Woche wurde durch den Technischen Betrieb eingeführt. Im Büro hat man am Samstagmorgen gearbeitet und ich habe lange Zeit gebraucht, bis ich meinem Onkel die Zustimmung abgerungen hatte, dass wir am Samstag umschichtig arbeiteten – Herr A am ersten, Herr B am zweiten Samstag. Mein Onkel konnte sich einfach nicht vorstellen, dass man am Samstag nicht ins Büro geht. So haben wir uns langsam, aber sicher der Fünf-Tage-Woche angenähert, aber es war eine komische Situation, die man sich heute gar nicht mehr vorstellen kann. Viele haben freitags um 16 Uhr aufgehört, manche meinten sogar, wir sollten eigentlich freitags schon um 12 Uhr Schluss machen.

Die Grundstücke in der Robert-Bosch-Straße – haben Sie die nach und nach erworben?

Bei einer Betriebsversammlung wohl im Jahr 1961 – oder war es eine Weihnachtsfeier? – habe ich der Belegschaft mitgeteilt: »Wir haben gerade ein Grundstück gekauft mit 15 000 Quadratmetern vor den Toren der Stadt. Das haben wir so riesig gekauft, dass es auch zur Verwirklichung der kühnsten Träume ausreichen wird.« Nach einiger Zeit haben wir gesehen, dass wir nach dem ersten, zweiten und dritten Bauabschnitt mehr Fläche benötigten. Ich habe damals mit dem Bürgermeister der Nachbargemeinde Eschach verhandelt, denn der Teil, der bei uns angrenzte und den wir dann auch gekauft haben, gehörte nicht mehr zur Stadt Ravensburg. Die neue Fläche für unser Grundstück betrug mehr als 60 000 Quadratmeter, sodass wir insgesamt fast 80 000 Quadratmeter besitzen.

Ansprache im Mai 1987 zum
85. Geburtstag von Karl Maier

... Da ist zunächst einmal die Erinnerung an einen lieben Onkel, zu dem man gern ins Büro ging, der Zeit für einen hatte, wenn man kam, der sich auf den „Buben" einstellte und ihn wichtig nahm. Ich denke zurück an die Zeit vor und nach Kriegsende, als ich im Verlag Unterschlupf fand. An die Spaziergänge, auf die Du mich mitnahmst; zur Inspektion der Außenläger, die wir damals aus Sicherheitsgründen hatten, oder auch zum Kirschenkaufen; zu einem der vielen Bauernhöfe, auf denen Du ein gern gesehener Gast warst und bist. Da war zum Beispiel die Geschichte, daß Du noch Wochen nach dem Einmarsch der Franzosen in aller Harmlosigkeit Deinen Volkssturmausweis mit Hakenkreuz und Adler in der Brieftasche hattest, was bei einer Kontrolle einige Schwierigkeiten machte. Das hat Dich einige Anzüge gekostet, die der betreffende Soldat von Dir erpreßte; Anzüge, die Du in einem gewissen Schrank gehütet hattest, an den niemand gehen durfte; die Du, meines Wissens — aus Sparsamkeit — selbst auch nie getragen hattest.

... Sparsamkeit, das ist so ein Stichwort! Die Bezeichnung „persönliche Anspruchslosigkeit" ist wohl richtiger. Und das in einer wohl ziemlich extremen und heute fast nicht mehr zeitgemäßen Form, die im übrigen — und das muß ich bei der Gelegenheit sagen — nach allem, was ich von ihm weiß, auch nicht dem Stil des Großvaters, Deines Vaters, entsprach. Ich möchte hier nun nicht allzu viel aus der Schule plaudern, von Messen, bei denen Du das billigste Menü bestelltest, damals für DM 1,50 in Nürnberg, und auf die Frage des Kellners, ob Du den Fisch oder das Fleisch haben wolltest, antwortetest: Bringen Sie, was Sie gerade haben. Was den Kellner in helle Verzweiflung brachte! Dabei hast Du anderen Menschen nie etwas mißgönnt und Dich gefreut, wenn wir lustig waren und auch etwas tranken oder wenn es uns geschmeckt hat.

... Diese Deine Sparsamkeit bezog sich also vor allem auf Dich selbst. Wir alle wissen, daß Du heute noch, mit Deinen 85 Jahren, niemals anders als in der 2. Klasse Zug fahren würdest, nie etwas anderes als die Straßenbahn benützt. Daß Du dabei alle Mitarbeiter des Otto Maier Verlags, die verreisen, nicht sehen wirst, weil sie alle in der 1. Klasse reisen, ist ein anderes Kapitel. Dabei kannst Du im Grunde genommen sehr großzügig sein. Ich erinnere mich daran, daß ich einige Tage nach der Währungsreform von Dir aus heiterem Himmel fünf Deutsche Mark geschenkt bekam aus Deinen 40 Mark, die Du, wie jeder andere auch, erhalten hast. Das war damals ungeheuer viel Geld für mich.

... Aber auch in geschäftlichen Dingen hast Du, trotz Deiner fast extremen Sparsamkeit im Persönlichen, wenn es um die Anschaffung einer neuen Offset-Presse, den Kauf eines Grundstücks oder einen Neubau ging, ohne weiteres zugestimmt. Ja, manchmal mußte man Dich fast zurückhalten.

... Die menschlichen Belange waren Dir immer besonders wichtig, das Wohlergehen der Mitarbeiter. ... Einmal, als der Leistungslohn diskutiert wurde, sagtest Du: „Ploget mr d'Leit net". Für Dich war hier nur wichtig, daß alles menschlich zuging. Die Leistung war nicht im Vordergrund gestanden, vielleicht einfach deshalb, weil für Dich Pflichterfüllung immer selbstverständlich war und ist.

... Ich glaube, daß gerade in dieser Hinsicht Du den Verlag, und uns alle, in besonderem Maße geprägt hast — und auch in einer zweiten Hinsicht hast Du uns alle geprägt. Das ist Dein Sinn für Qualität. Dein untrüglicher Geschmack. ...

Als ich nach dem Tode meines Vaters im Jahr 1952 auf seinem Stuhl saß und vielleicht nicht genügend wußte, daß man auf diesem Stuhl nicht nur sitzen, sondern ihn auch ausfüllen mußte, sagtest Du, „man muß die Junge au pfludere lasse". Vielleicht hast Du mich etwas lange „pfludere" lassen, bis ich, durch schwere Jahre, die die Firma damals hatte, gelernt habe, daß es ohne harte Arbeit und Einsatz nicht geht. Aber vielleicht habe ich durch diese Erfahrung mehr gelernt, als es sonst möglich gewesen wäre. Später, bei Plänen, die ich Dir, weil Du ja schließlich mit Deinem ganzen Vermögen haftest, vortragen mußte, da hast Du Dir das angehört, aber Du hast nie einen Stein in den Weg gelegt. Du stelltest Fragen, sagtest „moinscht, mr sollet des mache?".

Du hast einen gezwungen, eine Sache wirklich durchzudenken; ein Problem klar darzulegen. Das war gut so. So hat man sich alles gut überlegen müssen und bei diesem Überlegen ist auch mancher Plan geändert oder vielleicht auch begraben worden. Du hast nie etwas verhindert, sondern Du hast die Dinge auf Deine liebenswerte Art verändert und beeinflußt. Ich erinnere mich, daß Du einmal zu mir ins Büro kamst und mich anders anredetest; Du sagtest nämlich „Maier" zu mir. Das war die mir wohl vertraute Anrede zwischen Dir und meinem Vater oder umgekehrt. Das, lieber Onkel Karl, war für mich wie ein Ritterschlag, und ich war ausgesprochen berührt davon.

06
Köpfe in die Provinz.
Die Kunst von Kompetenz,
Kommunikation und
Kooperation –
1976 bis 1983

Das Schussental ist ein schmaler Landschaftsstreifen, der sich vom Bodensee nach Norden in den Altdorfer Wald bei Mochen-wangen erstreckt. Wenn vom Schussental gelegentlich als »Schussen Valley« die Rede ist, meint man jedoch das mittlere Schussental mit den Städten Ravensburg, Weingarten und den Gemeinden Berg, Baindt, Baienfurt. Die Patentstatistik zeigt, dass besonders viele Anmeldungen aus dem Schussental kom-men. Tatsächlich wimmelt es dort nur so von Erfindern, Ingeni-euren, Konstrukteuren und Tüftlern. An kreativen Köpfen fehlt es also nicht, dennoch holt Ravensburger sie sich seit jeher ger-ne auch aus der Ferne heran. Dass der Erfolg und die Geschicke eines Unternehmens mit den fachlichen Fähigkeiten und menschlichen Eigenschaften an der Spitze und in der Beleg-schaft stehen – und eben auch fallen –, war eine wichtige Er-kenntnis der Otto Maier Verleger. Man bemühte sich deshalb, talentierte und erfahrene Leute zu gewinnen. Dabei spielte nicht nur das attraktiv zugeschnittene Arbeitsgebiet selbst eine überzeugende Rolle. Gute Schulen und das schöne Freizeit-angebot in der alpennahen Bodenseeregion waren für Mitarbei-ter, die Familie hatten, verlockende Gründe, nach Oberschwaben zu ziehen. Viele der Hamburger, Ruhrpottler, Rhein-Mainer, Sachsen oder Berliner blieben in der Ferienregion hängen, die meisten waren dem Verlag lebenslang treu, was gelegentlich am Mangel an Wechselalternativen liegen mochte, meist aber der persönlichen Zufriedenheit entsprang.

Schwieriger war es, alleinstehende Mitarbeiter in die Provinz zu holen, weil sie sich gelegentlich schwertaten, mit den Einheimischen Freundschaften zu knüpfen. Bewerbern aus Groß- oder Universitätsstädten erschien außerdem das kulturelle Angebot der Städtchen Ravensburg und Weingarten wenig attraktiv. In der ersten Nachkriegszeit waren in Ravensburg zwar zahlreiche kulturelle Initiativen entstanden, sodass die Stadt 1953 im statistischen Vergleich des kulturellen Engagements und der Bürgerbeteiligung an der Spitze aller Mittelstädte in Süddeutschland stand, aber nicht jeder »Neue« konnte sich mit diesen Initiativen anfreunden. Abgesehen vom regen Vereinsleben gab es eine sehr aktive Szene mit Chören, Klassik- und Jazzkonzerten, Lesungen namhafter Schriftsteller, städtischer Volksbücherei, Kinos, Kunstausstellungen und seit 1959 auch Volksmusikshows und ähnliche Massen-Events in der neuen Oberschwabenhalle.

Wie überall gab es gelegentlich zwischen Führungskräften und Verlegern Meinungsverschiedenheiten und schwierige Situationen. Dann ging der Verleger schon mal mit seinem Counterpart spazieren, um sich auszusprechen. Kontroversen wurden sehr häufig auch schriftlich ausgetragen, nicht nur mit Briefen, in denen man Gefahr läuft, persönlich zu werden, nein, mit sachorientierten innerbetrieblichen Mitteilungen, die aufmerksam gelesen, gedreht, gewendet, erwogen und beantwortet wurden. Meistens ging die Angelegenheit konstruktiv aus, was auch dem friedfertigen Wesen des Verlegers Otto Julius Maier zu verdanken war.

»Vornehme Zurückhaltung zeichnet Otto Julius Maier aus. Das hat ihm viele Sympathien eingebracht. Aber dieses Wesensmerkmal darf nicht darüber hinwegtäuschen, dass wir es mit einem Verleger aus Leidenschaft und einem Vollblut-Unternehmer zu tun haben«, schrieb Rolf Dieterich in der Schwäbischen Zeitung über den »Grandseigneur der Wirtschaft«.

Ravensburger hat den Ruf einer sehr niedrigen Mitarbeiterfluktuation. Es gibt Mitarbeiter, die jahrzehntelang blieben und die dann ihre Kinder schickten.

Ist das überhaupt ein gutes Zeichen? Für uns ist es natürlich positiv. Bedenken Sie, dass es nicht ganz einfach ist, in diese abgelegene Gegend Leute zu holen. Nicht jeder möchte die Vorteile des Großstadtlebens missen. Bewerber argumentieren gerne, dass es in Ravensburg kein kulturelles Angebot gebe. Fragt man jedoch nach: »Wie oft gehen Sie in der Großstadt ins Theater oder Konzert?«, sieht die Sache schon anders aus. Jedenfalls bleibt es schwierig, jüngere Leute anzulocken. Wenn sie aber einmal hier sesshaft sind, bleiben sie. Die Freizeitangebote in unserer schönen Gegend sind attraktiv und sobald junge Leute Familie haben, schätzt man kurze Wege und gute Schulen. Natürlich ist wohl auch festzustellen, dass bei uns ein gutes Betriebsklima herrscht. Ein kooperativer Führungsstil ist auch für die Mitarbeiter wichtig. Ein Wechsel von Mitarbeitern hat aber sicher auch seine Vorzüge. Es kommen neue Ideen rein. Ich erinnere mich an einen unserer Leitenden, der in den 50er-Jahren schon einmal im Buchbereich tätig war und zunächst wegging. In den 60er-Jahren konnte ich ihn wieder zurückholen, das war Christian Stottele, langjähriger Programmleiter für Kinder- und Jugendbücher.

Haben Sie neue Impulse gesucht?

Wir haben Stellen ausgeschrieben, bekamen Bewerbungen und Empfehlungen. Viele unserer führenden Leute stießen auf diese Weise zu uns – Dr. Armin Boeckeler, Dr. Anton Dressendörfer, Bruno Müller. Natürlich auch im Kreativbereich – stärker im Buchverlag, seltener im Spieleverlag. Da wurden viele Mitarbeiter aus dem Hause rekrutiert, weil sie das Fachwissen hatten.

Es gibt unendlich viele Fotos von Betriebsausflügen. In der Mitarbeiterzeitung zum Beispiel sieht man häufig fröhliche Gesichter in Biergärten sitzen.

Es gab immer wieder Betriebsausflüge, die später abgelöst wurden durch Abteilungsveranstaltungen – aber das hat sich nicht bewährt, weil man unter sich blieb. Es war uns allen wichtig, dass das Mädchen vom Fließband und von der Auslieferung auch mit der Sekretärin in der Redaktion oder im Vertrieb zusammenkommt – und dass da auch die »Großkopfigen« alle mitgehen. Und das war etwas, worauf wir durchaus Wert legten. Da sind die einträchtig nebeneinander gewandert und haben bemerkt, dass die anderen auch Menschen sind. Da haben sich alle eingebracht, auch diejenigen, die manchmal vielleicht etwas die Nase hoch getragen haben. Es gab noch ein anderes Motiv: Wir wollten denjenigen Mitarbeitern, die vielleicht nie in die Schweiz, nach Österreich, nach Hohenschwangau im Allgäu oder nach Stuttgart kamen, Gelegenheit geben, wegzufahren. Später waren die Ausflüge wegen der Betriebsgröße nicht mehr zu bewältigen, wir konnten nicht mit zwanzig Bussen irgendwo hinfahren. Die Leute waren ohnehin mobiler geworden, fuhren häufiger in Urlaub oder übers Wochenende irgendwohin. Die Zeiten hatten sich geändert.

Was ist das für ein interessantes Buch, in dem Sie gerade blättern?

Ein historisches Dokument. Ein Gehaltsbuch, das ich interessant finde.

Zum Beispiel?

Außendienstmitarbeiter hatten 1963 ein Monatseinkommen von 600 bis knapp 1000 Mark. Die Lektoren lagen bei 1200 bis 1300 Mark. Die Mitarbeiter des Außendienstes bekamen zusätzlich noch eine kleine Umsatzprovision. Die Preisentwicklung und das Gehaltsniveau waren andere als heute. Richtig lustig wird die Lektüre in diesem Gehaltsbuch, wenn Sie die Abzüge ansehen. Wenn Sie das, was damals an netto vom brutto übrig blieb, mit heute vergleichen – da können Sie fast einen Schreikrampf kriegen! Schauen Sie hier *(er blättert)*: Gehen wir mal in die Jahre kurz nach der Währungsreform zurück, 1949. Da gab es jemanden, der damals für die ganze Auslieferung und das Rechnungswesen tätig war. Der hatte ein Bruttomonatsgehalt von 550 D-Mark und bekam 477,10 D-Mark nach Steuern ausgezahlt. Der hat 38,50 D-Mark Lohnsteuer gezahlt! Der damals Bestbezahlte verdiente

600 D-Mark und konnte 489 D-Mark behalten. Das kann man sich heute gar nicht vorstellen.

Damals war das Unternehmen ja noch klein, in den 60er- und 70er-Jahren wurde es internationaler. Funktionierte denn die interne Kommunikation weiterhin auf kurzen Wegen?

Es wurde komplizierter, wie man am Beispiel des Vertriebs sehen kann. Vertriebsleiter Willi Baumann war völlig auf Deutschland und auf Österreich konzentriert. Den Schweizer Vertrieb haben Erwin Glonnegger und ich bewältigt. Das hing auch damit zusammen, dass Baumann politisch »deutschnational« war – um nicht ein anderes Wort zu benutzen. Deshalb hat man ihn auf die Schweiz nicht losgelassen. Aus der Schweiz kamen viele pädagogische und gestalterische Impulse, weil die Schweiz während der Kriegszeit mit der Welt verbunden blieb, während Deutschland abgeschottet war. Diese Impulse spielten dann auch in Deutschland eine Rolle, obwohl Willi Baumann sie oft nicht eins zu eins übernahm, weil sie von jemandem kamen, den er nicht sehr geschätzt hat. Solche persönlichen Dinge waren durchaus wichtig. Meine Rolle bestand darin, konträr eingestellte Leute dazu zu bringen, nicht gegeneinander, sondern miteinander zu arbeiten und den Wagen in eine eindeutige Richtung zu ziehen.

Sie haben moderiert.

Nicht nur, ich habe eingegriffen und entschieden.

Sie mussten ja schließlich den Kopf hinhalten.

Wir haben Berge von Notizen archiviert, die zwischen Glonnegger, Baumann, auch Eugen Hildebrand, dem Leiter der Kartonagenfertigung, sowie an Herstellungsleiter Karl Friedrich Maier hin und her gingen. Die wichtigen Notizen gingen zur Kenntnis auch an unseren Onkel.

Nach meinem Eindruck spielten innerbetriebliche Mitteilungen eine bedeutende Rolle im Unternehmen. Wer eine Idee hatte oder etwas verändern wollte, dem wurde gesagt: »Schreib es auf und schick es auf seinen Weg, dann wirst du damit Erfolg haben.«

Da mag etwas dran sein, man hat nicht für jedes Projekt gleich eine Konferenz veranstaltet. Dazu hatten wir gar keinen Platz.
Würden Sie sagen, dass Ravensburger früh das spätere Schlagwort von »flachen Hierarchien« umgesetzt hat?
Nein, das hing einfach mit der Größenordnung des Unternehmens zusammen, drei- bis vierstufig war die Hierarchie immer. Die Notizen waren nützlich, zum Beispiel, wenn jemand Reiseerfahrungen weitergegeben hat. Wobei für Entscheidungen immer mehrere Stimmen gehört werden mussten. Um irgendetwas zu realisieren, hat man den Kollegen oder den Mitarbeiter einer anderen Abteilung gebraucht, dafür musste man denjenigen orientieren und um seine Mitwirkung bitten. Es war eine Selbstverständlichkeit, dass man die Erkenntnisse nicht für sich behielt, sondern schriftlich mitteilte. Ist Ihnen das als ungewöhnlich aufgefallen?
Das Problem der Zusammenarbeit ist nicht in jedem Unternehmen gelöst.
Unsere in diesen Jahren begonnenen Seminare waren wichtig. Wir wollten uns nicht nur auf unsere Intuition verlassen, sondern von anderen Unternehmen lernen. Ich begann Ende der 60er-Jahre zusammen mit Dr. Armin Boeckeler, damals für Personalwesen verantwortlich, Seminare über Führungstechniken und Organisation zu besuchen. Eines Tages beschlossen wir, unser Wissen auch im Hause weiterzugeben, nicht durch Notizen in dem Fall, sondern durch hausinterne Seminare mit Moderator. Mindestens zweimal im Jahr gingen wir für zwei bis drei Tage in Klausur. Das war für uns ungeheuer nützlich, weil dadurch auch Vertrauen zwischen den einzelnen Bereichen aufgebaut wurde. Ich arbeitete in Gruppen mit Mitarbeitern, die zwei Stufen weiter unten angesiedelt waren – da haben Sie Ihre »flache Hierarchie« –, an einem bestimmten Thema, das vielleicht gar nicht so bedeutend war. Das Wichtigste war, eine gemeinsame Linie rauszufinden.
Kooperation als Leitmotiv?
Ja sicher. Es lag auch an der familiären Konstellation. Den Onkel als immerhin persönlich Haftenden musste ich orientieren. Das war für mich auch ein wichtiger Schritt, um das

Vorhaben noch einmal plausibel zu erklären und nicht nur spontan zu entscheiden, sondern mich quasi rechtfertigen zu müssen – was nicht hieß, dass mein Onkel eine formelle Zustimmung geben musste, er wollte nur informiert sein. Dann gab es zunächst den Vetter, schließlich seit 1963 Gott sei Dank die Cousine, mit der ich mich hervorragend vertragen habe. Das hat uns geprägt. Dadurch waren wir gezwungen zu kooperieren und nicht auf der eigenen Meinung zu beharren. Das liegt mir ohnehin nicht.

Sie waren auf jeden Fall weise genug, sich nicht auf eine Konfliktebene einzulassen.

Die Konfliktebene hatte ich bereits gehabt, das durfte nie mehr passieren.

Die 60er-Jahre und die erste Hälfte der 70er-Jahre waren sehr stark geprägt durch Investitionen, Bau und Umzüge der einzelnen Abteilungen. In dieser Zeit haben Sie das Unternehmen und die Geschäftsbereiche außerdem umstrukturiert. 1970 wurde die Ravensburger Verlag GmbH gegründet und die Graphische Kunstanstalt ging in den Ravensburger Graphischen Betrieben auf. Waren das logische Entwicklungen?

Mein Vater hatte die ursprünglich verpachtete Druckerei in eine eigene GmbH überführt, weil ihm damals das Risiko zu hoch war. Das Thema Drucktechnik war ihm zu fremd. Deshalb gab es die Ravensburger Graphische Kunstanstalt bzw. die Graphische Kunstanstalt Maier GmbH, zunächst als Steindruckerei und zunehmend als Offsetdruckerei. Das war später nicht mehr sinnvoll, wir legten Kartonagenfertigung und Druckerei zusammen in die Firma Ravensburger Graphische Betriebe, RGB hieß das dann – zusammengefasst in einer Firma. Die Gründung des Ravensburger Verlags hat einen anderen Ursprung. Die Marke und der Name »Ravensburger« gewannen immer mehr an Bedeutung. Plötzlich firmierte eine lokale Druckerei unter »Ravensburger« und um dagegen rechtlich vorgehen zu können und zu sagen: »Halt, halt, der Name Ravensburger gehört uns!«, wurde die Ravensburger Verlag GmbH als Mantel geschaffen.

1977 wurden Spieleverlag und Buchverlag vertrieblich und redaktionell getrennt.

Da muss ich etwas weiter ausholen: Ganz früher, nach der Währungsreform, hatten diejenigen, die redaktionell Bücher und Spiele machten, sich auch teilweise um den Vertrieb gekümmert und umgekehrt. So insbesondere Andreas Pollitz, der als für die Fachbücher Verantwortlicher auch die Beziehung zu seinen Kunden, den Reise- und Versandbuchhändlern, gepflegt hat. Oder umgekehrt Erwin Glonnegger, der früher auch im Rheinland und später in der Schweiz als Reisender Vertriebsarbeit gemacht hat. Er hat sich zunehmend um die Spieleredaktion gekümmert, weil er sah, was der Markt haben wollte. Ende der 50er-Jahre kam dann Willi Baumann, der seit 1954 Außendienstmitarbeiter für den Verlag war, und übernahm die Leitung des gesamten Vertriebs. Er veranstaltete zweimal im Jahr Außendienstkonferenzen, in denen die Programm-Macher ihre Bücher oder Spiele vorstellten. Dort meldete sich zum Beispiel Karl Maier und sagte: »Hier habe ich noch drei Bücher und da habe ich noch ein Spiel.«

Anfang der 60er-Jahre, als wir klare Verantwortungsbereiche schufen, war Erwin Glonnegger für die Entwicklung der Spiele, andere Personen unter der Leitung von Dorothee Hess-Maier für das Buchprogramm zuständig – so zum Beispiel Andreas Pollitz für die Fachbücher und Christian Stottele für die Jugendbücher. Ihr Partner auf der Vertriebsseite war Willi Baumann. Nachdem er im Jahre 1976 ausgeschieden war, übernahm Dieter Breede, der einige Jahre vorher den Vertrieb Ausland übernommen hatte, die vertriebliche Gesamtverantwortung. Er trennte die Vertriebsmannschaft in Spieleverlag und Buchverlag, was auch für den Handel gewöhnungsbedürftig war. Für manche Händler gab es also zwei Ravensburger Vertreter, die sie besuchten. Aber letztlich waren die Effekte sehr positiv. Die Trennung erfolgte konsequenterweise auch im verlegerischen Bereich, bei Redaktionen und Werbung.

War die Umstrukturierung mit weiteren finanziellen Anstrengungen verbunden?

Die Umstrukturierung nicht, das Wachstum insgesamt. Der Kartonagenbetrieb war früher nicht sehr investitionsintensiv, als die Löhne jedoch stark stiegen und die Stückzahlen zunahmen, musste Personal durch Maschinen ersetzt werden. Das war gar nicht mehr anders zu machen. »Memory«-Karten beispielsweise wurden ganz früher in Streifen geschnitten, von Hand sortiert und eingelegt. Letztendlich brauchten wir auch Maschinen, um Spielekartons in Klarsichtfolie zu hüllen. Das hatte mit der Verbreitung von Selbstbedienungsläden zu tun, die Produkte mussten verschweißt werden, damit im Händlerlager und im Kundenregal keine Ecken abgestoßen wurden.

Hatten Sie keine finanziellen Engpässe, um das alles zu stemmen?

Die Umsatzsprünge, die wir hatten, sind normalerweise auch ein Finanzierungsproblem, denn Sie müssen zunächst das Material, die Außenstände und natürlich die Maschinen finanzieren. Dazu war ein professionelles Rechnungswesen notwendig. Es klingt banal, aber man musste die Kunden mahnen. Die Fachbuchhandlungen waren es gewohnt, monatelang Kredit zu bekommen, auch der Buchhandel hat nie sofort gezahlt. Adolf Schädler bestimmte deshalb: »Dreißig Tage! Nach dreißig Tagen wird gemahnt.« Das führte zu entsetzlichen Diskussionen, weil Andreas Pollitz abwehrte: »Nein, nein, dem Herrn Sowieso, dem dürfen Sie keine Mahnung schicken.« Schädler hat sich durchgesetzt, und siehe da, der Buchhändler kündigte uns nicht die Freundschaft. Man musste schließlich schauen, dass man seine eigenen Rechnungen und Löhne zahlen konnte. Jemand wie Schädler organisierte das hervorragend; wenn wir uns immer nur nach Pollitz gerichtet hätten, wären die Außenstände ins Uferlose gewachsen.

Sie haben mit großzügiger Hand das Geld investiert, das Sie verdient haben. Sie hätten ja auch mehr in die eigene Tasche stecken können und den lieben Gott einen guten Mann sein lassen?

Mehr Geld ausgeben als man verdient hat, das hatten wir schon einmal. Wenn man Wachstum hat, muss man das auch bewältigen – die Maschinen kaufen und amortisieren, für die Kredite Zinsen zahlen. Bevor Sie das nicht tun, erzielen Sie keinen Gewinn. Und wenn Sie einen Gewinn haben und eine vernünftige Ausschüttungspolitik betreiben, dann haben Sie auch wieder Mittel für neue Investitionen. Wir waren ja bis zum Tode unseres Onkels eine Kommanditgesellschaft. Einer der Gründe, warum wir die Rechtsform zunächst in eine GmbH umgestellt haben, war unsere Meinung, dass der Gewinn des Unternehmens nicht identisch mit dem Betrag sein soll, der den Gesellschaftern des Unternehmens zusteht. An erster Stelle steht der Anspruch des Unternehmens als Eigenpersönlichkeit. In einer KG ist der Gewinn das persönliche Einkommen der Gesellschafter und die sind natürlich erstaunt, wenn zum Beispiel nur 5 Prozent vom ausgewiesenen Gewinn tatsächlich ausgeschüttet werden. Es war kaum möglich, unseren Gesellschaftern die Zusammenhänge zu erklären, Gott sei Dank waren sie meist genügsam. Sobald Sie eine eigene Rechtspersönlichkeit für die Firma installieren, ist der Gewinn das, was das Unternehmen versteuert, und nur das, was Sie ausschütten, wird von dem Gesellschafter versteuert. Und es bleibt im Belieben der Geschäftsführung der GmbH oder des Vorstands der AG, wie viel Sie ausschütten. In unserer früheren KG gab es Gesellschafter, die unzufrieden darüber waren, dass sie den Gewinn des Unternehmens für ihre Einkommensteuer nennen mussten, obwohl sie faktisch nur einen kleinen Prozentsatz vom Kuchen bekamen. Die KG als Offene Handelsgesellschaft ist eine feine Sache, wenn es nur einen Unternehmer gibt, der das alles mit sich selbst ausmacht. Sobald mehrere Personen beteiligt sind, die gar nicht im Unternehmen arbeiten, funktioniert es nicht so leicht.

Die Umwandlung fiel in die Zeit kurz nach dem Tod von Karl Maier. Wo ist da der Zusammenhang?

Mein Onkel wollte keine Änderung, aber mit seinen Erben gab es keine Probleme.

Wie viele Gesellschafter gab es damals?

Meinen Onkel Karl, nachher seine Witwe und seine Tochter Irmela, meine Cousine Dorothee und ihre Mutter, meine

Stiefmutter, meine Schwester und ich. Im Prinzip ist das heute noch die gleiche Struktur – Kinder und Enkel von Otto, Eugen und Karl Maier.

Sind Ihre Enkel noch keine Gesellschafter? Ist es nicht ein Geburtsrecht?

Nein. Mein Sohn Clemens und meine Tochter Valerie müssen sich in einigen Jahren wahrscheinlich Gedanken darüber machen; es ist in jedem Familienunternehmen auch ein erbschaftssteuerliches Problem.

Die Bezeichnung als Familienunternehmen wird dadurch gerechtfertigt, dass alle Gesellschafter der Familie angehören?

Ja, ein Familienunternehmen heißt, dass das Kapital einer Familie gehört. Es heißt nicht unbedingt, dass die Führung in der Hand der Familie liegt. Mein Sohn arbeitet mittlerweile im Unternehmen. Viele Mitarbeiter bewerten das als Bekenntnis der Familie zum Unternehmen und als Garant, dass es nicht morgen an den Nächstbietenden verkauft wird. Wir sind also eine Familiengesellschaft und auch die nicht zur Familie gehörenden Vorstandsmitglieder fühlen sich dem Geist der Familie verpflichtet. Um diesen »Geist« zu definieren, haben wir uns eine kleine »Verfassung« gegeben, einen »Family Codex« aufgestellt im Sinne eines »Good Governance in Familienunternehmen«. Wir haben niedergeschrieben, an was wir uns halten und wie wir mit dem Aufsichtsrat umgehen wollen, zum Beispiel, dass die Mehrheit des Aufsichtsrats Familienfremde sein müssen. Auch, dass wir die Firma nicht schröpfen wollen und von Vorständen und Mitarbeitern erwarten, dass die Unternehmensgrundsätze eingehalten werden.

Ihre Tochter Valerie lebt in Island, ist sie auch Gesellschafterin?

Ja.

1948 hatte das Familienunternehmen etwa vierzig Mitarbeiter, in den 60er-Jahren gingen die Mitarbeiterzahlen genauso rasant nach oben wie die Umsatzentwicklung. Es gab auch ein Versorgungswerk, ging es da um Betriebsrenten?

Noch zu Zeiten meines Vaters, etwa 1950, wurde ein Unterstützungsverein gegründet, der dazu diente, Mitarbeitern eine Pension auszusetzen und ihnen im Notfall zu helfen, bei größeren gesundheitlichen Problemen, einer Zahnoperation, einer speziellen Brille zum Beispiel, die von der Krankenkasse nicht bezahlt wurde. In den 70ern haben wir ergänzend ein Versorgungswerk errichtet, das Mitarbeitern nach einer bestimmten Formel – Betriebszugehörigkeit, Einkommen et cetera – Pensionen garantierte.

Profitierte der normale Mitarbeiter von den finanziellen Hilfen – oder nur Führungskräfte?

Alle, auf Antrag. Den Unterstützungsverein gibt es heute noch, allerdings bewilligt er nur noch Zuschüsse.

Wurde ein gewisser Prozentsatz des Gewinns dafür abgeführt?

Sobald man eine länger laufende Versorgungszusage gibt, muss man dafür eine Rückstellung bilden. Die Höhe rechnet uns der Versicherungsmathematiker aus. Wir reden hier mittlerweile inklusive der Pensionen für leitende Mitarbeiter über Beträge von einigen zig Millionen. Das ist nichts Neues, es wird in jedem Unternehmen so praktiziert, das ein solches Versorgungswerk hat. Allerdings schließen viele Unternehmen inzwischen ihre Versorgungswerke und geben keine neuen Zusagen mehr. Es gab auf diesem Gebiet immer wieder staatliche Eingriffe, früher wurden Pensionszusagen zu einem niedrigeren Prozentsatz verzinst, was zu höheren Rückstellungen führte. Das wurde durch einen Beschluss der Regierung geändert. Damit wurden für die Unternehmen zu viele Risiken in die Zukunft verlagert, ein Grund für manche, ihre Versorgungswerke zu schließen.

Warum hat Ravensburger das Angebot trotzdem am Leben erhalten?

Wir konnten das aushalten.

Fürsorge?

Ja.

Faksimile: Gehaltsbuch
aus dem Jahr 1949

Monat Februar 1949

Namen	Brutto-Gehalt	Gehalt-Steuer	Bürger-Steuer	Kranken-Kasse	Arbeitsl.-Vers.	Angest.-Vers.	Not-opfer / Vorschuß	Zu-sammen	Ausbez. Gehalt	Bemerk.
			D2 Gruppe F							
Otto Wilmibhaus	45.-	1.80					-60	-60	4440	
Stephan	35.-	-.81					-60	-60	3440	
Hegele	45.-	1.23					-60	-60	4440	
K.H. Maier	70.-	3.81					-60	-60	6940	
Drechsler	70.-	3.81					-60	-60	6940	
Sollenberger	70.-	3.81					-60	-60	6940	
Bollmann	120.-	105 115					-60	1280	10720	
A. Dorner	190.-	1125 1739					120	2984	16016	
Schumann	170.-	750 1560					120	2430	14570	
Fink	170.-	750 1560					120	2430	14570	
Groß	170.-	1560					120	1680	15320	
Bauer	250.-	2175 2274					12020.-	6569	18431	
Blecher	280.-	2850 2541					180	5571	22429	
Stauß	250.-	2175 2274					120	4569	20431	
Mark	345.-	4450	8.-	975 10 35			180	7440	27060	
Weiß	400.-	4775	8.-	975 1065			240	7855	32145	
Schaab	350.-	4650	8.-	975 1065			180	4670	30330	
v. Wühlhof	350.-	4550	8.-	975 1065			18042.-	11770	23230	
Emmerig	450.-	3350	8.-	975 1365			240	6730	38270	
Pallitz	700.-	111.-	8.-	975 18.-			5.-	151 75	548 25	
Hall	300.-	2175 18.-					1.80	2355	276 45	294.45
Dr. Rüßling	700.-	3050					5.-	3550	664.50	
Hirnhes	185.-	50 1650					120	1820	16680	
Zahn	400.-	2175	8.-	975 1215			240	54 05	34595	
Büker	250.-	2175 2274					120	4569	20431	
Th. Mayer	150.-	105 1382						1547	13453	
Blong. Jgd.	300.-	-					-60	- -	300.-	
Wen f	100.-	-					- -	- -	100.-	
Müller	180.-	- 1650					120	1770	16230	
Jacob	180.-	250 1650					120	2020	15980	
Honig	160.-	525 1471					120	2116	13884	
Slonigger	355.-	3350	8.-	975 10.65			180	6370	28630	
Wabel ½=180.-	120.-	11.15					-60	1175	10825	
	7905.-	53660 2585 18.-	64	78.- 9675			46 6062.-	114210	676290 18.-	
									678090	

07
Ravensburger Bücher und Ravensburger Spiele. Produktgeschichte(n)

Der Ravensburger Buchverlag hatte bis in die 60er-Jahre hinein eine von außen betrachtet komplizierte Struktur: Es gab einen allgemeinen Buchverlag mit acht Verlagsgruppen mit den Themenschwerpunkten »Arbeits- und Beschäftigungsbücher«, »Werk- und Bastelbücher«, »Kunsttechnische Handbücher«, »Sammlung Spiel und Arbeit«, »Spielbücher«, »Naturkundliche Ausgaben«, »Bilderbücher und Jugendschriften«, »Sonstige Ausgaben«.

Davon abgekoppelt gab es eine Fachbuchabteilung. Zwischen 1953 und 1962 publizierte Ravensburger 252 Neuauflagen und 196 Neuerscheinungen in unterschiedlichen Auflagen.

Und das Kinder- und Jugendbuch? Aus heutiger Sicht irritiert, dass dieser Bereich gar nicht vorkommt. Ohne die spätere Fokussierung auf die junge Zielgruppe der Fünf- bis Siebenjährigen aber hätte der Erfolg des Ravensburger Buchverlags vermutlich nie die aktuelle Größenordnung erreicht. Spekulativ? Sicher. Geht man jedoch der Geschichte auf den Grund und hört den Berichten des Verlegers zu, wie er sich nach und nach und durchaus mit Schmerzen von lieb gewonnenen Produktsegmenten trennte und sich damit auch mental immer weiter von den Gründungsvätern entfernte, dann dämmert nach und nach die Erkenntnis: Es handelt sich nicht um das Wunder von Ravensburg, sondern es war und bleibt ein mühsamer Kampf um einen begehrten Markt. Zentimeter für Zentimeter.

Der Buchverlag erlebte intensiver als der Spieleverlag dann den politischen Stimmungswandel der 68er-Zeit, aus deren Generation Redakteure in die altehrwürdigen Verlagsräume nachrückten und Teile des bisherigen Programms als verstaubt betrachteten. Das gemütliche Städtchen Ravensburg hatte keine Universität, aber die Pädagogische Hochschule in Weingarten war eine kleine Hochburg linker und ökologischer Bewegungen. Neue Strömungen – Friedensbewegung, Frauenbewegung, Naturschutz, Denkmalschutz, Multikulturalität – machten sich auch hier bemerkbar und beeinflussten den Arbeitsalltag. Übrigens hatte der Bundeskanzler der Großen Koalition und der Notstandsgesetze Kurt Georg Kiesinger bis 1969 in Ravensburg seinen Wahlkreis gehabt; in seiner Regierungsära erlebte die Außerparlamentarische Opposition APO ihre Blütezeit.

Der Spieleverlag wurde von diesen Einflüssen weniger tangiert, als revolutionär und zukunftsbestimmend zeigten sich dort eher technische Veränderungen. Die Geschichte, wie das Puzzlefieber die Ravensburger Spielehersteller erfasste und wie sie es schafften, die Amerikaner als Marktführer durch Beharrlichkeit und Pedanterie in Sachen Qualität auszubooten, das ist eins der spannendsten Kapitel in der erlebten Unternehmensgeschichte von Oberschwaben.

Den Erfolgszug beider Unternehmenszweige belegen in den 80er-Jahren zahlreiche bedeutende Preise und Auszeichnungen für gelungene Spiele, Kinder- und Jugendbücher. Das Ende der Fahnenstange war damit jedoch noch nicht erreicht.

Im Rückblick fällt es schwer, in der Struktur des früheren Verlags ein Profil zu entdecken. Hatten die Buchhändler jener Zeit keine Probleme damit?

Tatsächlich gibt es noch Reisenotizen von mir, nachdem ich Buchhandlungen besucht und bemerkt hatte, wie schwierig es für den Buchhandel war, uns einzuordnen. Wir hatten tatsächlich ein diffuses Profil. Zunächst haben wir die Fachbücher oder die fachlich orientierten Bücher zusammengefasst in einer Art Fachbuchverlag, der sich spezielle Vertriebswege und auch eigene Vertriebsleiter suchte. In diesem Umfeld gab es gute Standardtitel, aber Architektur und Bauen bröckelten so langsam weg. Dagegen waren Bücher wie »Kunst der Farbe« von Johannes Itten oder »Typografie« von Jan Tschichold tragende Titel, zusammen mit einigen anderen, die sich fachlich mit Kunst und Gestaltung, auch Erziehungswissenschaften befassten.

Titel, die dem allgemeinen Sachbuch oder den Ratgebern zuzuordnen waren, wurden dann zu einem Sachbuchbereich zusammengefasst, was die Beratung des Kunden in der Buchhandlung etwas erleichterte. Da waren viele Hobbybücher dabei und auch erfolgreiche Titel wie »Das große Ravensburger Hobbybuch« oder »Das große Ravensburger Weihnachtsbuch«, auch Eltern-Ratgeber – alles, was eben nicht Kinder- oder Jugendbuch war. In den 80er-Jahren gaben wir den Fachbuchbereich auf. Denn ein Fachbuch mit einem blauen Dreieck war eben schwer verständlich zu machen. Letztlich bedeutete die Abtrennung für den Buchverlag eine wichtige, aber auch für uns schmerzliche Entscheidung, weil die alten Fachbücher teilweise die Wurzeln des Verlags darstellten.

Wir haben im Buchverlag nie reine Belletristik verlegt, außer im Kinderbuchprogramm natürlich. Frühere Kinderbuchtitel wurden wieder aufgelegt, auch neue Bücher von früheren oder neuen Autoren wurden verlegt. Das Kinder- und Jugendbuch war zunächst mit einem Umsatz von ein paar Hunderttausend Mark weniger bedeutend. Andreas Pollitz kümmerte sich ausschließlich um die Fachbücher, die waren die tragende Säule in den Jahren 48/49 nach der Währungsreform. Zunächst haben Reisebuchhandlungskunden unsere Fachbücher vertrieben.

Was ist eine Reisebuchhandlung?

Das sind Buchhandlungen ohne Ladengeschäft, die von zu Hause oder von einem Büro aus arbeiten, entweder über den Versand mit Listen – sie hießen auch Reise- und Versandbuchhandlung – oder mit Reisenden. Die Reisenden, die

angeheuert wurden, waren oft qualifizierte Leute, die nach
1945 aus politischen Gründen keinen Job mehr finden konnten, weil sie zum Beispiel »Mitläufer« gewesen waren und eine
Zeit lang Berufsverbot hatten. Die haben an Berufsgruppen
verkauft, die damals besonders für den Wiederaufbau nach-
gefragt waren, Maurer, Zimmerleute.

**Es waren keine klassischen Vertreter, die Aufträge rein-
holten?**

Sie waren im Auftrag von Buchhandlungen ohne Ladengeschäft unterwegs. Die hatten zehn, fünfzehn, zwanzig solcher
Vertreter laufen, die sie zum Beispiel auf die Baustellen geschickt haben. Dort haben sie den Leuten gesagt: »Sie sind
doch Maurer. Wenn Sie was werden wollen in Ihrem Beruf,
brauchen Sie unbedingt das Maurerbuch aus dem Otto Maier
Verlag.« Und dann hat der Mann das bestellt, monatlich ab-
bezahlt und unters Kopfkissen gelegt, vielleicht sogar mal
reingeschaut und für seinen Beruf gelernt, wie er's machen
muss. Die Reisebuchhandlungen spielen für uns schon seit
vielen Jahren keine Rolle mehr, aber in den 50er-, 60er-Jahren
stellten sie für uns ungeheuer wichtige Kunden dar. Mit solchen Vertriebsfirmen ist auch der Bertelsmann Lesering groß
geworden, übrigens auch Holtzbrinck mit seinem Buchclub,
denn nach der Zeit des Wiederaufbaus verlagerten die Reisenden ihr Gewicht von den Fachbüchern auf die unterhaltende
Literatur.

**Wie hat es denn der damalige Otto Maier Verlag geschafft,
mit den Büchern Marktführer zu werden?**

Das war erst viel später und kam durch die Konzentration auf
das Kinder- und Jugendbuch. Ab 1974 wurde das blaue Dreieck konsequent für Kinder- und Jugendbücher genutzt, wie
für Spiele und Puzzles auch, und so profitierten die Bücher
ebenso von dem Bekanntheitsgrad der Spiele und Puzzles.
Wir hatten eine Kindermarke und das hat der Handel verstanden. Nebenbei bemerkt, einige Programmteile, an denen
mein Onkel besonders hing, haben wir durchaus gehalten,

Werkbücher zum Beispiel, aber die Blütezeit des Fachbuchs, die erheblich mit dem Wiederaufbau Deutschlands zu tun hatte, war vorbei.

Ab wann haben Sie Taschenbücher herausgebracht?
Der Rowohlt-Verlag brachte ja bekanntlich als Erster überhaupt Taschenbücher auf den Markt, wahrscheinlich zog auch der Fischer-Verlag bald nach; zeitgleich mit uns startete Arena damit. Wir hatten eine Konzeption für Jugend-Taschenbücher, und zwar etwa zu der Zeit, als dtv gegründet wurde. Durch die Buchmesse und den Börsenverein des Deutschen Buchhandels war ich mit vielen Kollegen zusammengekommen, verstand mich ganz gut mit Josef Caspar Witsch als einem der Gründer und treibenden Kraft von dtv. Dem habe ich damals gesagt: »Wollt ihr nicht auch« – weil ich ein bisschen Muffensausen hatte – »eine eigene Taschenbuchreihe herausbringen? Wollt ihr nicht Jugendbücher mit aufnehmen in eure verlegerische Gemeinschaftsgründung«. Das hat er abgelehnt. Also haben wir selber angefangen. Unser Vertrieb war schlagkräftig und Christian Stottele, für Entwicklung und Redaktion verantwortlich, hatte gute Lizenztitel erworben. Neben den Taschenbüchern gab er auch den anderen Jugendbüchern im Hardcover neue Impulse und bahnte einen Weg in Richtung Jugendliteratur. Vorher gab es bei uns kaum Kinderlektüre, es war selbstverständlich einiges an Papierbilderbüchern da, die wurden auch schon vor dem Krieg produziert. Christian Stottele übrigens hatte ich für dieses Projekt der Taschenbücher zurückgeholt, er war früher schon in Ravensburg, aber er arbeitete inzwischen in Düsseldorf bei einem anderen Verlag.

Als Sie mit Taschenbüchern anfingen, gab es gleich einen großen Wurf?
Wir haben vorsichtig mit zwölf Titeln zum Preis von 2,40 D-Mark begonnen. Im Gründungsjahr 1963 verkauften wir auf Anhieb 300 000 Taschenbücher für junge Leser und seitdem bis heute mehr als 100 Millionen Exemplare.

Waren es Originalausgaben?

Nein, in der ersten Zeit durchweg Lizenzausgaben, wobei wir anfangs Schwierigkeiten hatten, Lizenzen von anderen Verlagen zu bekommen. Am liebsten hätten wir selbst Originalausgaben herausgebracht, um sie anschließend ins Taschenbuch zu nehmen.

Woran lag das?

Wir führten wenig erzählende Literatur für Kinder und Jugendliche im eigenen Programm, kaum Titel, die wir als Taschenbuch hätten bringen können. Die Autorensuche war nicht einfach und wir besaßen keinen Ruf als Adresse für Kinder- und Jugendliteratur. Durch die starke Präsenz des Spieleverlags mit erfolgreichen Puzzles und Hobbyprogrammen waren wir als Spiele-Hobby-Puzzle-Verlag abgestempelt. Erst 1964 gab es dann auch Originalausgaben und schon 1966 bekam ein Ravensburger Taschenbuch den Deutschen Jugendliteraturpreis als »bestes Kinderbuch des Jahres«; das war der Band »David« von Max Bolliger mit Nacherzählungen aus dem Alten Testament. Fünfzehn Jahre später gab es in unserem RTB-Programm von 402 lieferbaren Titeln 59 Originalausgaben!

Wurde diese Menge Bücher in Kategorien oder verschiedene Reihen strukturiert?

Das war vertriebstechnisch notwendig für die Orientierung der Buchhändler. Wir hatten neben erzählenden Kinder- und Jugendbüchern auch Sachbücher. Da fällt mir eine Anekdote ein. Es gab im Zuge der 68er-Zeit Bücher, die bewusst provozierten und »normale« Gemüter schockierten. Ich erinnere mich noch an einen Vers: »In der Berliner Fickanstalt werden die Mädchen festgeschnallt«. Heute unvorstellbar. Aber solche Geschichten und Verse entstanden damals sogar bei uns. Da kam es in unserer Auslieferung zur Weigerung einiger Mitarbeiter, das Buch auszuliefern. Sie seien nicht bereit, »so ein Dreckszeug« zu vertreiben. Das gab im Hause einen Aufstand!

Lag das daran, dass der Programmleiter die Texte gar nicht kannte?

Doch, doch! Der Redakteur wollte provozieren, auch Programmleiter Christian Stottele hat das brav mitgemacht, er hatte den Mann ja angeheuert und ihm vertraut. Ich will das Wort »harmlos« nicht in den Mund nehmen, aber das war es natürlich bis zu einem gewissen Grad. Ich erinnere mich nicht, wie das Problem dann gelöst worden ist; wahrscheinlich wurde der bestimmte Titel aus dem Sortiment genommen. Aber es war doch bemerkenswert und eine Art Hygienefaktor, dass ein solcher Widerstand ausgerechnet von gewerblichen Mitarbeitern kam, die normalerweise inhaltlich natürlich nicht mitreden. Dieser Umstand jedoch brachte uns dazu, über Programmrichtlinien nachzudenken.

Gab es öfter mal Protest von Seiten der Mitarbeiter?

Zum Programm selten. Zu bestimmten Maßnahmen schon eher, aber auch das nicht häufig. Wir versuchten immer einen Konsens herzustellen. Ich erzähle Ihnen ein Beispiel: Nachdem Dieter Breede den Vertrieb von Buch- und Spieleverlag nach Willi Baumanns Ausscheiden übernommen hatte, wollte er den Außendienstlern einen VW-Variant oder ein ähnliches Auto zur Verfügung stellen. Die Mitarbeiter aber revoltierten dagegen, weil sie keinen »Lieferwagen« haben wollten. Das ging so weit, dass wir uns nicht anders zu helfen wussten, als mit Hilfe eines Managementberaters, den wir viel für Seminare einsetzten, diesen Konflikt zwischen Breede und dem Außendienst zu regeln. Ich glaube, letztlich hat Dieter Breede nachgegeben. Der Kombi war ein Autotyp, der damals kein Sozialprestige hatte, heute gilt er als schick. Damals kamen alle möglichen Einwände, wie zum Beispiel, dass man das Gepäck von außen einsehen und das Auto dadurch leichter ausgeraubt werden könnte.

Mit Programmrichtlinien wollten Sie Kriterien für die Produktauswahl festlegen?

In früheren Zeiten wurde das Lektorat von verschiedenen Personen verantwortet, die eng kooperierten – meinem Onkel, meiner Cousine, mir, Christian Stottele, Erwin Glonnegger und Andreas Pollitz. Alle stellten das Programm gemeinsam bei der Vertreterkonferenz vor. In den 70er-Jahren haben wir erstmals begonnen, Grundlinien für die verlegerische Arbeit zu Papier zu bringen und zu diskutieren, zum Beispiel das Kriterium »keine Gewaltverherrlichung«.

Je größer Verlag und Programme nun wurden, je mehr Aufgaben man delegierte, je mehr Mitarbeiter wir hatten, desto eher kam es zu Konfliktsituationen wie im beschriebenen Beispiel. Es zog eine neue Generation ins Haus, die anders dachte und auch politisch ausgerichtet war. Deshalb wollten wir denjenigen Mitarbeitern, die Verantwortung trugen für Programm und Umsetzung, Richtlinien geben. Diese Aussagen empfand niemand als Maulkorb, ein Verlag ist schließlich ein Tendenzbetrieb und wir wollen uns auch zu unserer Tendenz bekennen und sagen, was geht und was nicht. Die Programmrichtlinien führten später im Extrakt zu den Unternehmensgrundsätzen.

Welche Autoren und Buchtitel aus diesen 60er- und 70er-Jahren erscheinen Ihnen im Rückblick besonders wichtig?
Neben den Taschenbüchern zweifellos die Wimmelbilderbücher auf Pappe von Ali Mitgutsch. Für seine Bildsprache musste eine eigene Bezeichnung gefunden werden, eine Sprachschöpfung meiner Cousine Dorothee Hess-Maier. Pappbilderbücher für Kleinkinder auf fester Pappe waren nichts Neues, der Verlag hatte schon seit Anfang des Jahrhunderts Bilderbücher herausgebracht. Viele Bilderbuchkünstler waren uns verbunden, zum Beispiel Marigard Bantzer, Susanne Ehmcke, nicht zuletzt meine Tante Albertine Maier-Dependorf. In den 50er-Jahren kamen aus europäischen und amerikanischen Verlagen viele Anregungen für Lizenzausgaben von Autoren wie Alice und Martin Provensen sowie die sogenannten »Großen Bunten Bücher«, viele Titel hatten wir aus USA von Golden Press übernommen. Wichtig waren auch die Bücher des Holländers Dick Bruna mit einfachen

Motiven. Aber Ali Mitgutschs Wimmelbücher mit tausend Details sprengten an Originalität jeden Rahmen! Gleich der erste, völlig textfreie Titel »Rundherum in meiner Stadt« bekam 1968 den Deutschen Jugendbuchpreis. Die Mitgutsch-Bücher entwickelten sich zu Klassikern, er selbst wurde Auflagenmillionär und ein international anerkannter Bilderbuchillustrator.

Es hört sich nach einer großen Erfolgsgeschichte an.
Ja, aber wir haben auch verlegerische Fehler gemacht. Zum Beispiel hatte ich die französische Reihe um den Elefantenkönig »Babar« von Brunhoff übernommen. Der Vertrieb hat immer gesagt, das darf nicht mehr als 9,80 D-Mark kosten. Und was haben wir gemacht? Die Ausgaben billiger und bescheidener gestaltet, statt einfach zu sagen: »To hell – wenn es 14,80 Mark kostet, kostet es nun mal so viel!« Das hat sich nicht gut verkauft und deshalb haben wir die Lizenz verloren. Der Diogenes Verlag hat die Reihe dann übernommen und für 20 D-Mark herausgebracht, schön ausgestattet. Und die gehen heute noch gut.

Da war die Sparsamkeit ausnahmsweise mal ein Hindernis.
Da kamen zwei Seelen in der Brust zusammen: der Kaufmann und der Verleger. Es gab eine gewisse Ängstlichkeit. Ein anderes Beispiel ist die 70er-Jahre-Reihe »Hobby-Studio«, ein Programm mit Material für gehobenes Basteln, das meiner Cousine am Herzen lag. An sich eine schöne Idee. Aber dann kam der »Kaufmann« dazwischen, nicht ich, sondern unser damaliger Kaufmann, und hat den Kalkulationen widersprochen. Deshalb wurde das Produkt in uninteressante Preislagen gebracht und blieb erfolglos. Statt von vornherein zu sagen: »Jetzt machen wir es zu dem Preis, den wir haben wollen, und dann schauen wir, dass wir den Gestehungspreis so hinkriegen, dass die Kalkulation aufgeht«, haben wir es umgekehrt gemacht und das ganze Projekt damit getötet. Aus heutiger Sicht denke ich, dass ich mich hätte mehr dafür einsetzen müssen.

Was war mit den Werkbüchern für Jungen und für Mädchen?

Wir hatten seit der Jahrhundertwende mit der Reihe »Spiel und Arbeit« eine lange Tradition der Bastel- und Konstruktionsanleitungen. Bis 1960 kamen 255 Bände heraus. Das »Werkbuch für Jungen« des Wiener Ingenieurs Rudolf Wollmann erschien 1935, das Pendant für Mädchen von Ruth Zechlin sogar schon drei Jahre früher. Bis zur Mitte der 80er-Jahre erreichte jedes dieser Bücher eine Auflagenhöhe von 500 000 verkauften Exemplaren. Wollmann schuf 1958 einen weiteren Werkbuchklassiker unter dem Titel »Mach es selber«. Übrigens brachten wir auch Bastelmaterial, zum Beispiel zur Herstellung von Mobiles, unter dem Titel »Ravensburger Hobby« in selbstbedienungsgerechter Tütenpackung heraus, die sich sehr gut verkauft hat.

Wie lief denn die Entwicklung der anderen Verlagsgruppen?

Die »Naturkundlichen Ausgaben« enthielten vor allem Bestimmungsbücher von Blumen und Pflanzen. Diese wurden alle noch in Steindruck produziert, und zwar mit bis zu zwölf Farben. Unsere Bücher waren kompliziert herzustellen, als Leporello, und dadurch teurer. Auch viele Jugendsachbücher und Bilderbücher widmeten sich dem Thema Natur. Und der 1978 erschienene Titel »Leben auf dem Lande« des Engländers John Seymour verknüpfte das frühere Naturinteresse mit der Wiederentdeckung des Landlebens, die gerade en vogue war. Ihm folgte ein breites Angebot an Naturführern.

Und was verbirgt sich hinter der Bezeichnung »Kunsttechnische Handbücher«?

Auch eine Verlagsgruppe, die wir schweren Herzens abgegeben haben. Die kunsttechnischen Handbücher waren ein großes Anliegen des Großvaters, der selbst künstlerisch begabt und dem Laienmalen sehr zugetan war. Unsere kunsttechnischen Handbücher boten Anleitungen zum Aquarellmalen, Porzellanmalen und Ähnliches, nicht nur für Laien, sondern auch für Kunstlehrer, Werkerzieher. Ich denke an den noch bis in die 80er-Jahre erfolgreichen Titel »Ölmalerei« und an das Standardwerk »Werkstoffe und Techniken der Malerei«. Zwar kauften die Werkerzieher diese Bücher. Wir waren aber kein Schulbuchverlag. Die Auflagen gingen immer mehr zurück. All diese Titel haben wir dann aufgegeben, um uns auf das Kinder- und Jugendbuch zu konzentrieren.

Die kunsttechnischen Bücher waren also hauptsächlich praxisorientiert?

Nicht nur, wir hatten auch Prestigeobjekte, zum Beispiel das Buch »Kunst der Farbe« von Johannes Itten. Mein Vetter Peter, der immer an künstlerischen Fragen besonders interessiert war, hatte 1958 in Basel einen Kongress besucht, bei dem er mit dem Schweizer Bauhaus-Lehrer und Kunsttheoretiker Professor Johannes Itten, der als Begründer der Farbtypenlehre gilt, einen Vertrag schloss. Das Standardwerk »Kunst der Farbe« erschien 1960 bei Ravensburger auf Deutsch, 1961 die amerikanische Lizenzausgabe, der viele in anderen Sprachen folgten. Die Arbeit daran war auch für unsere Drucker ein besonderes Erlebnis, weil Itten persönlich die Farben jedes einzelnen Druckbogens abstimmte.

Welche Kriterien legten Sie denn bei der Schätzung von Auflagen für Praxisbücher oder die großen Fach- und Kunstbücher an? In der heutigen Books-on-Demand-Zeit kann man sich kaum noch in diese schwierige Aufgabe hineinversetzen.

Ja, das läuft ganz anders heute und war in der Tat schwierig, aber sehr wichtig, wir mussten es auch erst lernen. Wir waren von den Fachbüchern, die nach dem Krieg rauskamen, an Auflagen von 5 000 Stück gewöhnt. 1951 publizierten wir deshalb das Buch »Wald und Mensch« von Felix von Hornstein in der gleichen Auflage wie die anderen Bücher.

Und es blieb liegen?

Ich erinnere mich noch an ein Gespräch mit dem Verleger Dr. Witsch, der unseren Autor kannte. Er fragte mich nach der Auflage. Die Antwort lautete »5 000 Stück«. Da hat er gelacht und gesagt: »Das ist eindeutig zu viel.« Also fragte ich ihn, wie viele er an meiner Stelle aufgelegt hätte. Antwort: »2000«. Das war genau die Menge, die wir verkauft hatten. So habe ich gelernt, wie wichtig es ist, die richtige Auflage zu fixieren, aber das weiß man im Grunde erst im Nachhinein.

Sie hatten auch ein Segment »Spielbücher«.

Es war naheliegend für uns, Spielbücher anzubieten, also Bücher über Schach, Patiencen und sonstige Spiele, denn schon der Großvater führte in seinen ersten Verlagsprogrammen Spielbücher über Kartenspiele zum Beispiel. Wir hatten Spielbücher bis in die 80er-Jahre im Angebot, zu meiner persönlichen Freude auch ein Buch über das Patiencenlegen, das heute noch zu meinen Lieblingsbeschäftigungen zählt. Irgendwann wurde das Programm der Spielbücher nicht mehr vom Publikum goutiert und wir ließen es einschlafen.

Dabei passen Spielbücher doch gut in einen Spieleverlag? War nicht Erwin Glonnegger ursprünglich sogar im Außendienst für Bücher? Ich war erstaunt, das zu hören, denn ich dachte immer, er wäre mit den Spielen verheiratet gewesen.

Tatsächlich stieß er als junger Buchhändler zu uns. Mein Vater hatte ihn noch auf die Reise geschickt, damals mit großen Musterkoffern, und so lernte er, was sich verkaufte und was der Markt haben wollte. Er hat viele Anregungen gegeben und Trends erkannt. Erst im Laufe der Zeit begann er, neue Spiele zu entwickeln und schließlich das ganze Spieleprogramm zu betreuen. Er pflegte viele Kontakte mit ausländischen Spieleverlagen, er prüfte die eingehenden Spielevorschläge und suchte daraus eben die großen Erfolge aus, so zum Beispiel die Spiele »Memory« oder »Malefiz«. Die Urheberin für den Titel »Malefiz« war übrigens meine Tante Irmela Maier. Mein Onkel nahm den Entwurf mit nach Hause und spielte ihn mit ihr durch. Sie sagte immer wieder: »Das ist ja ein Malefiz-Spiel[5]«, so entstand der Titel.

---

5   Ein »Malefizkerl« ist ein »Teufelskerl«, der vor einer »gelegentlichen Missetat« (lat. maleficium) nicht zurückschreckt.

Glonnegger galt in der Szene als Spiele-Papst, oder?

Zweifellos. Er entwickelte eine Leidenschaft, in die Weltgeschichte des Spiels einzudringen. Immer, wenn er ein Museum besichtigte, spezialisierte er sich weiter, so wurde er Autor eines großen Spielebuchs. Selbst heute, mit achtundachtzig Jahren, organisiert er im Altersheim Spielenachmittage.

Was unterscheidet denn das Bücherverlegen grundsätzlich vom Spieleverlegen?

Der Entstehungsprozess von der Idee bis zum Produktkonzept verläuft ähnlich, nur die technische Herstellung unterscheidet sich. Für die Herstellung eines Buches müssen wir die richtige Druckerei und die passende Buchbinderei finden, also in fremden Betrieben fertigen. Für die Spieleproduktion machen wir seit jeher alles selbst, drucken, stanzen, kleben, einlegen. Mit dem Wachsen des Spieleverlags war das vor allem eine Kapazitätsfrage. Ohne fähige Leute wie Eugen Hildebrand, Karl Friedrich Maier und später Bruno Müller sowie die drucktechnische Erfahrung von Josef Auffinger wäre das nicht möglich gewesen.

Es gab auch viele Berührungspunkte zwischen Buch- und Spieleproduktion, ich denke da an Dr. Roderich Graf von Thun, der Bilderbücher konzipiert und geschrieben hat. Graf Thun hatte in der Gegend zwischen Augsburg und Ulm eine Fabrik für Radiogeräte. Er interessierte sich für Produkt- und Grafik-Design und hatte Beziehungen zur Hochschule für Gestaltung in Ulm – ich erwähnte das schon im Zusammenhang mit Otl Aicher und unserem Messestand. Graf Thun brachte seinerzeit die Radiofirma Braun mit den Ulmer Gestaltern zusammen. Dieser an guten Formen interessierte Graf Thun störte sich an schlechter Spielzeuggestaltung und bezeichnete diese als Krampf. Er war maßgeblich an der Gründung des Arbeitskreises »Gutes Spielzeug e. V.« beteiligt, der die Broschüre »Gutes Spielzeug« herausgab und ein Etikett »Spiel gut« vergab, das auf die Produkte aufgedruckt werden konnte. Unsere Spiele wurden vielfach ausgezeichnet. Die großen Handelsketten kritisierten jedoch die Auszeichnung.

Sie meinten, damit werde ihr gesamtes Sortiment, das nicht den Stempel »Spiel gut« trug, abgewertet. Sie wollten uns verbieten, das Signet aufzudrucken.

»Malefiz« haben Sie schon genannt, »Memory« auch. Welche anderen Prestigeprodukte oder auflagenstarken Spiele haben denn den Spieleverlag geprägt und groß gemacht?

Nach 1948 griff man zunächst auf den Vorkriegsfundus zurück. Spiele und Beschäftigungsprodukte haben damals vielleicht ein Viertel des Umsatzes ausgemacht. Spitzentitel der 50er-Jahre waren im Spieleverlag die »Deutschlandreise«, die neu bearbeitete »Weltreise«, der Klassiker »Fang den Hut« und zunächst noch die Quartettspiele. Ein interessantes Zeitphänomen stellt die wechselnde Gestaltung der »Weltreise« dar: 1939 zeigte die Schachtel einen Ozeanriesen, 1951 ein viermotoriges Flugzeug.

1958 erschien der Longseller »Das Goldene Spielemagazin«.

Das war nichts anderes als eine Spielesammlung, etwas, das es früher schon gegeben hat, nämlich mehrere urheberrechtlich freie Spiele in einer Schachtel, beispielsweise Schach, Halma, Pachisi. Auf diesem Gebiet konnten wir unser Fertigungs-Know-how einbringen. Im selben Jahr entwickelte der Hobby-Zauberer Martin Michalski einen Zauberkasten unter dem Titel »Der große Zauberkünstler«. Das war der Beginn einer jahrzehntelangen erfolgreichen Zusammenarbeit. Ich hatte ein interessantes Produkt des amerikanischen Architekten und Designers Charles Eames entdeckt, das Karten-Steckspiel »House of Cards«, das bei uns dann »Wolkenkuckuckshaus« hieß, ein Renommierprodukt. Immerhin gelangten dadurch Ravensburger Produkte nach New York ins Museum of Modern Art. Das war ein produktionstechnisches Problem, die Steckschlitze der Karten zu schneiden, ohne dass sie verklebten. Da war unser Fertigungs-Know-how wieder nützlich.

Das galt und gilt wohl auch für die Puzzleproduktion.

Zu Beginn der 60er-Jahre entstand der Kontakt mit den amerikanischen Spieleherstellern Parker und Milton Bradley.

Milton Bradley wollte seine Produkte, insbesondere seine Puzzles, unbedingt auch in Europa verkaufen, es kam zu einer Zusammenarbeit, wir kauften die ersten Milton-Bradley-Puzzles und vertrieben sie auf dem deutschen Markt. Ab 1964 haben wir die ersten Puzzles dann selbst produziert, darüber waren die Milton-Bradley-Leute zwar nicht glücklich, aber unser Verhältnis war sehr offen und partnerschaftlich. Da es keine Patente oder Urheberrechte für Puzzles gab, konnten die Amerikaner nichts dagegen haben. Es war höchst erstaunlich, mit welcher Offenheit die uns aufgenommen haben. Ich bin bei Milton Bradley in der Fertigung rumgelaufen und später zusammen mit Eugen Hildebrand wiedergekommen. Stellen Sie sich vor: Wir durften die Fertigungsprozesse auch für die Spieleproduktion, für die wir Lizenzpartner waren, im Detail studieren! Das galt übrigens gegenseitig. Wir haben vieles von ihnen gelernt. Wenn wir die Nase nicht rausgestreckt hätten, hätten wir das alles nicht erfahren und wären nicht technisch an solche Möglichkeiten gekommen.

Wie bewerten Sie dieses Verhalten im Rückblick? War es Naivität oder Selbstbewusstsein oder beides? Sie selbst haben ja später – gerade auch mit Qualitätsaufpasser Eugen Hildebrand und dem späteren Technischen Betriebsleiter Bruno Müller – streng darauf geachtet, dass keine Werksspionage betrieben wird.

Das galt vor allem für die europäischen Hersteller, bei den Amerikanern hatten wir offene Türen und sie bei uns. Unser brasilianischer Lizenzpartner hat unsere Fertigungsmethoden einsehen können, genauso wie wir seine. Nachdem wir uns entschlossen haben, generell für Europa zu fertigen, ließen wir keine europäischen Hersteller mehr rein.

Hatten die Amerikaner das Puzzleprinzip erfunden?

Keineswegs, insofern schuldeten wir den Amerikanern nichts. Die Idee für Puzzles in der heutigen Form kam aus England. Es waren zunächst Holzlegespiele, die es heute für Kleinkinder auch noch gibt. Wir hatten schon seit Anfang des Jahrhunderts Legespiele aus Pappkarton mit gestanzten Bildern, zum Beispiel nach Landkarten, im Programm. Die Puzzles aus Pappe mit dem sogenannten Interlocking-Schnitt und den großen Auflagen wurden dann in den USA ein Thema.

Wie haben Sie es geschafft, auf diesem Gebiet führend zu werden?

Mit Qualität. Nehmen wir die Pappe, die eine besondere Festigkeit haben muss und nicht brechen oder reißen darf. Dann musste der Puzzleschnitt präzise sein, sauber gestanzt. Außerdem haben wir für die Zielgruppe die richtigen Motive gewählt. Auf diese Weise haben wir sogar die Amerikaner in Europa überholt. Die hatten eine andere Produktionsart. Sie haben die Puzzles direkt in das Schachtel-Unterteil gestanzt und die Schachtel zugeklebt, und der Kunde – in dem Fall meine ich den Spielwarenhändler – musste von einem Motiv mindestens sechs Stück abnehmen und verkaufen.

Was haben Sie anders gemacht?

Wir haben die Teile in einen Plastikbeutel gefüllt und diesen in eine Schachtel gelegt. Das Ganze passierte in getrennten Produktionsprozessen und jedes Puzzle konnte vom Händler einzeln bestellt werden. Das heißt, wenn der Händler von einem Sonnenuntergang drei Stück im Lager haben wollte, dann bekam er drei Sonnenuntergänge, oder zwei oder zehn, bitte sehr, wunschgemäß. Wichtig ist mir, dass wir im Gegensatz zu den Amerikanern den Handel nicht überfahren haben, und er hat es uns durch Treue gedankt. Die Motivauswahl war wichtig und natürlich die technische Bewältigung. Hier ist Eugen Hildebrand und Karl Friedrich Maier viel zu verdanken.

Noch mal zurück zu den Maschinen. 1968 wurde die erste Hydraulik-Stanzpresse für Puzzles angeschafft, eine größere Investition. Sie wird sogar in der historischen Unternehmenstabelle erwähnt. Warum war diese Anschaffung so wichtig?

Wir hatten Probleme mit dem Stanzen, wofür hoher Druck notwendig ist. Wir haben uns nach Stanzen umgesehen und stellten fest, dass wir uns mit den gängigen Stanzen auf bestimmte Formate hätten beschränken müssen. Eugen Hildebrand entdeckte in anderen Branchen Stanzen mit einem starken Druck, wie etwa Automobilpressen. Solche Maschinen wurden auf unseren Bedarf umfunktioniert. Es ging darum, den benötigten Druck auf einem relativ kleinen Raum zu komprimieren. Das Wichtigste bei der Puzzleproduktion ist der Druck, jede Linie muss korrekt gestanzt sein. Deshalb brauchten wir Hydraulikpressen, die um die 850 Tonnen stanzen können, aber wesentlich kleiner sind.

Arbeitet man heute noch damit?

Das Prinzip blieb gleich.

Ist eigentlich jedes Puzzle mit derselben Teilezahl strukturell mit anderen identisch – unabhängig vom Motiv natürlich?

Ja genau – das vierte Puzzleteilchen in der dritten Reihe hat dieselbe Form wie in einem anderen Puzzle mit einem anderen Motiv. Wir bauen unsere eigenen Stanzmesser, das ist ein Qualitätsmerkmal. Damit kann man 100 000 bis 200 000 Stück stanzen, man stanzt zum Beispiel 500-Teile-Puzzles mit einem einzigen Stanzmesser. Deshalb sind sie identisch.

Hat man sich für Puzzles Gedanken über Schachtelgrößen gemacht?

Ja, selbstverständlich. Ursprünglich hatten wir auch für die Spiele zig Schachtelgrößen, unglaublich viele. Schließlich haben wir drastisch rationalisiert, Schachtelgrößen vereinheitlicht, um sie optimal auf den Paletten zu lagern. Andererseits darf man sich nicht zum Sklaven einer solchen Ordnung machen; wenn man etwas Besonderes produzieren will, dann muss man auch spezielle Lösungen in Kauf nehmen.

Die Schachtelgröße ist ja nicht nur technisch definiert, sondern auch ein Marketingkriterium. Manchmal ärgert sich der Verbraucher darüber, wenn in einer großen Schachtel wenig drin ist.

Ich auch. In den südlichen Ländern, Italien insbesondere, muss ein Spiel oder ein Puzzle in einer großen Verpackung stecken, es ist ein Geschenkprodukt, das was hermachen muss. Es gibt noch einen anderen Grund. In den Selbstbedienungsläden berät Sie niemand, der Ihnen sagen könnte: »Das ist ein hervorragendes Spiel, ganz klein, hat aber mehr Inhalt als ein Spiel in der riesigen Schachtel.« Das Produkt muss im Regal auffallen, damit es gekauft wird, deshalb sind Verpackungen manchmal größer als notwendig. Beim Puzzle kommen andere Kriterien dazu. Anfangs wurde in die Schachtel eine Vorlage eingelegt, auf der das gestanzte Puzzlemotiv noch einmal abgebildet war. Jetzt sieht man die Vorlage nur auf dem Deckel. Wenn ein kleiner Deckel die Vorlage für ein großes Puzzle liefert, kann das ziemlich lästig sein.

Wie erklären Sie sich diesen unglaublichen Boom der Puzzles?

Weil es eine ideale Beschäftigung für jemanden allein ist und weil es ebenso ein Gemeinschaftserlebnis sein kann. Das ist schwer zu erklären. Natürlich zählt auch die Preislage, es ist relativ erschwinglich. In den ersten Jahren hatte Vertriebsleiter Baumann das Puzzeln als geistlos bezeichnet – er war beseelt von allem, was sinnstiftend und lehrreich ist. Heute betrachtet man das Puzzeln ja als Konzentrationshelfer, vor allem für ältere Menschen und Kinder. Der Begriff »Puzzle« ist mittlerweile in den allgemeinen Sprachgebrauch eingeflossen. In der Politik, bis man da ein neues Kabinett zusammengestellt hat – das ist das reinste »Puzzle«.

Es hat vielleicht den Begriff »Mosaik« abgelöst. Haben Sie fanatische Puzzler kennen gelernt?

Ja, die gibt's. Einer, den wir hier immer als begeisterten Vorzeige-Puzzler gehabt haben, war der frühere Chefredakteur der Schwäbischen Zeitung, Chrysostomus Zodel.

Otto Julius Maier und Dorothee Hess-Maier
auf dem Spielplan von »Fang den Hut«
in einer Anzeige des Deutschen Postdienst, 1987

08
Cousin – Cousine.
Ein Gespräch über Werte,
Ziele, Identität

Lange wirkte sie ausschließlich nach innen, widmete sich dem Buchverlag – die Verlegerin Dorothee Hess-Maier. Wer ist sie, abgesehen von ihrem Enkelinnen-Status in der Nachfolge von Otto Maier?

Sie absolvierte eine Lehre als Verlagsbuchhändlerin, sammelte mehrere Jahre Erfahrung in Vertrieb, Werbung und Lektorat. 1966 wurde sie persönlich haftende Gesellschafterin. Ab 1978 führte sie gemeinsam mit Otto Julius Maier Buch- und Spieleverlag und wurde neben ihm zur prägenden Persönlichkeit im Unternehmen. Sich selbst verstand sie dabei immer eher als »Hintergrundarbeiterin«. Als Otto Julius Maier 1995 in den Aufsichtsrat wechselte, übernahm seine Cousine für fünf Jahre die Funktion der Sprecherin im dreiköpfigen Vorstand der Unternehmensgruppe Ravensburger AG. Anschließend wechselte sie in den Aufsichtsrat des Unternehmens, dessen stellvertretenden Vorsitz sie heute innehat. »Noch eine kleine Weile«, wie sie sagt.

Der Privatmensch Dorothee Hess-Maier liebt klassische Musik, reist zu Konzerten und Operninszenierungen, liest zeitgenössische Literatur. Und sie versteht etwas von Kunst. Als junge Frau hatte sie »Angewandte Kunst« als Berufsziel angesteuert und war deshalb nach vier Semestern Kunstgeschichte in München ins Institut für Bildjournalismus gewechselt, dessen progressives Bildverständnis sie angesprochen hatte. Sie fährt zu großen Ausstellungen und zur Biennale nach Venedig. Und seit sie nicht mehr im operativen Geschäft tätig ist, erfüllt sie sich größere

Reisewünsche und fliegt zum Erstaunen aller schon mal aus Usbekistan zur Leipziger Buchmesse ein. Direkt von den Kulturschätzen der Seidenstraße.

Kreatives Chaos und Ordnungsliebe, lockerer Umgangston und systematisches Denken, durch Liebenswürdigkeit getarntes resolutes Auftreten, großzügige Aufgeschlossenheit und kritische Distanz – all diese Eigenheiten vereinen sich in der Person der Verlegerin. Wer Dorothee Hess-Maier zum ersten Mal in einem beruflichen Zusammenhang trifft, hat meist zuvor mehrfach mit ihr korrespondiert, dann telefoniert, bekam schließlich eine Einladung nach Ravensburg oder eine Besuchsankündigung mit ein oder zwei Terminvorschlägen. So ist man vorbereitet – und dann doch erstaunt, wenn die kleine, grauhaarige, schlanke und attraktive, in praktischer Eleganz gekleidete Dame mit Handtasche, Block und Timer unterm Arm verbindlich lächelnd vor der Bürotür, der Messekoje oder der von ihr vorreservierten Ecke im Foyer eines Hotels steht. »Bin ich zu früh?«, pflegt sie mit gespielt erschrockener Miene zu sagen, eine reine Höflichkeitsfloskel, denn sie kommt immer überpünktlich. Getreu dem unter Mitarbeitern von Ravensburger seit mehreren Generationen kursierenden Slogan »Fünf Minuten vor der Zeit ist des Maiers Pünktlichkeit«.

Ihrem Vetter Otto Julius Maier darin ähnlich, strahlt Dorothee Hess-Maier eine gelassene aristokratische Bürgerlichkeit aus, die gelegentlich dazu führt, dass sie unterschätzt wird, dass jemand ihr etwas unterjubeln möchte, auch deshalb, weil sie sich lange zurücknimmt – »ich hatte Anpassung gelernt«. Jedoch hat sich schon manch selbstverliebter Fach-Mann aus Forschung, Branche oder Bildung gewundert, der diese harmlos und mütterlich wirkende Frau nach einer gelungenen One-Man-Show siegessicher verabschiedete – und kurz darauf einen in dürren Worten formulierten Absagebrief in seiner Post vorfand. Eitelkeit, Unvernunft, hohle Phrasen, Showeffekte, mangelnde Teambereitschaft, männliches Egodenken – all das kann die Verlegerin überhaupt nicht leiden. In einem Zeitungsporträt über sich sagt sie, es sei »ein unterschwelliges Thema meines Lebens, 150 Prozent zu bringen, wenn man schon als Mädchen gewählt wird«.

Bei Geschäftsreisen mit Mitarbeitern achtete sie penibel darauf, dass diese etwas zu essen bekamen – Saiten[6] mit Senf und Brötchen zum Beispiel, eine Flädlesuppe, Dinge, die sie sich selbst gerne bestellt. Geradezu verschwenderisch vergibt sie Trinkgelder an Kellnerinnen, die sie für die Bedeutungslosigkeit der Bestellung entschädigen möchte. Oder an Taxifahrer, bei denen sie sich für die Kürze der Fahrt entschuldigt. Als Gastgeberin von Arbeitsrunden ist sie großzügig, immer steht Weißwein auf dem Tisch, ob mittags oder abends. Bei ihrer Verabschiedung als Vorstandssprecherin der Ravensburger AG im Jahr 2000 erntete sie schallendes Gelächter von der Belegschaft aufgrund ihrer Bemerkung »ich bin in Wahrheit ein sehr fauler Mensch und schlafe morgens gerne länger«. Kein Mensch glaubt ihr das.

Es stimmt aber: Sie ist ein Genussmensch. Sie wohnt in guten Hotels, weil ihr schlechter Geschmack körperlich wehtut. Sie fährt eine große Limousine, hinter deren Lenkrad sie fast verschwindet, und müht sich seufzend mit der komplizierten Elektronik ab – alles nur, weil die Allgemeine Verwaltung des Unternehmens über den Fuhrpark entscheidet. Und auch, damit der Fahrer, der sie manchmal kutschiert, zufrieden ist. Ihr Schreibtisch, ihr Besprechungstisch, ihre Regale biegen sich unter Papier- und Bücherstapeln, alles will sie wissen, lesen, durchdiskutieren, bewerten und lernen, getreu ihrem Arbeitsmotto »Wer überhaupt einmal gelernt hat, irgendetwas zu können, kann auch alles Können lernen!« Sie bescheinigt sich selbst eine »kompensatorische Leistungsbereitschaft aufgrund meiner unzureichenden Ausbildung«.

Dorothee Hess-Maier war die Erinnerungsbeauftragte des Unternehmens, die jungen oder neuen Mitarbeitern von den Wurzeln der Verlagsarbeit erzählte. Sie war und ist immer noch

6   Schwäbische Version der Frankfurter oder Wiener Würstchen

die ordnende Hand im Hause Ravensburger, diejenige, die nach eigener ironisierender Aussage »darauf achtet, dass die Servietten richtig liegen und das Tafelsilber geputzt ist«, die sich darum kümmert, dass die Gebäude frisch gestrichen, die richtigen Bilder aufgehängt, die passenden Möbel aufgestellt werden. Dazu gibt es eine hübsche Anekdote aus dem Jahr 1991:

Nach dem Umzug ins neue, architektonisch fortschrittliche Verlagsgebäude im Ravensburger Industriegebiet gab sie schriftlich die Devise aus: keine bunten Kaffeetassen mit kitschigen Dekors mehr, keine verstaubenden Grünpflanzen in den Büros! Überhaupt seien individuelle Geschmacks-Accessoires an Wänden und auf Besprechungstischen nunmehr endgültig passé. Das gegen visuelle Umweltverschmutzung ausgegebene Diktat wurde selbstverständlich respektiert, einer Dorothee Hess-Maier widerspricht man nicht so leicht, jedenfalls nicht offen provozierend. Aber man wirft seine Lieblingstasse nicht in den Müll, sondern lagert sie eine Weile verborgen im Schrank der Etagen-Teeküche. Die Yuccapalme und der Ficus warten zu Hause auf bessere Zeiten; eines Tages verzieren sie wieder das Büro. Die Verlegerin bemerkte den praktischen Widerstand natürlich – und schwieg. Schließlich will man unternehmerisch denkende Mitarbeiter haben. Wer A sagt … Ihr kommt es vor allem auf die innere Ordnung an.

Auch außerhalb des eigenen Hauses machte sie sich in der Verlagsbranche und im Bildungssektor einen Namen – nicht nur im Vorstand des Börsenvereins des Deutschen Buchhandels, dessen Vorsteherin sie drei Jahre lang war. Ebenso in diversen anderen Ehrenämtern. So war sie Mitglied des von der damaligen Kultusministerin Dr. Annette Schavan eingesetzten Bildungsrats Baden-Württemberg und sitzt heute unter anderem in den Hochschulräten der Pädagogischen Hochschule Weingarten und der Dualen Hochschule Baden-Württemberg in Ravensburg.

Wie das folgende Gespräch mit Otto Julius Maier zeigt, vertritt die Verlegerin eine sehr klare Linie und war wohl treibende

Kraft bei der jahrelangen Profilsuche und Identitätsdefinition des Unternehmens und der Marke Ravensburger. In ihren letzten Jahren im Vorstand waren Führungsleitlinien und Management Commitment ihr besonderes Anliegen. Wie auch ihr Vetter beschäftigte sie sich mit Rezepten anderer Firmen, die man als Vorbild betrachtete, weil sie Wachstum erzielten.

Generell hatte sich das Managementverständnis in der Wirtschaft gewandelt. Die Erkenntnis, dass eine hohe Identifikation der Mitarbeiter mit den Produkten und Unternehmenszielen Wettbewerbsvorteile bringt, war für die Ravensburger nichts Neues, ebensowenig wie die gepflegte Unternehmenskultur, die als Corporate Identity in den Unternehmen Karriere machte.

Das Gespräch zwischen Cousin und Cousine findet vormittags im Besprechungsraum zwischen den beiden Verlegerbüros statt. Von ferne, aus dem Vorzimmer, das eher der Lobby einer Kunstgalerie gleicht, klingen die hellen Stimmen der Aufsichtsrats- und Stiftungssekretärinnen Sabine Schneider und Sabine Briem. Irgendwann klingelt es, der Bote aus der Robert-Bosch-Straße bringt die Post. In den unteren drei Stockwerken des Verlagsmuseums schlendern Mütter, Väter, Großeltern mit Kindern und Enkeln durch die Ravensburger Welt der Bücher und Spiele. Die beiden Maiers oben sind ganz bei sich, hochkonzentriert auf den Trialog über Werte und Identität, bemüht, es gegenseitig recht zu machen, wobei es ihnen nicht an verschmitztem und selbstironischem Humor fehlt.

Andrea Reidt Hervorragende Qualität. Hoher Nutzwert. Klare Gestaltung. Geschmack. Toleranz und selbstbewusste Bescheidenheit – nur einige Stichworte aus den Ravensburger Unternehmensgrundsätzen. Sinn für Gemeinschaft und Familie, Selbstentfaltung, Wachstum, Unabhängigkeit. Und auch ein exotisch anmutender Ausdruck wie »sich kümmern« zählt dazu. Wie haben Sie es geschafft, Ihr Unternehmen, Ihre Mitarbeiter, Ihre Kinder- und Familienprodukte auf derart anspruchsvollem Niveau zu führen?

Dorothee Hess-Maier Die bewusste Identitätsarbeit hat erst in den 70er-Jahren angefangen, als wir expandierten. Die aus heutiger Sicht banal klingende Denke, dass wir nicht nur Verleger sind und das publizieren, was uns selbst gefällt, ohne auf den Markt zu blicken, hat erst spät bei uns eingesetzt.

Otto Julius Maier Der Köder muss dem Fisch gefallen und nicht dem Angler.

Dorothee Hess-Maier Ein Spruch, den man öfters liest.

Otto Julius Maier Der ganze Identitätsprozess stand im Zusammenhang mit dem Wachstum des Unternehmens und der Delegierung von Aufgaben. Das war eigentlich der Ausgangspunkt.

Dorothee Hess-Maier In den 1960er-Jahren, als die verlegerische Arbeit nach und nach von den Verlegern selbst auf Lektoren und Redakteure überging, erschien es uns notwendig, über Programmgrundsätze nachzudenken. Otto Julius, du hast über die 68er-Zeit schon etwas erzählt. Und darüber, dass Kinderbücher sich veränderten, aufmüpfiger und frecher wurden. Auch die Käufer unserer Produkte, die Eltern, hatten ihre Einstellung geändert. Wir haben also für unsere Redakteure Programmgrundsätze verabschiedet. In den darauf folgenden Jahren stellten wir jedoch fest, dass sich die Art der Zusammenarbeit, die Produktvielfalt, der Vertrieb und die Werbung ebenfalls veränderten. Dies war der Anfang eines umfassenden Denkprozesses über die Identität des Unternehmens.

In dieser Zeit kam das Schlagwort »Image« auf, heute ein gebräuchlicher Begriff. Es gab nun die ersten Konsumentenbefragungen in bescheidenem Umfang, um festzustellen, wie unser Image eigentlich war. Mit Hilfe kluger Ratschläge von allerlei Beratern, die in diesen Jahren herumschwirrten, wurde uns klar: Ohne Identität kann auch kein Image entstehen! Und zur Identität gehört eben alles, eine Art Unternehmensphilosophie – Optik von Produkten und Marke sowie eine Kultur der Führung und Zusammenarbeit. Nach etlichen

Diskussionsrunden führte dies 1974 zur Verabschiedung der Unternehmensgrundsätze, die dann jedem Mitarbeiter ausgehändigt und seitdem erst zweimal, nämlich 1986 und 2005, geringfügig verändert wurden. Natürlich gab es im Laufe der Zeit viele Strategiepapiere, die der aktuellen Situation angepasst waren, aber die Unternehmensgrundsätze betrachten wir immer noch als unverrückbar, als normativ. Daran wird nicht gerüttelt.

Andrea Reidt Sie haben sich zunächst also eine Systematik zur Neuordnung der Identität beschafft.

Dorothee Hess-Maier Ja, das brauchten wir. Wir haben sukzessive an unseren Identitätsfaktoren gearbeitet, an unserer Corporate Identity mit den drei Säulen Philosophie, Optik und Kultur. Diese imagebildenden Faktoren haben wir immer wieder überdacht. Ein solcher Prozess ist nie ganz zu Ende. Heute bestätigen uns unsere Partner im Handel und die Verbraucher in den Umfragen: Ravensburger hat ein gutes Image, nicht nur einen hohen Bekanntheitsgrad!

Andrea Reidt Der visuelle Auftritt des Unternehmens und vor allem der Produkte, Stichwort blaues Dreieck, waren und sind vermutlich der sichtbarste Ausdruck der optischen Identität?

Dorothee Hess-Maier Ja, wir haben erkannt, dass wir keine wirkliche Marke hatten, sondern ehrlich gesagt ein wildes Durcheinander an Signets und Reihenkennzeichnungen unserer Produkte. Damals wurden wir verstärkt im Ausland tätig, die Mitarbeiter in den ausländischen Tochtergesellschaften haben auch nach Ordnung gerufen. Und die Werbeleute in den Agenturen, die wir beauftragten, für uns konzeptionell und gestalterisch zu arbeiten, zwangen uns zu klaren Richtlinien.

Otto Julius Maier Wenn ich an die Diskussion über die Werbefilme zurückdenke … Der damalige Werbeleiter versuchte natürlich, die Produkte so anzubieten, dass sie den Geschmack eines breiten Publikums trafen. Die Bilder und

Darstellungen gerieten nach unserem Geschmack ziemlich bünzli, das ganze Milieu kaffrig[7].

Andrea Reidt Wie bitte?

Dorothee Hess-Maier Bünzli, ein alemannischer Ausdruck, bedeutet spießig, kleinbürgerlich. Der Werbespot zeigte eine Familie, die um einen Tisch herumsitzt, oben ist eine Lampe, unten das Spiel, im Hintergrund sieht man die Bastmatte und den Gummibaum. Schon die Kleidung erschien uns geschmacklich daneben.

Otto Julius Maier Man meinte, der Werbefilm müsse ganz genau auf die Zielgruppe zugeschnitten sein. Ein leitender Mitarbeiter sagte dazu mal etwas Treffendes: »Wir müssen zehn Zentimeter über die Köpfe zielen.« Also im Grunde genommen nicht ganz genau auf den Geschmack der Zielgruppe, sondern mit etwas höherem Anspruch.

Dorothee Hess-Maier Wir wollten immer auch ein bisschen zur Verbesserung des Geschmacks beitragen.

Andrea Reidt »Unsere Produkte prägen Geschmack und das Gefühl für Qualität«, lautet bis heute eine Maxime der Unternehmensgrundsätze.

Dorothee Hess-Maier Der gute Geschmack, darum führten wir Diskussionen! Was ist guter Geschmack, ist das deiner oder meiner oder Herrn Bünzlis Geschmack? Wir beide waren sicher in hohem Maße geprägt von der Verlagsproduktion zur Zeit deines Vaters und Onkel Karls. Wir wollten auch die Mitarbeiter selbst zur guten Form bringen, das war uns sehr wichtig. Deswegen kam das Thema »geschmacksbildend« in den Programmgrundsätzen und in den Unternehmensgrundsätzen vor.

Otto Julius Maier Da fällt mir das Fachbuch des profilierten Designers Professor Walter Dexel ein, das 1938 herauskam, das hieß »Hausgerät, das nicht veraltet«. Es war sehr erfolgreich, kam 1945 in dritter Auflage heraus.

7   Provinziell

Andrea Reidt Wie kommen Sie denn jetzt ausgerechnet auf Hausgeräte?

Otto Julius Maier Doch, da gibt es einen Zusammenhang. Das Buch richtete sich entschieden gegen die gängige Industriekultur. Auch das Buch »Unsere Wohnmöbel« von Professor Fritz Spannagel aus derselben Zeit, Erstauflage 1937, richtete sich an Bauherren, es gab sogar während des Krieges zwei weitere Auflagen. Ich will damit sagen, dass der Verlag für die Fachbücher, zum Beispiel beim Möbelbau oder zum Thema Sitzmöbel, immer den Anspruch hatte, nicht nur die rein technische Seite zu erklären – wie baut man eine Tür zusammen? –, sondern auch, wie man die Dinge gut gestaltet.

Dorothee Hess-Maier Der Ursprung liegt in den Einflüssen der Bauhaus-Ästhetik. Es gab sogar einen Verein namens »Die Gute Form« mit Richtlinien. Wir haben immer darüber gelacht, dass »Die Gute Form« manchmal nicht funktioniert – da fällt die Designer-Teekanne um!

Andrea Reidt Dabei gilt doch: »Form follows Function«.

Dorothee Hess-Maier Bei der letzten Überarbeitung der Unternehmensgrundsätze im Jahr 2005 drohte der Begriff Geschmacksbildung zu verschwinden. Klar, angesichts der Vielfalt und vieler Verirrungen in der Bilderwelt heute kann man das verstehen, Popkultur und Manga-Welt lassen uns alle nicht unberührt. Dennoch wollten wir es weiterhin, auch als Auftrag, bestehen lassen.

Andrea Reidt Wie ging es denn weiter mit der Identitätsbildung und vor allem mit dem optischen Auftritt nach außen? Wie entstand beispielsweise das blaue Dreieck als Marken- und Erkennungszeichen?

Otto Julius Maier Signets gab es von Anfang an, seit 1883, bis 1974 in neunundzwanzig Varianten! Die Idee des Dreiecks kam 1957 von einem mit deinem Bruder befreundeten Professor an der Kunstakademie Karlsruhe, Hans Gaensslen, Autor des Fachbuchs »Das Dreifarben-Mischbuch«. Das hat man dann übernommen, die aus früheren Versionen stammende Puppenfigur hineingesetzt und »Ravensburger Spiele« reingeschrieben. Und dann ist man in Frankreich und in anderen Ländern tätig geworden und hat Spiele …

Dorothee Hess-Maier Jeux Ravensburger …

Otto Julius Maier … und die Beschäftigungsmaterialien, Bilderbücher und andere Produktkategorien mit reingebracht. Das war ein furchtbares Durcheinander. Man musste immer wieder ändern, weil das Erscheinungsbild nicht einheitlich war. Um 1970 haben wir Professor Hans Köhler kennengelernt, der die Firma IBM in Designfragen beriet. Da IBM immer gut gestylt war, sind wir ins Gespräch gekommen und haben mit ihm zusammen diese einheitliche Farbe Blau und einen neuen Schriftzug erarbeitet.

Dorothee Hess-Maier Hans Köhler hatte uns die Augen geöffnet für eine Vereinheitlichung. Als ersten Schritt haben wir uns entschieden, grundsätzlich das bereits existierende Dreieck als Marke zu wählen, immer in der rechten unteren Ecke eines Produkts. Nachdem auch die Wortmarke »Ravensburger« schutzfähig wurde, bekam das Dreieck konsequent nur »Ravensburger« eingepasst. Und als letzten Schritt haben wir dann Blau gewählt, fortan gewissermaßen eine Firmenfarbe. Das alles geschah nicht ohne Widerstand im Hause, vor allem von den Gestaltern und auch den Illustratoren unserer Produkte. Ein schönes ästhetisches Titelbild mit einem knalligen Blau in der Ecke zu zieren, das war für manche eine Überwindung. 1974 wurde das Dreieck mit Schriftzug Ravensburger als Warenzeichen auch international eingetragen. Das war keineswegs das Ende der Diskussion. Bei uns wurde immer viel diskutiert und wenig verordnet. Seit Mitte der 80er-Jahre ist die konsequente Darstellung in Blau mit der weißen Schrift in Anwendung. Aber erst in den 90er-Jahren wurde ein sogenanntes Design Manual erarbeitet, das verbindliche Regeln festschreibt, wie das Markenzeichen für alle Gestalter gehandhabt wird.

Andrea Reidt In den 1990er-Jahren gab es plötzlich viele Marken unter dem Ravensburger Dach – Jeux Nathan, Altenburger Spielkarten, F. X. Schmid, Ravensburger selbst …

Dorothee Hess-Maier Ja, ja, Sammelsuria. Wir haben gesagt, das könne ja wohl nicht so bleiben, das könne doch nicht alles unter die Ravensburger Marke passen. Der Marktstellung wegen mussten wir diesen eingekauften Marken ihren eigenen Weg, ihre Identität lassen, aber wie ausdrücken, dass das alles zu Ravensburger gehört? Da darf die Marke, das blaue Dreieck, nicht dominieren. Mitte der 90er-Jahre hat man deshalb erneut über die optische Identität nachgedacht und mit Professor Hartmut Esslinger von frogdesign ein Design Manual konzipiert, in dem wir den Werbeleuten und Produktgestaltern eine Anleitung gaben, welche Größenverhältnisse das Markenzeichen haben und welches Blau verwendet werden darf, welche Schrift. Oben drüber wurde ein optisches Dach gebildet, der Ravensburger Schriftzug mit dem nachgestellten Dreieck, der das Unternehmen kennzeichnet. Alle unternehmensbezogenen Papiere tragen dieses Logo.

Einen grundsätzlichen Fehler habe ich übrigens selber gemacht: Wir haben im Freien vor dem neuen Verlagsgebäude eine große Markenskulptur des blauen Dreiecks aufgestellt. Das war genau zu dem Zeitpunkt, als wir begonnen haben, mit mehreren Marken zu operieren. Die Figur konnte nicht mehr zurückgenommen werden, sie steht noch immer, aus der Sicht einer Mehrmarkenstrategie ein Fehler. Aber heute gibt es nur noch wenige Marken im Angebot, das blaue Dreieck ist fast allein, insofern wurde diese Krankheit geheilt. Wir führen mittlerweile nur noch F. X. Schmid als Zweitmarke, die einzige, für die das blaue Dreieck nicht vorgesehen ist. Sonst wird überall, sogar bei Apps Ravensburger, die Marke Ravensburger im blauen Dreieck genutzt.

Otto Julius Maier Diese »Krankheit«, wie du es nennst, zeigt, dass der optische Auftritt nicht nur aus produktbezogener Markenvereinheitlichung und konsequenter Handhabung besteht. Nein, die Optik im Verlagsgebäude und im Produktionsbetrieb ist auch wichtig – was stellen wir hier für Tische und Stühle auf, welche Bodenbeläge, welche Bilder an die Wand. Die persönlichen Geschmäcker der Mitarbeiter sollten sich ein bisschen dem unterordnen, was man als Identität hier lebt. Das gilt auch für die Messeauftritte in Nürnberg und Frankfurt. Früher hatte man in den Messeständen einen Tisch und ein paar Regale aufgestellt, das war alles.

Dorothee Hess-Maier Mit einem Vorhang davor.

Otto Julius Maier Hinter dem man eine Kaffeemaschine stehen hatte und Material. Der neue Stand, den Otl Aicher Anfang der 60er-Jahre aufgrund unseres Kontaktes zur Hochschule für Gestaltung in Ulm konzipiert hatte, erzielte auf der ganzen Messe einen Wow-Effekt. Ich habe das bereits erzählt.

Dorothee Hess-Maier Allerdings war dieser erste Stand zu streng gestaltet.

Otto Julius Maier Aber wir haben den Handel beeindruckt damit. Und was ich damit eigentlich sagen will: Damals haben wir intuitiv über einen optischen Auftritt gesprochen, noch bevor uns das Thema Identität umtrieb.

Andrea Reidt War das Thema Image mit all diesen Entscheidungen und Angleichungen zum Thema »Unternehmensgrundsätze« abgeschlossen?

Dorothee Hess-Maier Nein, wir waren noch nicht fertig. Es fehlte ja noch die dritte Säule neben Philosophie und Design – nämlich die Führung und Zusammenarbeit, also die Führungsidentität. Ein wichtiger Bestandteil der Corporate Identity sind die Führungsgrundsätze. Die Art, wie man mit den Leuten umgeht, das funktionierte früher ganz patriarchalisch, da waren der Onkel Karl und du, Otto Julius. Wir haben es

den Leuten nett gemacht, aber wir haben nie ein Kritikgespräch über Förderung oder gar über Ziele geführt, wir
haben sie nie zu Kursen weggeschickt, wir haben nie die leitenden Mitarbeiter trainiert. Man hat sich so zusammenge-
ruckelt, wie sie halt waren, die grenzenlosen Individualisten.
Es ging darum, die innere Führung zu ordnen. Wie gehen wir
miteinander um? In den Unternehmensgrundsätzen hatten
wir ja bereits die Zielrichtung erarbeitet, aber jetzt ging es um
die Spielregeln dazu.

Otto Julius Maier Das muss 1971 begonnen haben. Eins der
ersten Seminare, die ich mit Dr. Boeckeler besucht habe, fand
in Harzburg statt.

Dorothee Hess-Maier Das Harzburger Modell. Historisch
gesehen war Professor Reinhard Höhn der Erste in Deutschland mit Führungsphilosophie und Trainingsangeboten. Zeitgleich gab es viele Kurse und Ratgeber aus den USA, die
dort zur Führung von Unternehmen entwickelt worden
waren. Ich erinnere mich gut, dass du Anfang der 80er-Jahre
dem Direktionskreis ein Buch des Amerikaners Tom Peters
zur Lektüre verordnet hast mit dem Titel »Auf der Suche nach
Spitzenleistungen«. Darin wurde, und das war in den
US-Management-Etagen noch neu, der Fokus auf die Mitarbeiter gelegt, heute ein gängiger Begriff: »Das Kapital des
Unternehmens sind die Mitarbeiter«. Sie zur Wirkung kommen zu lassen, sie richtig im partizipativen Führungsstil
zu führen, das wurde, verkürzt gesagt, in diesem Buch als
Erfolgsrezept gepriesen.

Otto Julius Maier Für uns nicht so viel Neues, weil wir eigentlich sehr mitarbeiterorientiert waren, immer schon. Aber
die Wertschätzung mehr zum Ausdruck zu bringen, zu loben
– ich gelte ja sowieso als jemand, der nicht so viel lobt –, das
war eine Botschaft, die ich in unsere Führungsseminare einbringen wollte.

Andrea Reidt Sie haben Trainer engagiert und Führungsseminare veranstaltet?

Dorothee Hess-Maier Wir haben uns für das »Management by Objectives« entschieden, kurz genannt MbO. Gemeint ist Führung durch Zielvereinbarungen, was wir heute immer noch aufrechterhalten. Das Mitarbeitergespräch hat nach einem bestimmten Ritus stattzufinden, zuerst der Rückblick und das Kritikgespräch. Dann muss das Objective, also das Ziel, vereinbart werden. Was soll der Mitarbeiter erreichen, wie und zu welchem Zeitpunkt. Um zu lernen, ein solches Gespräch strategisch richtig zu führen, mussten wir alle zunächst Führungsseminare absolvieren. Überhaupt haben wir diesen Prozess in vielen Schulungen mit unserem Trainer Dr. Rainer Ströbe etabliert und schließlich festgeschrieben. Die jährliche Zielvereinbarung im Mitarbeitergespräch ist heute noch lebendiger Bestandteil der Unternehmenskultur. Der Erarbeitungsprozess hat uns allen gutgetan. In den 70er- bis 90er-Jahren hat uns das sehr geholfen, ja zusammengeschweißt.

Otto Julius Maier Das hat ungeheuer viel gebracht für das Zusammenspiel mit den Mitarbeitern, für das Identitätsverständnis und den Führungsstil, wie man miteinander umgeht. Man hat Missverständnisse abgebaut, aber den Älteren ist es schwergefallen. Vertriebsmann Willi Baumann hat …

Dorothee Hess-Maier … rumgetobt!

Andrea Reidt Wie kamen die Zielvereinbarungsgespräche bei den Mitarbeitern an?

Dorothee Hess-Maier Die Mitarbeiter waren zunächst erstaunt, dass man sich überhaupt mal mit einem Chef hinsetzt und den fragen kann. Auch mal sagen kann, was man gut findet und was nicht. Der Führungskreis hat sich eine Zeit lang nach unten abgeschottet. Und bis das dann lief, dass man Zielvereinbarungen mit jedem Mitarbeiter trifft, bis zur sogenannten dispositiven Ebene, hat es noch eine Weile gedauert.

Andrea Reidt Was verstehen Sie unter »dispositiver Ebene«?

Dorothee Hess-Maier Ein dispositiver Mitarbeiter kann selbst entscheiden und nicht nur auf die Anweisung »Mach mal« reagieren. Er hat ja eine Zielvereinbarung und weiß, wohin die Reise gehen soll in einem festgesetzten Rahmen, innerhalb dessen er entscheiden darf.

Andrea Reidt Lag das in den 70er-Jahren in der Luft?

Otto Julius Maier Wir waren eigentlich relativ früh dran. Aber das MbO-Führungsprinzip gab es in Amerika schon länger. Wir haben immer wieder mal bei Bertelsmann gespickt. Im Spielwarenbereich gab es das nirgends, es waren alles inhabergeführte oder einfacher strukturierte Unternehmen.

Andrea Reidt Später hat Ravensburger eine Vision formuliert. Wie kam das?

Dorothee Hess-Maier Bis jetzt haben wir über den normativen Bereich gesprochen, was sind die unverrückbaren Dinge, an die wir glauben, was ist unsere Identität und was wollen wir bewahren? Die Vision gehört zum strategischen Teil und nicht zum normativen.

Otto Julius Maier *(lacht)* Da bewundere ich immer meine Cousine, dass sie das so klar und analytisch unterscheiden kann!

Dorothee Hess-Maier Die Vision ist, wenn man so will, ein mittel- oder langfristiges Ziel. Und die Strategien sind ein Weg dorthin. Die Grundsätze dürfen nicht verletzt werden – aber die Strategien müssen der Situation angepasst sein. Die Vision war vielleicht, wenn man will, so eine Art Modesache, aber es war eine Zielvereinbarung aller Unternehmensteile. Jede große Abteilung musste ein Strategiepapier erstellen, wie man sich das Vorangehen in den nächsten fünf oder zehn Jahren vorstellt, um die Vision zu erreichen. Die Vision hat sich verändert, die gehört ja, wie schon gesagt, zum strategischen Teil, also nicht zum normativen. In der Vision stand, dass wir wachsen wollen, aber mit Qualität.

Otto Julius Maier Diese Diskussionen waren mir alle ziemlich lästig.

Dorothee Hess-Maier Ich weiß. Diese Strategien der einzelnen Bereiche mussten wir alle lesen, die sind ausgetauscht und diskutiert worden. Wir haben plötzlich gemerkt, dass jeder ein anderes Ziel, ein Objective, hatte. Der eine wollte hü, der andere wollte hott. Deshalb hat man gesagt: »Jetzt brauchen wir eine Vision, damit das oben wieder zusammengeht.«

Andrea Reidt Hat sich die Vision später noch mal verändert?

Dorothee Hess-Maier Heute, durch viele Marktveränderungen, muss die Vision natürlich anders lauten und auch die Wege zu diesem Ziel.

Andrea Reidt Hatten die Mitarbeiter die Vision verstanden, die in großen Lettern im Foyer hing?

Dorothee Hess-Maier Wahrscheinlich nicht. Manche Aussagen sind heute in die Unternehmensgrundsätze gewandert, weil sie doch normativ waren und nicht strategisch. Diese beiden Dinge klar auseinanderzuhalten – das wird mit mir begraben! Das machen die heute alles anders, sie machen S. M. P.-Prozesse und weiß Gott was.

Andrea Reidt Was bedeutet S. M. P. ?

Dorothee Hess-Maier Strategischer Management-Prozess.

Andrea Reidt Wie beurteilen Sie denn diese Phase im Rückblick? Was haben diese fünfunddreißig Jahre, von Anfang der 1970er- bis Mitte der 2000er-Jahre gebracht?

Otto Julius Maier Für mich ist das Wichtigste eigentlich die Kommunikation zwischen den Mitarbeitern gewesen, Berührungsängste abzubauen, Offenheit der Diskussion und solche Sachen.

Dorothee Hess-Maier Du hast das alles ein bisschen versponnen und zickig und nicht nötig gefunden.

Otto Julius Maier Nein, das hab ich nicht! Aber ich hatte Schwierigkeiten damit, mich hinzusetzen und mit den Mitarbeitern Ziele zu formulieren. Die kennt man doch sowieso, wenn man eng zusammenarbeitet! Das alles ergab sich im Gespräch von selbst. Ich hatte als sogenannte Führungsspanne den Direktionskreis, die erste Ebene. Etwa fünf bis zehn Gespräche musste ich führen. Manches ist trotzdem schiefgelaufen.

Andrea Reidt Haben Sie gegenseitig auch Objectives formuliert?

Otto Julius Maier Nein, wir haben uns gegenseitig keine Objectives gemacht. Sondern Vision und Strategie behandelt.

Dorothee Hess-Maier Ich persönlich habe diese Zeit mit den gemeinsamen Sitzungen als wichtig empfunden. Ob du das so siehst, das ist ja dein Bier. Du hast es immer ein bisschen belächelt. Ohne diese Eindeutigkeit in den Zielen wäre bei unserem starken Wachstum vieles schiefgelaufen. Ich hatte viel mit Werbeleuten zu tun und die wollten klar wissen, welche Objectives, also Ziele, und welche Richtung für die Markenstrategie wir vorgeben. Auch den Werbeleuten und Kommunikationsagenturen muss man unsere Identität vermitteln, um unser Image zu erhalten.

Otto Julius Maier Da sind wir völlig beieinander! Nur, mit Zielvereinbarungen habe ich immer etwas Probleme gehabt.

Dorothee Hess-Maier Ich möchte noch etwas zu Identität und Image sagen. Anfang der 80er-Jahre wurde der Fachbuchverlag abgegeben, 1996 auch der Sachbuchverlag. Bereits diese Entscheidungen trugen zur Identitätsarbeit bei. Obwohl es sich damals aus einem Gefühl entwickelt hat, zu sagen: »Das lassen wir jetzt, das ist passé.« Es war uns vielleicht nicht bewusst, aber wir haben gespürt, dass die Identität »Ravensburger« als Produzent furs Kinderzimmer eigentlich das Segment Fachbuch abstößt. Wir vermittelten der Öffentlichkeit ein diffuses Bild, sprich ein Image, das nicht ganz klar war. Mit der Ablösung von Fachbuch und Erwachsenen-Sachbuch wurden wir nun eindeutig dem

Kinderzimmer und der Familie zugeordnet, wo auch das blaue Dreieck als Marke hingehört.

Otto Julius Maier Im Sinne eines klaren Bildes vom Unternehmen, nicht nur von der Größe der Aktenmappe mit Produktangeboten, die der Außendienstmitarbeiter mittragen musste, war es eine wichtige Sache.

Unternehmensgrundsätze (Auszug)

1 Unsere Grundlagen und unser Auftrag

Unser Unternehmen ist überwiegend im Verlags- und Mediengeschäft tätig. Stabile Ertragskraft und gesundes Wachstum sind uns wichtig für den Erhalt unserer Unabhängigkeit und für den Fortbestand des Familienunternehmens. Unser Leistungsbeitrag für die Gesellschaft ist es, Nutzen zu stiften für die Unterhaltung und Bildung. Dabei messen wir unsere Arbeit an diesem Nutzen und an ihrem Beitrag zum wirtschaftlichen Ergebnis. Unsere Unternehmenskultur ist bestimmt durch Stetigkeit und selbstbewusste Bescheidenheit.

2 Unsere Ideen und Inhalte

Unsere Angebote sind Anregung zur Persönlichkeitsentwicklung und Selbstentfaltung. Sie vermitteln Sinn für Gemeinschaft und Familie und fördern keine Gewalt; sie prägen Geschmack und das Gefühl für Qualität. Wir pflegen die freie künstlerische Gestaltung in Wort und Werk. Mit unseren Ideen und Angeboten wagen wir Neues, bewahren aber auch das Bewährte. Bei unserer Arbeit orientieren wir uns an den Erwartungen unserer Käufer und Nutzer; ihre Zufriedenheit und Wertschätzung sind die Grundlage für unseren Erfolg.

3 Unsere Gemeinschaft und Zusammenarbeit

Fachliches Können und menschliche Befähigung bilden bei uns das Fundament für erfolgreiche Zusammenarbeit. Wir bauen auf Fairness, gegenseitige Wertschätzung und Toleranz ohne Ausgrenzung. Mitdenken und Mitgestalten, selbständiges Handeln und Sichkümmern zeichnen uns aus. Unser gemeinsames Verständnis von Zielen sichert uns Leistungswillen und mündige Partnerschaft.

4 Unsere Qualität und unsere Stärke

(...) Unsere Produkte zeichnen sich aus durch hohen Nutzwert, hochwertige und umweltgerechte Materialien, klare Gestaltung und sehr gute Verarbeitung. Wir sind verlässliche und berechenbare Partner für alle, die mit uns arbeiten, für Autoren und Lieferanten, für Kunden und Käufer in aller Welt.

Grundsätze der Führung und Zusammenarbeit (Auszug)

1 Unternehmerisches Denken und Handeln

Wir denken und handeln unternehmerisch, dabei nutzen wir den verfügbaren Freiraum. In unserem Verantwortungsbereich warten wir nicht auf Anweisungen, sondern ergreifen selbst die Initiative. Dabei haben wir den Mut zu Entscheidungen, auch wenn diese sich einmal als falsch erweisen; aus Fehlern lernen wir. Wir blicken über den eigenen Verantwortungsbereich hinaus und stimmen uns mit den Nachbarbereichen ab. (...)

2 Motivation

Der Erfolg unseres Unternehmens wird wesentlich durch die Motivation und die Einstellung von uns allen bestimmt. Wir gehen offen und vertrauensvoll miteinander um. Wir begegnen einander mit Wertschätzung. Wir alle schaffen die Grundlagen für Motivation. Dazu gehören vor allem Vertrauen, Verlässlichkeit, Transparenz, Fairness sowie die Förderung eines gemeinsamen Teamgeistes. (...)

3 Kommunikation

Organisation und Hierarchie dürfen die Kommunikation nicht behindern. Wir lassen andere an unserem Wissen teilhaben. Wir informieren uns auch selbst, wir fragen und hinterfragen. Wir beziehen die Beteiligten rechtzeitig in die Entscheidungsfindung mit ein und informieren sie nicht erst nachträglich. (...)

4 Zusammenarbeit und Umgang mit Konflikten

Konflikte liegen in der Natur des Menschen und in der sachlichen Gegebenheit im Unternehmen. Konflikte sprechen wir an und klären sie untereinander. Finden wir keine befriedigende Lösung, so ziehen wir bei sachlichen Konflikten die Vorgesetzten hinzu, bei persönlichen Konflikten bitten wir eine Person unseres Vertrauens um Vermittlung.

5 Förderung und Entwicklung

Wir fordern und fördern die Weiterentwicklung jedes Einzelnen.

09
Vom Mitspieler zum Trendsetter.
Hundert Jahre Familien-betrieb Ravensburger –
1983 bis 1989

In Ravensburg hat man 1983 bereits sehr viel erreicht. Hundert Jahre hat der Otto Maier Verlag auf dem Buckel, der letzte Sohn des Verlagsgründers lebt seit vier Jahren nicht mehr und die Enkelgeneration steht vor ernsten strukturellen Fragen und Weichenstellungen. Wer rastet, der rostet – die Ravensburger wissen, dass dieses Sprichwort auch und gerade erfolgreichen Unternehmen, die sich sorglos auf bisher erworbene Lorbeeren verlassen, zum Verhängnis werden kann.

In einem Büchlein über baden-württembergische Unternehmen, das in dieser Zeit entstand, fragte der Autor Detlef May seinen Gesprächspartner Otto Julius Maier, welche Eigenschaft jemand mitbringen müsse, der eine Position in der Chefetage anstrebe. Der damals Fünfundfünfzigjährige antwortete: »Neugierig sein, etwas leisten wollen, bereit sein, sich voll zu engagieren, ja, das wohl in besonderem Maße. Und er muss auch einen besonderen Ehrgeiz mitbringen. Ehrgeiz muss nichts Ungesundes sein, sagen wir mal, der Betreffende muss einfach etwas Bestimmtes erreichen wollen.«

Otto Julius Maier musste in dieser Zeit öfter mal den Austausch mit seiner Cousine vertagen, denn sie hatte sich einen Namen und Respekt in der Buchbranche erworben und wurde daher 1986 in den Vorstand des Börsenvereins des Deutschen

Buchhandels gewählt. Vom Wendejahr 1989 bis 1992 übernahm sie als erste Frau überhaupt in der damals 164-jährigen Vereinsgeschichte das Amt der Vorsteherin und verbrachte einen Teil ihrer Arbeitswoche in Frankfurt und Leipzig. Dem eigenen Unternehmen und ihrem Vetter Otto Julius stand sie daher nur in Teilzeit zur Verfügung. Zum Problem wurde dieses Amt dennoch nicht für die Daheimgebliebenen. Eher im Gegenteil, das ohnehin gute Ansehen der Ravensburger Manager mehrte sich noch. Denn in ihrer Amtszeit gelang es, die Buchbranchen in Ost und West rasch und konfliktfrei einander zu nähern und in einer einzigen Organisationsform zu vereinigen.

In Ravensburg wehte derweil ein schärferer Wettbewerbswind, und zwar aus vielen Richtungen. Es war die frühe Zeit des Geburtenrückgangs, das Privatfernsehen setzte sich durch, man las Teletextnachrichten, die ersten Videospiele, Heimcomputer und Spielkonsolen nahmen einen Platz in Wohn- und Kinderzimmern ein. Die akribisch gestaltete Ravensburger Unternehmenskultur, die ethischen und pädagogischen Grundsätze erlebten nun eine Bewährungsprobe. Wen wundert's: Die Prüfung wurde bestanden. Mehr oder weniger sang- und klanglos nahmen die Oberschwaben in mehreren Märkten die Poleposition ein.

Das Interview mit Otto Julius Maier über die 80er-Jahre findet wie immer im Besprechungsraum der Holding statt, diesmal ohne Cousine. Der Verleger hält einen Notizzettel bereit, zu Beginn möchte er noch einen Gedanken zu einer früheren Sequenz loswerden, der ihm nachträglich in den Sinn kam. So etwas geschieht immer wieder bei unseren Gesprächen, die Passage wird später im Transkript ausgeschnitten und an die passende Stelle verpflanzt. Es ist ein schöner Junitag, wir schließen das Fenster, denn das von der Marktstraße heraufdringende Getöse stört die Rückbesinnung auf Vergangenes. An der Rückwand des Raumes hängen alte Stadtansichten von Ravensburg. Die Gedanken wandern in andere Gefilde.

1983 feierte das Unternehmen sein hundertjähriges Firmenjubiläum. Es war eine Zeit des »Spielebooms«, der Spieleverlag verzeichnete ein enormes Wachstum.

Einen starken Anteil am Umsatzwachstum hatte das Puzzlesegment. Für die Spiele kamen glückliche Umstände zusammen – wir hatten einen sehr dynamischen Vertriebsmann und einen hervorragenden Mann für die Produktentwicklung, der mit sehr viel Geschick Trends aufgegriffen hat. Die Autoren und die Spieleerfinder vertrauten ihm. Natürlich hat auch das gute Renommee des Verlags den Spieleboom für uns mit ermöglicht. Es kam noch eine gesellschaftliche Entwicklung hinzu: Das Medieninteresse an Spielen war gewachsen, es gab Kritiker, die sich mit neuen Spielen beschäftigt, diese besprochen und mit Preisen ausgezeichnet haben. Davor hatte es nur Buchkritiken gegeben, es war ein vollkommen neuer Trend, früher hat sich kein Journalist für ein Spiel interessiert. Unser Programmverantwortlicher Erwin Glonnegger galt in dieser Szene als anerkannte Autorität.

Und Ravensburger kassierte ganz schnell sehr viele Kritikerpreise: Spiel des Jahres 1979 für »Hase und Igel«, 1982 für »Sagaland«, 1983 für »Scotland Yard«, 1986 für »Heimlich & Co.«, 1985 erstmals im Ausland, Preise in Frankreich und in Schweden.

Wir hatten vielleicht damals tatsächlich die besten Spiele, das wurde honoriert. In der Folgezeit allerdings war es eher so, dass von den Juroren gesagt wurde, die Sachen von Ravensburger müssen wir nicht unbedingt auch noch loben, die verkaufen sich von selbst. Wir müssen eher etwas für die kleinen Hersteller tun. Das ist der heutige Trend, ich vermute, dass wir deshalb nicht mehr so im Fokus stehen. Wir waren damals die Stärksten, und dass andere nachzogen, ist ja eine erfreuliche Situation für den Spielemarkt insgesamt.

1989 findet man in den Geschäftsberichten und auch in der Presse erste Meldungen, jedes dritte Spiel und jedes zweite Puzzle in Deutschland komme von Ravensburger. Das ist natürlich eine sehr schlagkräftige Nachricht.

Wahrscheinlich hat da jemand sehr gute Pressearbeit gemacht.

Es steht auch im Geschäftsbericht.

Nach dem Motto »Rasseln gehört zum Handwerk« hat man das halt besonders herausgestrichen.

Es muss doch irgendeine Schwelle überschritten worden sein. Im Kinderbuchmarkt gab es eine ähnliche Entwicklung – viele Ravensburger Titel waren von Anfang an, seit 1956, auf der Auswahlliste für den Deutschen Jugendliteraturpreis; der erste Preisträger aus dem Otto Maier Verlag war 1966 der Autor Max Bolliger mit dem Kinderbuch »David – ein Hirtenjunge wird König«. 1988 gewann Gudrun Pausewangs Roman »Die Wolke«. Der Titel verkauft sich bis heute sehr gut und erlebte nach dem Fukushima-Desaster 2011 einen neuen Hype. Ein sehr politisches, deutlich gegen Atomenergie Position ergreifendes Buch. Ungewöhnlich für den Otto Maier Verlag, oder?

Ich selbst war nicht gerade derjenige, der die Anti-Atom-Lobby besonders unterstützt hat. Insofern war das nicht unbedingt mein Buch, obwohl ich natürlich nichts gegen die Veröffentlichung hatte. Wir vertrauten vor allem dem Leiter des Jugendbuchverlags, Christian Stottele.

Wie stand denn der Verlag generell zu gesellschaftspolitischen Büchern, ich denke dabei auch an den Bestseller »Die Welle« von Morton Rhue? Galt das Motto: Hauptsache, es verkauft sich gut?

Keineswegs, wir wollen schon Position beziehen. »Die Welle« ist ein Buch, das das Phänomen des Nationalsozialismus erläutert hat am Beispiel eines Lehrers, der in Amerika ein spektakuläres Experiment gemacht hatte. Ich fand es politisch auch ungeheuer wichtig, dass so ein Buch herauskommt, weil es den Leuten gezeigt hat, wie eine solche Massenbewegung entstehen konnte. Ich freue mich über den Erfolg nicht nur aus kommerziellen Gründen, sondern weil ich es für ein wichtiges Buch halte.

Das Thema des »Wolke«-Titels bleibt aktuell. Wie denken Sie persönlich über den Ausstieg Deutschlands aus der Kernkraft als Energielieferant?

Dass aus der Fukushima-Katastrophe jetzt politische Konsequenzen gezogen werden, halte ich für richtig. Ich befürchte allerdings, dass da viel zu schnell auf Druck von der Straße oder sagen wir mal einer Mehrheit gehandelt wird und zu wenig an die wirtschaftlichen Folgen einer solchen raschen Umstellung gedacht wird. Die Gefahr, dass wir irgendwann vom Strom abgeschnitten werden, wenn Kernenergie abgeschaltet und nicht gleichzeitig alternative Energien ausgebaut werden, ist relativ groß.

»Die Wolke« und »Die Welle« gehören heute zum Kanon der Schullektüre, obwohl Ravensburger kein Schulbuchverlag ist.

Dass die Lehrer sich auch über das reine Schulbuch hinaus für andere Themen interessieren und Klassenlektüre verordnen, ist nicht nur für einen Verlag wichtig und interessant. Auch der Unterricht profitiert davon.

1983 haben Sie für Schlagzeilen gesorgt: »Spieleverlag beliefert den Großhandel nicht mehr!« Was war der Grund?

Da muss ich jetzt ein bisschen ausholen. Wir hatten, seit ich denken kann, immer den Einzelhandel besucht und parallel mit dem Großhandel gearbeitet, um auch die kleinen Läden beliefern zu können, für die es sich nicht gelohnt hat, eigene Außendienstmitarbeiter hinzuschicken oder Bestellungen beim Verlag aufzugeben. Sicher ein Drittel unseres Umsatzes wurde mit dem Großhandel erzielt. Manche Großhandlungen haben dem Einzelhändler gesagt: »Ihr braucht nicht bei dem Verlag zu bestellen. Bei uns ist es viel bequemer, wir übernehmen das für euch.« Dann wurden unsere Produkte zusammen mit Konkurrenzprodukten aus einem großen Topf vertrieben. Wir hatten keinen Einfluss mehr auf unsere Vertriebswege. Unsere Artikel sind teilweise in Läden geraten, in denen wir sie nicht haben wollten, weil wir der Meinung waren, dass sie dort nicht richtig gepflegt werden – wenn zum Beispiel Spiele neben Lebensmitteln liegen.

Dieter Breede hat damals den Entschluss durchgeboxt. Wir haben Arbeitskreise mit Beratern aus dem Handel gebildet, um zu analysieren, was passiert. Denn es hätte sein können, wir verlieren über Nacht ein Drittel unseres Umsatzes! In der Zeit haben wir unseren Außendienst erheblich erweitert, um tatsächlich alle Händler, die für den Vertrieb von Spielen und Puzzles infrage kamen, auch wirklich gut bearbeiten zu können. Ungefähr 30 bis 50 Prozent mehr Einzelhändler. Schließlich haben wir den Großhandel von einem Tag auf den anderen vor vollendete Tatsachen gestellt: Wir beliefern euch nicht mehr. Ein Aufschrei! Da wurde das Kartellamt angerufen, aber die Sache war so gut durchgeplant, dass keinerlei Angriffspunkte da waren. Und das hat uns, bei allem Angstschweiß, den es einem auf die Stirn getrieben hatte, natürlich ungeheuer gutgetan – weil wir jeden Kunden wirklich so bedienen konnten, wie es für sein Sortiment richtig war. Denn es geht nicht nur darum, eine Ware an den Händler zu liefern und zu sagen »Jetzt verkauf mal schön«, sondern man muss sie auch pflegen beim Händler, muss sie richtig präsentieren.

Ist das nicht teurer und verkauft man insgesamt nicht weniger Stückzahlen mit dieser Methode?

Der Großhandel ist an genau dieselben Kunden herangegangen wie wir auch, hat dann eine ganze Reihe von Leuten noch bedient, mit denen wir nicht unbedingt einverstanden waren. Wir haben aber Wert darauf gelegt, dass diejenigen Kunden, die sich wirklich für Spiele, Puzzles und Spielwaren eingesetzt haben, tatsächlich richtig beraten wurden. Und das hat funktioniert. Ich bin Dieter Breede heute noch sehr dankbar, denn das war eine für den Verlag ganz wichtige Entscheidung.

Was für eine Art Einspruch hätte das Kartellamt ins Feld führen können? Es ging ja wohl nicht um Wettbewerbsabsprachen.

Wir strebten eine bessere Distribution beim Handel an. Man hätte vermuten können, dass das für eine Vereinheitlichung von Verkaufspreisen benutzt würde. Dieses Argument war nicht relevant, weil wir natürlich auch Absatzkanäle wie Toys»R«Us und Supermärkte bedient haben, die mit ganz anderen Kalkulationen aufgetreten sind.

Was hielten Sie vom Toys»R«Us-System? Die Kette ließ sich erst 1984 in Deutschland nieder, also nach Ihrer Vertriebsumwandlung.

Ich kannte durch die Besuche in den USA Toys»R«Us und war immer sehr angetan von dieser auf Spielwaren konzentrierten Niedrigpreisstrategie.

Warum?

Weil ich gesehen habe, dass mit einer so professionellen und breiten Distribution auf Selbstbedienungsbasis in Amerika neue Käuferschichten an Spielwaren herangeführt wurden. Zuvor waren es die Leute gewohnt, in Supermärkten einzukaufen, in denen Salat oder Gurken neben Spielen lagen. Wie Toys»R«Us sich nachher entwickelt hat, will ich jetzt gar nicht kommentieren, aber zunächst war das eine wichtige Sache. Dass der traditionelle Handel wegen der niedrigen Preise und wegen des professionellen Angebots nicht gerade glücklich war, das ist ganz klar. Aber in der Zwischenzeit hat sich das meines Erachtens so eingespielt, dass der Spielwaren-Fachhandel und Toys»R«Us mit ganz verschiedener Preispolitik durchaus nebeneinander leben können.

Im Buchverlag gab es eine eigene Entwicklung. 1984 wurde der Außendienst ebenfalls neu organisiert. Was steckte dahinter?

Das waren die Jahre, in denen Buchverlag und Spieleverlag ihren Vertrieb trennten. Nicht nur die Redaktion wurde aufgeteilt und neu organisiert, sondern eben auch der Vertrieb. Es war folgerichtig, dass es eigene Vertriebsleute für den Buchverlag gab, die sich nur auf das Buch konzentrierten und nicht gleichzeitig ein Riesensortiment an Spielen präsentieren mussten – und umgekehrt. Heute nehmen die Buchverlagsvertriebsleute ein begrenztes Spieleangebot mit, weil der Buchhandel teilweise auch Spiele anbietet. Aber das ist nicht unbedingt das Erfolg versprechende Rezept. Es ist besser, wenn jeder Händler beim Buchverlag und beim Spieleverlag direkt einkauft.

Für Bücher gab es immer schon eine Preisbindung, auch wenn auf europäischer Ebene hin und wieder mal darüber diskutiert wird. Für Spiele galt das nie, obwohl das Spiel auch ein Kulturprodukt genau wie das Buch ist.

In der Tat gab es Überlegungen, für Spiele auch eine Preisbindung einzuführen, aber kartellrechtlich wäre das nie möglich gewesen – und sicher auch nicht in unserem langfristigen Interesse.

Der Verbraucher soll vergleichen können?

Die verschiedenen Handelsformen erfüllen spezifische Aufgaben: der Spielwarenfachhandel mit intensiverer Beratung, der Supermarkt ohne Beratung, das wirkt sich auf das Preisniveau aus. Das muss der Kunde wissen.

Ist das nicht im Buchhandel genauso? Bei Hugendubel oder Thalia stehe ich in einer Riesenbuchhandlung, in der ich nicht unbedingt sofort eine Beratung finde, dafür kann ich stöbern.

Aber ich kann mir Beratung holen und fragen: »Sagen Sie mal, was würden Sie mir jetzt empfehlen?«

Sie sind für die Preisbindung bei Büchern weiterhin?

Ja, aber das ist eine branchen- und kulturpolitische Frage.

Damals existierte eine Tochtergesellschaft »Lesen und Freizeit«, die 1986 eingestellt wurde. Welche Funktion hatte diese Firma?

Es gibt den sehr bedeutenden US-Verlag Scholastic, der Vertriebsarbeit in Schulen macht und direkt an Eltern und Kinder verkauft. Mit denen haben wir freundschaftliche Kontakte gepflegt und auf deren Wunsch in Deutschland kooperiert. Da kam starker Widerstand aus dem Buchhandel auf, der nicht wollte, dass ein Verlag direkt an die Schulen verkauft, ebenso von den Schulämtern, die auch nicht damit einverstanden waren, dass Lehrer plötzlich noch kommerzielle Interessen wahrnehmen wollten. Dabei hatten sie das gar nicht im Sinn, sie bekamen ein Belegexemplar von den verkauften Titeln, das war's. Schließlich gaben wir dem Druck der Buchhandlungen nach und zogen uns zurück, die Sache war ohnehin in der Summe nicht sehr erfolgreich gewesen.

1988 nahmen Sie ein modernes vollautomatisch computer-gesteuertes Hochregallager mit 16 000 Palettenplätzen in Betrieb.

Das neue chaotische System! Früher hat man die Spiele anders eingelagert, stellte Paletten in einer Halle an feste Plätze und rangierte sie per Gabelstapler, das war sehr platzaufwendig. Wir müssen ja bei einem doch immer noch auf Weihnachten konzentrierten Spitzenabsatz auch das Jahr über relativ große Bestände vorhalten.

Gab es im technischen Bereich in den 80er-Jahren noch andere wesentliche Veränderungen?

Nach dem Umzug in das Hochregallager gewannen wir Platz und neue räumliche Möglichkeiten, die uns auch andere Fertigungsmethoden erlaubten, zum Beispiel konnten wir ganze Maschinengruppen besser verknüpfen. Wir installierten eine automatische Verpackungsanlage und eine Transportanlage, die die Produkte ins Hochregallager brachte. Das sind immer die gleichen Überlegungen. Sobald man erkennt, dass es durch eine Investition in Maschinen und in sonstige Fertigungseinrichtungen zur Senkung des Gestehungspreises kommt, fragt man sich in Anbetracht steigender Löhne, wann sich das lohnt. Wir haben lange, lange Jahre nur in Deutschland gefertigt. Für die Mitarbeiter, die ja auch Konsumenten sind, haben wir uns gefreut über die höheren Löhne, aber um die Gestehungskosten der Spiele niedrig zu halten, waren wir gezwungen, in weitere Rationalisierung der Arbeitsabläufe zu investieren und auch im Ausland mit anderem Lohnniveau zu fertigen.

Allein 1986 haben Sie achtundfünfzig neue gewerbliche Mitarbeiter eingestellt. Das Produktionsvolumen lag mit 28 Prozent über dem Plan. Das ist ja enorm, das muss man bewältigen!

Man vergisst im Lauf der Jahre, dass das Bewältigen dieses Wachstums nicht nur eine Frage der Titelauswahl oder der Vertriebsmethoden war, sondern auch, um beim Ende anzufangen, von der Auslieferung bis zur Fertigung eine großartige

Leistung. Ich bin vor allem Eugen Hildebrandt und Bruno Müller, mit denen ich eng zusammenarbeitete, unendlich dankbar, dass sie das alles so gut bewältigt haben.

Man hat immer wieder über Plan produziert. Es klingt in den Notizen manchmal, als wäre ein Segen von oben unerwartet herabgeregnet. Wieso hat man die Jahrespläne derart niedrig gehalten, war die Entwicklung so schlecht absehbar?

Unsere Voraussagemethoden waren vielleicht nicht gut genug. Oder man hat nicht den Mut gehabt, eine andere Absatzschätzung hinzuschreiben. Oft hat man das einfach nicht planen können, was da insbesondere in der Weihnachtssaison plötzlich lief. Wenn die Aufträge kamen und der Markt lief, musste man die Dinge auch aufgreifen. Es hat keinen Sinn, 40 Prozent Steigerung zu planen und dann bloß 20 zu erreichen. Sonst halten Sie Kapazitäten vor, die Sie nicht auslasten können. Mir ist ein Übertreffen von geplanten Zahlen lieber als der umgekehrte Fall.

Sobald Sie kurzfristig viele neue Leute brauchten, haben Sie die auch alle in der Region gefunden. War das schwierig?

Nach allem was ich weiß, war das nie ganz einfach, man musste Leute auch anlernen. Saisonarbeitskräfte, Studenten etwa, haben gerne mal im Sommer für zwei Monate gearbeitet. Das hat immer irgendwie funktioniert, ohne dass wir deshalb ins Ausland gehen mussten. Wir hatten für bestimmte Tätigkeiten externe Firmen, die vorübergehend ausgeholfen haben. Wir hatten viel unserem Herstellungsleiter Karl Friedrich Maier zu verdanken, der eng mit Lieferanten und externen Herstellern zusammengearbeitet hat.

Die Leute in der Region waren offenbar zufrieden damit, dass immer wieder neue Arbeitsplätze entstanden sind.

Da hat niemand protestiert.

Ravensburger war und ist bekannt für die lange Verweildauer der Mitarbeiter, häufig lebenslang. Nicht selten kommen deren Kinder später ebenfalls ins Unternehmen und bleiben lange, gerade im gewerblichen Bereich. Ist das auf die ländliche Lage in Oberschwaben zurückzuführen?

Vielleicht bis zu einem gewissen Grad. Ich bin sicher, das hat auch viel mit dem Vertrauen in das Unternehmen zu tun. Noch heute sagt man »Ich schaff beim Otto Maier«, obwohl wir seit mehr als zwanzig Jahren einen anderen Firmennamen haben. Deren Väter oder Großväter haben auch schon »beim Otto Maier geschafft«. Das gibt es.

Das Unternehmen ist ja nicht das größte in der Region – früher und auch heute nicht.

Nein, ganz sicher nicht. Allerdings hatten wir viele Frauenarbeitsplätze zu bieten und das war gesucht. Wir haben prozentual weniger Männer beschäftigt als die großen metallverarbeitenden Betriebe wie Escher Wyss. Attraktiv war sicher auch die persönliche Atmosphäre.

Die Beziehungen zwischen Geschäftsführung und Betriebsrat lesen sich wie die »Grimms Märchen« der Arbeitswelt, mit jahrzehntelang demselben Betriebsratsvorsitzenden.

Der erste Betriebsratsvorsitzende war der Leiter unserer Druckerei, Josef Auffinger, danach kamen Rudolf Göggerle, Franz Beck und weitere zum Teil leitende Mitarbeiter, die hohes Vertrauen in der Belegschaft genossen und deshalb gewählt wurden. Wir hatten immer eine gute und freundschaftliche Zusammenarbeit, kein Gegeneinander zwischen Mitarbeitern und Firmenleitung. Vor allem auch, als Dr. Armin Boeckeler die Personalarbeit verantwortete und dafür zuständig war.

Die Mitarbeiter fühlten sich offenbar gut vertreten, denn die Wahlbeteiligung lag in den 8oer-Jahren bei 8o Prozent ungewöhnlich hoch. Und Sie waren bekannt dafür, jeden Mitarbeiter namentlich zu kennen.

Das ist nun übertrieben, das war quantitativ irgendwann nicht mehr zu bewältigen. Ich bin immer gerne und viel durch den Betrieb gelaufen, weniger durch die Büros als durch Fertigung und Auslieferung. Ich habe mich umgeschaut, mich für die Fertigung und alle Probleme interessiert. Dadurch kannte ich die Meister und viele langjährige Mitarbeiter.

Das hat sicher mit zu der positiven Identitätsbildung bei vielen Mitarbeitern geführt, die man eben nicht nur mit einem Betriebsausflug einmal im Jahr zufriedengestellt hat, sondern auch durch persönlichen Handshake mit dem Chef.

Na ja, ich bin nicht zu dem Mädchen am Band hingelaufen und hab gesagt: »Ich möchte Ihnen jetzt die Hand schütteln.« So war das nicht. Aber ich habe mich für ihre Arbeit interessiert.

Heute ist es selbstverständlich für die Industrie, viel Weiterbildung zu betreiben. Es gibt das Stichwort des lebenslangen Lernens. Das war vor dreißig Jahren noch nicht selbstverständlich, Sie aber haben leitende Mitarbeiter, dazu zählten auch die Meister, zu Weiterbildungskursen geschickt und viele Inhouseseminare angeboten.

Ich hab selber, ironisch gesagt, nie was Rechtes gelernt, und das, was ich mir an Können angeeignet habe, zusammenlesen müssen. Aus diesem Grund war Weiterbildung für mich und für die Mitarbeiter, die in den verschiedenen Phasen dazukamen, natürlich ungeheuer wichtig. Wir haben uns ebenso um Mitarbeiter von draußen bemüht, die ihre Erfahrungen eingebracht haben. Von denen haben wir alle gelernt.

Haben Sie bewusst versucht, neue Führungskräfte von außerhalb der Region zu holen?

Nein, das war dem Zufall überlassen.

Allein im Jahr 1989 hatten Sie fünfzig Auszubildende. In welchen Berufen wurden diese jungen Leute ausgebildet?

Früher bildeten wir Buchhandels- und Verlagslehrlinge aus, aber der Schwerpunkt lag mittlerweile im Kaufmännischen, also in der Ausbildung zum Industriekaufmann. Allerdings entstanden zunehmend spezialisierte Ausbildungen wie etwa Verpackungsmittelmechaniker. Wenn Sie davon ausgehen, dass ein Auszubildender im Schnitt zweieinhalb Jahre da ist, dann wirkt die Zahl von fünfzig Azubis gar nicht so hoch – fünfzehn oder zwanzig pro Jahr, die neu eingestellt werden. Alle Mitarbeiter, die im eigenen Unternehmen ausgebildet worden sind, waren besser vertraut mit den Arbeitsabläufen und Aufgaben. Viele wurden nach der Lehre übernommen.

Es muss etwas Besonderes daran gewesen sein, denn Sie haben in dem Jahr durch den Bundespräsidenten eine Auszeichnung bekommen für Leistungen in der Berufsausbildung. Ein bis heute beliebter Ravensburger Spielebestseller mit Millionenauflagen war durch ein internes Experiment entstanden: »Scotland Yard« wurde nicht von einem einzelnen Autor, sondern durch ein Projektteam eigener Mitarbeiter entwickelt. Es blieb bei dem einen Versuch, warum?

Es war in der Tat eine erfolgreiche Mitarbeiterinitiative, über die wir uns gefreut und sie entsprechend honoriert haben – vielleicht nicht gut genug honoriert … Das ist eine rechtlich gar nicht einfache Frage. Im Prinzip sind Mitarbeitererfindungen ja Eigentum des Unternehmens. Also musste man eine Lösung finden, dass man die besondere Leistung einerseits honoriert, aber andererseits auch das Prinzip der Mitarbeitererfindung beibehält, die dem Unternehmen gehört.

Das Beispiel war ja auch schwer zu toppen, »Scotland Yard« ist heute ein Klassiker.

Vielleicht haben wir da nicht den richtigen Weg gefunden, um dann zu einer Fortsetzung dieser erfolgreichen Arbeit zu finden.

Lässt sich diese Teamarbeit mit dem Verbesserungs- und Vorschlagswesen vergleichen?

Nein, das systematische Verbesserungswesen kam später in Mode, die Idee wurde aus Japan eingeführt. Allerdings gab es natürlich bei uns in Deutschland schon immer den Standpunkt, dass nicht die Oberen das bessere Prozedere eines Arbeitsablaufs erfinden, sondern die Mitarbeiter selbst. Sie haben oft gute Ideen und mögen diese einreichen. Wenn der Vorschlag zu Verbesserungen geführt hat, wurde er realisiert, die Kosteneinsparung berechnet und mit entsprechenden Prämien honoriert, das betraf bei uns vor allem technische Abläufe.

1988 wurde die Spieleredaktion umorganisiert in Produktbereiche. Jetzt gab es keine Spieleredakteure mehr, sondern Produktmanager. Was steckte dahinter?

Der Gedanke, dass jemand nicht vom Lottospiel bis zum Puzzle alles abdecken kann. Wir haben Zuständigkeitsbereiche geschaffen – pädagogische Kinderspiele, Gesellschaftsspiele für Familien oder Erwachsene, Beschäftigungsspiele, Puzzles etc. Man kann von Spezialisierung sprechen, weil die Betreffenden auch das Umfeld im Auge behalten müssen, die inländischen und ausländischen Märkte, die Konkurrenz, die Modethemen und vor allem die Vermarktbarkeit.

Im Buchverlag lief es andersherum: Der Lektor hieß jetzt Redakteur.

Der Lektor bearbeitet die Texte des Autors, den Satzbau, die inhaltliche Logik. Der Redakteur bei uns greift auch zum Teil im Sinne eines Produktmanagers sehr viel früher und weiter ein, er legt Buchthemen und Zielgruppen fest und sucht dann nach Autoren. Er fragt: Was brauchen Kinder? Welche Bücher lesen sie gerne? Wie können sie etwas lernen? Bestes Beispiel ist die Wissensreihe »Wieso – Weshalb – Warum«, da braucht man ein Grundkonzept, Illustratoren und Textautoren. Das ist klassische Redaktionsarbeit eines Buchverlags.

Im Spielebereich hat die Zahl der jährlich neu produzierten Spiele nach und nach abgenommen. Nach dem Prinzip »weniger ist mehr«?

Es gab sicher die Gefahr des Ausuferns einer Kollektion, ein Problem für den Vertrieb, für die Außendienstmitarbeiter, die dann eine zu große Latte von Dingen mitnehmen mussten, auch deshalb kam es früher zur Trennung zwischen Buch- und Spieleverlag.

Sie haben sehr früh angefangen, sich mit dem Markt der Neuen Medien zu beschäftigen, ins Film- und Fernsehgeschäft einzusteigen und ab 1983 Computersoftware zu produzieren, zeitlich parallel zur Arbeit des Projektteams für das Spiel »Scotland Yard«. Eine aufregende, ereignisreiche Zeit, in der viel Neues in der Luft lag.

Die technischen Möglichkeiten zeichneten diesen Weg vor. Als die ersten Computer für das breite Publikum zu relativ niedrigen Preisen auf den Markt kamen, lag der Gedanke nahe, dafür Produkte zu entwickeln. Es gab viele Experimente, die im Sande verlaufen sind, weil die technische Entwicklung so rasant war, dass wir gar nicht nachgekommen sind. Ich hab immer gesagt, wir sind als Verlag ein Vermittler von Inhalten. Ob wir die in gedruckter Form oder auf andere Weise, auf elektronischem Weg, an das Publikum bringen, ist im Grunde genommen gleichgültig. Wir dürfen uns nicht von der Tatsache, dass wir etwas vom Büchermachen und vom Spielemachen verstehen, abhalten lassen, unseren Blick für andere Formen der Inhaltsvermittlung zu erweitern.

Also ging es schon damals um Content, dieses Modewort kam ja später erst auf.

Ein Grund, warum wir uns fürs Fernsehen interessiert haben. Da gab es zum ersten Mal die Möglichkeit, neben den öffentlich-rechtlichen Fernsehanstalten private Fernsehprogramme zu senden. Deren Macher waren auf der Suche nach Programmen und Inhalten und sprachen uns als Spezialisten für Kinder, Jugendliche, Spielerisches an. So kam es zu einem Anteil von einem Prozent am TV-Sender SAT.1. Einige Jahre später waren wir plötzlich mit einer eigenen Tochterfirma an der Börse. Das hat uns in Dimensionen getrieben, denen wir personell und denkerisch gar nicht mehr nachgekommen sind. Das ist aus dem Ruder gelaufen.

Das war eine Erfahrung der 90er-Jahre. Bleiben wir noch bei den ersten Home-Computer-Programmen von Ravensburger 1984. Schon ein Jahr später wurde die Software-Entwicklung wieder eingestellt. Dafür gab es offenbar schon 1985 über 200 Ravensburger TV-Kindersendungen. Der Keim für die expansiven Boomjahre war gelegt, man tastete sich in fremdes Gelände vor. Haben Sie geahnt, welche Folgen das alles haben würde?

Nein, sicher nicht, sonst hätte ich mich vielleicht auch anders eingesetzt. Ich schreibe es mir selber zu, dass diese Aktivitäten aus dem Ruder gelaufen sind. Ich habe es zugelassen, aber analysieren kann ich das nicht.

Das Unternehmen wurde 1988 umgewandelt in eine Aktiengesellschaft, die Otto Maier Verlag Ravensburg AG. Wie kam es dazu?

Schon 1980 waren wir GmbH statt KG, das hat sich mehrfach geändert, genau wie die Namensbezeichnungen. Heute enthält nur noch der Buchverlagsname den »Otto Maier«. Im Hintergrund der Umfirmierung in eine AG standen zwei Überlegungen. Die Frage eines Börsengangs hat im Hinterkopf mitgeschwungen, aber der wichtigste Vorteil der AG gegenüber der GmbH war die stärkere Unabhängigkeit der Leitung. Wir haben uns gesagt, irgendwann kommt der Moment, in dem meine Cousine und ich nicht mehr das Unternehmen führen. Dann werden wir froh sein, wenn wir gute Leute bekommen, da hat die AG ein höheres Standing, weil es einen Aufsichtsrat gibt, der zwischen den Interessen der Anteilseigner und der Unternehmensleitung abfedert. In der GmbH haben Sie als Anteilseigner ein Durchgriffsrecht, in der AG trifft das nicht zu. Und dass wir anstelle des »Otto Maier Verlags« den Begriff »Ravensburger« gewählt haben, lag schlicht am starken Bekanntheitsgrad dieser Marke. Der Entschluss, die KG in eine GmbH umzuwandeln, ist nach dem Tod unseres Onkels Karl Maier gefallen, davor waren mein Onkel, meine Cousine und ich drei persönlich haftende Gesellschafter. Das konnten wir nicht so lassen, den Erben nicht zumuten. Wir wollten sowieso irgendwann entpersönlichen, obwohl die persönliche Haftung uns gewisse Vorteile gegeben hatte, weil die persönlich haftenden Gesellschafter dann eine Vorausvergütung bekommen.

Es gibt viele Beispiele in der Wirtschaftsgeschichte, dass gerade mittelständische Unternehmen große Schwierigkeiten haben, die Nachfolge zu regeln. Manche können sich nicht von der Vorstellung lösen, dass unbedingt eigene Familienmitglieder das Unternehmen weiterführen müssen. Mir war eine Trennung zwischen den Anteilseignern und der Firma wichtig, dass wir sie als zwei verschiedene Einheiten betrachten. In einer AG mit Vorstand und Aufsichtsrat sind die Bereiche Firma und Familie getrennt. Die Rechtsformänderung erfolgte natürlich im Einvernehmen mit den Gesellschaftern.

Das Mitspracherecht, die Möglichkeit, sich einzumischen, wurde den Gesellschaftern damit genommen.

Es ging um Entpersönlichung. Wir begannen, externe Vorstände einzusetzen. Der erste familienfremde Vorstand war Dieter Breede, danach Dr. Armin Boeckeler. Als ich mit fünfundsechzig Jahren ausgeschieden bin, haben wir nach einer Fehlbesetzung Erhard Pohle gefunden, der sich gut einarbeitete, viele Initiativen startete, jedoch plötzlich verstarb. Das waren die ersten.

Schon damals dachte man perspektivisch an einen Börsengang. Hatten Sie keine Sorge, dass zu viele Einflüsse von außen kommen könnten?

Zunächst haben wir die Gesellschafter mit Vorzugsaktien versehen, haben davon aber keinen Gebrauch gemacht, um zum Beispiel an die Börse zu gehen. Im Jahr 1999 sind wir mit der Fernseh-Tochter RTV an die Börse gegangen – ein Boom, aber mit allen negativen Konsequenzen der Publizität und der Aktionärszahl. Daraus haben wir gelernt, unter allen Umständen zu vermeiden, dass die eigentliche Firma ähnlich in das Hin und Her einer Hauptversammlung mit externen Beteiligten gerät. Bei einer kontinuierlich verlaufenden Entwicklung können Sie einen Börsengang durchaus wagen, weil das Publikum das entsprechend honoriert. Diese Erfahrung bewog uns, bei der nächsten Vertragsänderung die Vorzugsaktien aufzugeben.

Waren Sie 1988 ein bisschen blauäugig? In dieser Zeit gab es noch keinen Neuen Markt.

Wir haben durch Vorzugsaktien halt diese Möglichkeiten für alle Eventualitäten schaffen wollen. Aber eine solche Boomgeschichte, wie das bei RTV am Neuen Markt gewesen ist, war einfach nicht beherrschbar. Ich bin dem späteren Vorstandsmitglied Frank Mallet dankbar, dass er sich in besonderem Maße darum gekümmert hat, unseren Ausstieg aus diesem Abenteuer ordentlich über die Bühne zu bringen.

1989 wurde Ihre Cousine Dorothee Hess-Maier als erste Frau in diesem Amt zur Vorsteherin des Börsenvereins gewählt.

Sie war ja in den Gremien schon engagiert, im Vorstand des Börsenvereins, zuvor im Vorstand des Landesverbands Baden-Württemberg. Ich selbst habe dreißig Jahre vorher auch schon einmal im Verlegerausschuss mitgewirkt. Ich hab ihr zugeredet, das Amt zu übernehmen. Damals stand eine Reform des Börsenvereins an, von Wiedervereinigung war noch keine Rede. Es war dann für sie durch die Wiedervereinigung auch mit der entsprechenden DDR-Organisation eine Riesenaufgabe, die sie sehr gut bewältigt hat. Ohne Spannungen und Probleme. Sie stand in Ravensburg natürlich weniger zur Verfügung, weil sie in Frankfurt präsent sein musste, aber wir hatten mit personeller Weichenstellung vorgesorgt. Ich hatte ihr mit meiner IHK-Tätigkeit vorexerziert, dass man auch externe Aufgaben übernehmen kann.

Apropos Wende: Wie haben Sie persönlich den Fall der Mauer erlebt? Erinnern Sie sich noch daran, was Sie gemacht haben am Abend des 9. November 1989?

Ich habe wie alle vor dem Fernseher gesessen und mich gefreut.

Hatten Sie damit gerechnet, dass Deutschland irgendwann wieder vereinigt ist?

Nicht wirklich. Obwohl jeder die Veränderungen im ganzen Ostblock ja gesehen hat. Wir hatten häufig Besuch des Präsidenten der Universität Tübingen gehabt, der mir dann zu einem Zeitpunkt Mitte der 8oer-Jahre gesagt hat: »Vor den Russen dürfen wir keine Angst haben. Diese Wirtschaft ist derartig verrottet, die kriegen nichts zusammen außer im rein militärischen Bereich.« Und das hat sich ja dann letzten Endes auch in Bezug auf die DDR als richtig herausgestellt.

Hatten Sie damals persönliche oder berufliche Verbindungen in die DDR?

Nein, gar nicht. Unser damaliger Vertriebsleiter Ulrich Urban und auch andere im Hause waren voller Euphorie, was da nach der Wiedervereinigung geschieht, und wollten sich engagieren. Ein Mitglied unseres Aufsichtsrats, dem ich mal die Frage gestellt hab, reagierte abwehrend: »Um Gottes Willen, halten Sie sich zurück. Tun Sie mal gar nichts.«

Sie hatten überlegt, ob Sie investieren?

Von der Treuhandanstalt haben auch Verlage eingekauft. Wir haben schnell gesehen, dass die meisten Verlage kein Potenzial hatten, man hätte ohnehin neu investieren müssen. Viele Privatleute haben in Immobilien investiert, das ging oft schief, insofern bedaure ich nicht, mich daran nicht beteiligt zu haben. Die Ost-Firmen waren meist nicht konkurrenzfähig mit dem Westen. Sie waren es gewohnt, in ihrem eigenen Währungsbereich und in Osteuropa ihre Produkte zu verkaufen, das hatte ja nichts mit Konkurrenzfähigkeit zu tun! Wir haben also nach der Wende nur ein Vertriebsbüro in der Nähe von Leipzig aufgebaut, um zu versuchen, die möglichen Kunden zu erfassen. Im Handel gab es keine vernünftige Struktur. Deshalb haben wir relativ viel Geld investiert, um unser Programm in Schulen und Kindergärten vorzustellen. Wir haben Kindergärtnerinnen und Grundschullehrer mit Anzeigen und Anschreiben eingeladen, um ihnen das Programm vorzustellen. Unsere pädagogische Arbeitsstelle, aber auch der Vertrieb waren daran maßgeblich beteiligt.

Wurde es denn gebilligt, dass man mit kommerziellen Produkten in die Kindertagesstätten geht?

Die Erzieherinnen waren einfach erfreut, wir haben denen ja nichts verkauft. Die waren vor allem froh, mal eine Plattform zu haben, um überhaupt zusammenzukommen. Ich war 1990 in Magdeburg selbst mal bei einer solchen Veranstaltung dabei. Ob das was genützt hat, ist die andere Frage. Gleichzeitig wurden Kontakte zum Handel aufgebaut, das hat den Firmen im Westen durchaus einen Boom gebracht. Wir haben ein nicht unerhebliches Wachstum in den Zeiten verzeichnet. 1989/90 war wirklich sehr ereignisreich.

Haben Sie sich als Wessi gefühlt?

Ich bin nicht oft rübergefahren in den Jahren nach 1989. Ich hatte mir immer gesagt, im Grunde genommen müssen wir von Glück reden, dass wir auf dieser Seite des Vorhangs gelebt haben und viele Chancen bekommen haben.

Auch persönlich war diese Zeit wohl ein Einschnitt, 1990 sind Sie sechzig Jahre alt geworden. Der Geburtstagstermin wurde sehr stark öffentlich wahrgenommen, sogar der Ministerpräsident kam zu Ihrer Feier im Schwörsaal der Stadt Ravensburg.

Meine Cousine war der Meinung, sie müsste etwas für meinen 60. Geburtstag tun und plante mit der Industrie- und Handelskammer, deren Präsident ich war, eine gemeinsame Veranstaltung. Der IHK war es recht, sich auch mal nach außen darstellen zu können bei so einer Gelegenheit. Lothar Späth hat mir einen Orden um den Hals gehängt.

Wie haben Sie die Ehrungen aufgenommen, waren Sie stolz, gerührt oder eher lakonisch gestimmt?

Ich mag an sich solche Veranstaltungen für mich persönlich nicht so gerne. Meine Cousine hat damals gesagt: »Vielen Dank, dass du das über dich hast ergehen lassen.« Das war ihre Begrüßung. Anschließend hatte sie einen fulminanten Vortrag organisiert, den die meisten Leute genauso wenig verstanden haben wie ich selber. Er wurde unter dem Motto »Für eine Philosophie des Spiels« von dem Philosophen Peter Sloterdijk gehalten. Der Ministerpräsident kam zu spät. Ich weiß das deshalb noch ganz genau, weil der damalige baden-württembergische Innenminister Dietmar Schlee, mit dem ich ganz gut bekannt war, die Nachricht erhielt, dass ein Attentat auf Bundesinnenminister Wolfgang Schäuble verübt worden ist, wodurch er ja bis heute querschnittgelähmt im Rollstuhl sitzt.

Kamen Sie in der Sloterdijk-Rede überhaupt vor?

Nein, der hat nur über das Spielen gesprochen, er sollte ja keine Laudatio halten. Meine Cousine wollte etwas organisieren, das aus dem Üblichen herausstach. Und das ist ihr gelungen.

Peter Sloterdijk: Für eine Philosophie des Spiels
(Auszüge aus der Rede vom 12. Oktober 1990)

... Was sind Spiele anderes als die kleinen Cousinen der
Künste? Natürlich müssen auch sie von der neuzeitlichen
Wendung des Geistes zum Menschen profitieren. Vom Lob der
Kunst zu dem des Spiels ist es nur ein Schritt — und den
muß die Anthropologie vollziehen, da sie hierin unter
Zugzwang steht. Nachdem sie den Menschen als Schöpfer ins
Gespräch gebracht hat, kann sie vom Menschen als Spieler
nicht lange schweigen. Ob homo artifex oder homo ludens —
wer überhaupt den Menschen dem Zufälligen positiv zuord-
net, der muß die Dinge so wenden, als wäre seit jeher
das Spiel des Menschen bester Freund. Das Spiel hat hierin ein ähnliches Theorieschicksal gefunden wie die Natur,
auch diese wurde in der romantischen Anthropologie um-
gedeutet von der ältesten Feindin des Menschen zu seiner intimsten Komplizin, ja zu seinem besseren Selbst;
somit vermag dieser Auffassung nach die Natur mehr für
uns zu tun als wir für uns selber. Analog hierzu wurde
dem Spiel die Kraft zugesprochen, uns über alles Selbst-
beabsichtigte und Berechnete hinaus zu bereichern. Es
liegt auf der Linie dieser spielromantischen Denkweise,
wenn Johan Huizinga uns in seinem klassischen Buch versichert, die menschliche Kultur sei ein Geschenk des
Spiels. Für ihn bedeutet Spiel eine ekstatische Funktion
der Natur; im Spiel geht das Natürlich spontan über sich
selbst hinaus — mit Richtung auf Geist, Darstellungstrieb
und Selbstfeier. Das Spiel ist das theatralische Organ
der Natur. Der Mensch zeichnet sich lediglich dadurch aus,
daß er der Intendant jener aus dem Biologischen herauf-
steigenden Spielenergien ist. In diesen ist stets ein
überschießender Faktor am Werk, und die Natur erscheint
im Licht der spielromantischen Analyse nicht wie eine
Haushälterin, die scharf rechnet, sondern wie eine Diva,
bei der genug nicht genug ist. Huizingas Idee, daß ein
Prinzip Spiel durch den Menschen hindurchgeht, um ihm
Kultur zu geben, erscheint wie eine niederländische zi-
vile Replik auf Nietzsches dionysische Doktrinen — das
Spiel wird quasi der Gott von unten, der die menschliche Sphäre durchquert, um sie mit einem Gelächter, einer
Pirouette, einem Paradox zu übersteigen. Hier zeigt sich,
daß auch heute noch die großen Theorien des Spiels nicht
anders können, als in der Nähe des Prinzipiellen anzu-
kommen, das in metaphysischer Zeit das Göttliche hieß. ...

10
Marken, Märkte, Menschen. Aufbrüche und Abenteuerspiele – 1989 bis 1995

Die gesellschaftsrechtliche Umwandlung des Unternehmens Ravensburger in eine Aktiengesellschaft liegt 1990 zwei Jahre zurück. Insgeheim hofft Otto Julius Maier, dass eines Tages jemand aus der nächsten Generation das Ruder übernehmen wird. Seine eigenen Kinder Valerie und Clemens sind erst einundzwanzig und neunzehn Jahre alt, Dorothee Hess-Maiers Sohn Albert ist ebenfalls neunzehn, sein älterer Bruder Thomas lebt nicht mehr und die Kinder Veit und Elisabeth der viel jüngeren Cousine Irmela Kraft sind noch gar nicht geboren. Es geht darum, Strukturen zu schaffen, die es ermöglichen, das Unternehmen als Familienunternehmen weiterzuführen – mit qualifizierten Personen, die nicht zur Familie gehören.

Die Frankfurter Allgemeine Zeitung findet für die konsequente Haltung der Ravensburger Familiengesellschafter freundliche Worte. Die Schwäbische Zeitung stimmt in den Medienchor ein: »Diese Rechtsform bietet die Möglichkeit, auch Familienfremde in die Führung zu berufen. Schwäbischen Unternehmern fallen solche Schritte nicht leicht. Auch die Maiers mussten sich wohl dazu durchringen.«

Sie tun es: Ein familienfremder Manager wird mit der Umwandlung in eine Aktiengesellschaft in den Vorstand berufen und trifft nun zusammen mit den beiden Maiers im Vorstand tagesaktuelle und langfristige Entscheidungen. Ein Aufbruch zu neuen Ufern jagt in dieser Zeit den nächsten. Alle glauben, dafür eine stabile Basis zu haben: Ravensburger ist Marktführer für Spiele, Puzzles, Bilderbücher und Jugendbücher. Das blaue Dreieck wird vom Endverbraucher anerkannt als Gütesiegel für Qualität von Kinderprodukten; auf Messen und in Spielwarenläden wird es gerne als Fernerkennung genutzt, um die Präsenz des Unternehmens optisch zu verankern. Erst als Markenprodukte anderer Hersteller übernommen und präsentiert werden, zum Beispiel Altenburger Spielkarten und F. X. Schmid-Spiele, beginnt eine neue Runde des Nachdenkens über das eigene Profil.

Die ersten Jahre nach der gesellschaftsrechtlichen Umwandlung segnen die Entscheidung nachträglich als glücklich. Man erschließt neue Geschäftsfelder und wächst und wächst weiter, ja, man empfindet es als positiven »Zwang« zur Expansion, eine unter Ökonomen übliche Logik.

Wie schwierig gestaltete sich die Umwandlung in eine AG aus persönlicher Sicht? Waren Zeitpunkt und Maßnahme richtig?

Wir hatten beide, meine Cousine und ich, ein bestimmtes Alter. Ein Nachfolger aus der Familie, der lückenlos unsere Aufgabe hätte übernehmen können, war nicht da, also mussten wir für eine überschaubare Zeit, bis eventuell ein Mitglied der Familie für die Leitung infrage käme, ganz bewusst ein familienfremdes Management im Unternehmen installieren. Es gab keine große Diskussion zwischen meiner Cousine und mir, wir waren uns völlig einig. Insofern habe ich den Schritt als leicht empfunden. Schwierig war es dann, die richtigen Personen zu finden. Dass ich keine Probleme mit dieser Entscheidung hatte, hängt natürlich auch damit zusammen, dass meine Cousine sechs Jahre jünger ist und in dem Moment, als ich ausgeschieden bin, noch dablieb, um das Unternehmen mit guten Mitarbeitern weiterzuführen.

War der Verlag danach noch ein echter Familienbetrieb?

Das war und ist ganz eindeutig der Fall. Die Anteile sind bis heute in Familienhand, was nicht bedeuten muss, dass Familienmitglieder das Unternehmen leiten. Wir hatten schon vor der Umwandlung in eine AG einen Beirat, der dann in gleicher Besetzung in einen Aufsichtsrat überging. Und im Gesellschaftervertrag wurde festgelegt, dass darin auch Familienmitglieder mitwirken sollten.

Haben Sie den Zeitpunkt als richtig empfunden?

Ich hatte mir fest vorgenommen, wie andere leitende Mitarbeiter auch, spätestens mit fünfundsechzig Jahren, also 1995, aufzuhören. Ich hatte aus der erweiterten Familie ein Gegenbeispiel, wo jemand zu lange in der Führung seines Unternehmens geblieben ist. Wenn alles gutgeht, meint man, auch mit achtzig noch das Heft in der Hand behalten zu können. Das wollte ich auf keinen Fall.

Wobei Sie sich später nicht komplett ins Privatleben zurückgezogen haben, sondern durchaus noch präsent im Unternehmen waren.

Ja gut, ich habe den Aufsichtsratsvorsitz übernommen und in der Rückschau manches insofern falsch gemacht, als ich eben nicht präsent genug war. Ich habe die Kontrollfunktion vielleicht nicht effektiv genug wahrgenommen. Der Aufsichtsrat soll Aufsicht ausüben und Rat geben. Ich hab dies mehr als eine formelle Aufgabe aufgefasst; und wahrscheinlich haben die übrigen Aufsichtsräte gedacht, wenn der Maier das abnickt, ist die Sache in Ordnung. Da sind sicher ein paar Dinge aus dem Ruder gelaufen. Zum Beispiel haben wir zu viele verschiedene Sachen gleichzeitig in Angriff genommen.

Ich stelle mir das schwierig vor, einerseits den neuen Vorstandsmitgliedern freie Hand zu lassen, andererseits ihnen trotzdem auf die Finger zu schauen.

Auch das muss man wahrscheinlich lernen. Ich hab die Pläne zu wenig hinterfragt.

Gab es einen Jour fixe, oder wie muss man sich das vorstellen?

Man traf sich nach Bedarf und natürlich viermal im Jahr zu den regulären Sitzungen des Aufsichtsrats.

Mir ist aufgefallen, dass das Wort »Konzern« hier nicht gerne gehört wird.

Ich wollte in unserer Denke keine Konzern- oder Großmannssucht aufkommen lassen. Der frühere Ministerpräsident Lothar Späth sagte bei meinem Sechzigsten: »Herr Maier, da haben Sie sich ja ein richtiges Konzernle gebastelt.« Das mochte ich nicht, deshalb habe ich es vorgezogen, von der Unternehmensgruppe zu sprechen. Die Tochtergesellschaften sollten als selbstständige Rechtspersönlichkeiten mit eigener Managementverantwortung arbeiten, deren Erfolg an klaren Zahlen messbar sein sollte. Die Summe dieser Tochtergesellschaften war dann die Unternehmensgruppe.

In einem Interview aus der damaligen Zeit erwähnen Sie Übernahmeangebote.

Im formellen, offiziellen Sinne gab es die nicht. Dass etwa unsere amerikanischen Geschäftsfreunde wie Milton Bradley oder die Nachfolger uns gerne übernommen hätten, ist klar. Aber wir haben bei entsprechenden Fragen immer gelächelt und abgewehrt.

Zum Zeitpunkt der Wende 1989 war Ravensburger Marktführer für Spiele, Puzzles, Bilderbücher und Jugendbücher. Das Börsenblatt des Deutschen Buchhandels nennt dies eine enorme kreative und vertriebliche Leistung. Von da an spricht man in Unternehmensmeldungen davon, jedes dritte Spiel und jedes zweite in Deutschland verkaufte Puzzle komme aus Ravensburg. Was natürlich sehr eingängig ist. Die etwas triumphierende Art der Darstellung war etwas Neues.

Man wollte sich gegenüber anderen hervorheben. Die beiden großen amerikanischen Konzerne MB und Mattel haben sich immer als die Riesen dargestellt. Da wollten wir unsere Stellung ebenfalls selbstbewusst vertreten.

Wen soll es beeindrucken? Ist es für den Endverbraucher interessant?

Es bedeutet eher für den Händler etwas, dass er meint, den Marktführer nicht links liegen lassen zu können.

Im Geschäftsbericht 1992 liest man: »Aufgrund des hohen Bekanntheitsgrads und dessen Verkehrsgeltung war es möglich, den Markennamen in den Unternehmensnamen zu überführen.« Eigentlich spät – wo doch schon Ihre Ahnen siebzig Jahre vorher für »Ravensburger Spiele« warben.

Gut Ding will Weile haben, die Dinge müssen wachsen. Und vergessen Sie den Lernprozess nicht, über den wir bei anderer Gelegenheit sprachen. Den Markennamen in den Unternehmensnamen reinzubringen stellt kein Problem dar, das können Sie jederzeit machen. Die Frage ist nur, ob Sie es durchsetzen können. Dazu musste zunächst der Markenname etabliert, anerkannt und verteidigungsfähig sein. Wenn jetzt jemand ankäme und würde einen »Ravensburger Zeitschriftenverlag« gründen, könnten wir sofort gegen ihn rechtlich vorgehen, weil es um den Schutzbereich des Markenzeichens für Druckerzeugnisse ginge.

Es war das Bestreben, die Marke Ravensburger zu stärken, ihren Bekanntheitsgrad zu steigern, diesen mit Umfragen konsequent zu messen, um die Marke durchzusetzen und als Firmennamen zu etablieren. Zunächst ging es ausschließlich darum, die Wortmarke Ravensburger als Dachmarke stark zu machen, darauf haben wir alle Werbemaßnahmen konzentriert. Um die Produktmarken kümmerten wir uns später.

Es hat funktioniert. Es hat dazu geführt, dass jede Großmutter im Spielwarengeschäft nach einem Spiel von Ravensburger verlangt, Titel egal.

Man hat sich an diesem Namen im Sinne einer Wertigkeit orientiert. Was wiederum dazu führen kann, dass einem viele Leute sagen: »Wenn ich in meinen Regalen nachschaue, finde ich lauter Ravensburger Bücher oder Spiele darin.« Das ist einerseits schön, aber die Gefahr besteht, dass man sagt: »Da müssen wir nicht noch eins hinzufügen.«

1994 lag der Bekanntheitsgrad des zwanzig Jahre alten Markenzeichens blaues Dreieck ohne die Wortmarke Ravensburger bei 34 Prozent. Wie muss man das bewerten?

Ich halte das für eine relativ gute Zahl. Wenn Sie jetzt das Publikum allgemein befragen, »Was sagt Ihnen der Name Ravensburger?«, und wenn dann 34 Prozent Spiele, Puzzles oder Bücher nennen, bin ich sehr zufrieden. Wenn Sie den Menschen stattdessen ein blaues Dreieck hinlegen mit dem Schriftzug »Ravensburger« drin, erkennen das acht von zehn richtig.

Das klingt im Rückblick alles selbstverständlich, als wäre der Erfolg mühelos von selbst gekommen. Schließlich verschlingt das Erfinden und Platzieren einer neuen Marke normalerweise viele Millionen an Investitionsmitteln. Haben Sie auch Glück gehabt?

Es kostete schon Arbeit und viel Hirnschmalz, vor allem meine Cousine hat in besonderem Maße mitgestrickt und mitgewoben. Wir hatten Glück, die richtigen Leute zu finden, zum Beispiel Hans Köhler, IBM-Beauftragter für Corporate Design, der uns zum Nachdenken gebracht und das blaue Dreieck entwickelt hat. Übrigens hatte unser leitender Hausgrafiker Manfred Burggraf eine Art Wächterposition, die viel zur konsequenten Anwendung des blauen Dreiecks beigetragen hat.

Was würden Sie denn jemandem raten, der diesen Weg heute nachvollziehen möchte?

Jedes Unternehmen versucht, sich einen markanten Namen zu geben, sei es einen Familien- oder Städtenamen, eine Fantasie- oder Produktbezeichnung für die Firmierung. Den Namen Maier kennt im Ausland niemand und der »Otto Maier Verlag« war nur in Deutschland, vielleicht auch in der Schweiz und Österreich, bekannt. Aber wir brauchten einen klareren Begriff. In Frankreich hießen wir lange nur »Ravens« – das war keine Strategie von uns, wir wurden im Handel einfach so genannt, die Franzosen lieben eben

Abkürzungen! In Holland mussten wir klarstellen, dass Ravensburg nichts mit dem nationalsozialistischen Frauen-konzentrationslager Ravensbrück zu tun hat.

Lag es im Deutschland der 70er-, 80er-Jahre in der Luft, mit Umfragen Marktzahlen zu ermitteln?

Mag sein, eine kleine Rolle spielte sicher auch, dass ich im Verwaltungsrat der Gesellschaft für Konsumforschung GfK war und viel mit Marktforschung konfrontiert wurde. Da war ich zufällig hineingeraten. Der Verwaltungsrat bestand damals aus einer losen Vereinigung von Leuten, die an Markenpolitik interessiert waren. Es war ein Vereinsorgan, das quasi zwischen der Mitgliederversammlung und dem Vorstand tätig war und diesen Vorstand beraten sollte. Ich habe dabei viel über Marketing gelernt.

Immerhin handelt es sich inzwischen um das zweitgrößte Marktforschungsinstitut der Welt. Der spätere Wirtschafts-minister und Bundeskanzler Ludwig Erhard war einer der Gründungsväter. Haben Sie ihn je getroffen?

Ja, bei einer Jubiläumsfeier der GfK.

Eine Marke durchzusetzen kostet selbst in Ihrem Fall mit günstigen Umständen viel Geld. Ist Ihnen nicht schwindlig geworden angesichts der hohen Kommunikationskosten?

Das Unternehmen machte früher immer Werbung für Produkte, im Fall des Buchverlags für bestimmte Titel und nicht vorrangig für die Marke. In der Zwischenzeit hat sich das etwas gewandelt, heute gibt es auch Verlage, die den Verlagsnamen zur Marke machen, zum Beispiel Langenscheidt, oder nehmen wir das Beispiel von Diogenes. Die Marke Diogenes und das Design des Umschlags sind mindestens so wichtig wie die Frage, wie berühmt oder beliebt der Autor ist. Auch wir haben In den 70er-Jahren begonnen, nicht bloß für Spiele wie »Hase und Igel«, sondern sehr verstärkt für die Marke Ravensburger zu werben. Beispielsweise musste TV-Werbung für einzelne Produkte immer mit dem Satz schließen: »Ein Spiel von Ravensburger«.

Ein hoher Bekanntheitsgrad kann auch gefährlich sein: Ein Miniproblem kann sich zum großen Skandal entwickeln, wenn Marke und Unternehmen jedem geläufig sind.

Wenn irgendetwas passiert, kann das auch ins Auge gehen. Deshalb ist es wichtig, dass man verantwortungsvoll handelt und versucht, jedes Detail von der Produktion bis zur Lieferkette in sauberer Weise zu führen.

Eine schwierige Kunst, wenn das Unternehmen groß ist.

Letztlich hängt es von der Einstellung der Mitarbeiter ab, denn man kann nicht alles selber kontrollieren. Das gab uns als Verleger den Anlass, Programmrichtlinien und später auch Unternehmensgrundsätze zu entwickeln, heute spricht man von Corporate Governance, in denen niedergelegt ist, wofür wir arbeiten wollen. Wenn wir besonders provokante oder aggressive Bücher oder Spiele gehabt hätten, wäre das dem familienfreundlichen und positiven Image der Marke entgegengelaufen. Im Grunde genommen sind diese hehren Prinzipien, die man hat, auch Selbstschutz. Man will sein Image, seinen Ruf nicht gefährden.

In den 90er-Jahren wurden mehrere neue Geschäftsfelder erschlossen. In einem Interview der Zeitschrift »Buchmarkt« von 1990 sprechen Sie vom Zwang, nicht zu stagnieren, sondern weiterzuwachsen. Bei allem Verständnis für den Wachstumswunsch, aber das nun als Zwang zu empfinden, hat mich doch erstaunt.

Wenn ein Unternehmen steigende Gehälter und Löhne verkraften will und muss, gibt es nur drei Möglichkeiten: Entweder Sie erhöhen die Preise oder Sie sorgen für mehr Wachstum oder Sie rationalisieren und entlassen soundsoviele Leute. Irgendwie müssen Sie die Zahlen in Einklang bringen. Das ist der eine Grund für notwendiges Wachstum. Zweitens müssen Sie auch eine gewisse Marktposition gewinnen, um im Handel, der sehr stark ist, eine wichtige Stellung einzunehmen, sodass der Handel nicht an Ihnen vorbeikommt. Thema Marke wiederum. Darin liegt durchaus ein Zwang. Unser spezieller Markt nun ist nicht ganz einfach. Die Zahl der Kinder ist von Jahrzehnt zu Jahrzehnt geschrumpft. Deshalb hat man versucht, auch im Erwachsenenbereich Fuß zu fassen – was nicht unbedingt gelungen ist – und andere Segmente zu finden für die Marke. Vielleicht hatte sich das Mitte der 90er-Jahre fast zu übertriebener Suche nach neuen Möglichkeiten gesteigert. Niemand ist davor gefeit, übers Ziel hinauszuschießen. Eine Stagnation im Umsatz ist immer ein Alarmsignal und man darf sich nicht von der allgemeinen Konjunktur oder der Situation des Handels »trösten« lassen.

Im Umfeld eines Marktes scheint es manchem peinlich zu sein, wenn er einmal kein Wachstum vorweisen kann.

Die allgemeine Marktentwicklung spielt eine entscheidende Rolle. Wenn die Händler sehen, dass ein Unternehmen jedes Jahr um 5 Prozent abbaut, werden sie es demnächst auslisten und nur noch wenige, unverzichtbare Titel von ihm führen – was wiederum den Absatz senkt, ein Teufelskreis.

Es führt nicht dazu, dass der Handel das Unternehmen stützt? Angenommen, die Produkte verkaufen sich gut, auch ohne Wachstum?

Dann zieht er nur noch die erfolgreichen Produkte raus, also nicht mehr fünfzig Puzzles, sondern nur noch zwei.

Es gibt Unternehmen, die mit ihren Produkten eher auf Masse setzen. Ihnen ist es fast egal, auf welche Weise sie in der Öffentlichkeit positiv wahrgenommen werden. Ich denke an die Wirkung von Literatur- und Spielepreisen oder Qualitätsehrungen, die das positive Image beim Endverbraucher stützen. Wie würden Sie das für Ihre Branche gewichten, diesen Zwang zum ökonomischen Wachstum und zugleich den Wunsch, eine gute Imagewirkung zu erzielen? Man könnte genauso gut billigere No-Name-Produkte auf den Markt werfen.

Eine Billigpreisstrategie für Produkte, die mit einem Produktnamen verbunden sind, wäre sicher verfehlt. Auch wir haben einmal ein »Memory« als billige Spezialausgabe für eine Handelskette produziert, weil die uns schwer unter Druck gesetzt hatte. Natürlich hat die das gut unter die Leute gekriegt. Die Frage ist nur, wie viel uns das hat weniger verkaufen lassen vom Originalprodukt. Das muss man abwägen.

Es gibt die sprichwörtliche Bescheidenheit der Ravensburger. Es steht sogar in den Unternehmensgrundsätzen. Wie verträgt sich das mit dem doch sehr starken Wunsch, zu wachsen?

Die Bescheidenheit äußert sich eher in der Einstellung zu vielen Dingen im Leben. Ob das Kunden oder Lieferanten sind – wenn Sie sich überall, wohin Sie kommen, als der Größte darstellen, machen Sie sich sicher unbeliebt. Stattdessen möchten wir mit einem Selbstbewusstsein, aber auch mit einer gewissen Bescheidenheit auftreten. Diese Philosophie war unserer Familie immer wichtig, unseren Eltern und Altvorderen. Auch heute leben eigentlich alle aus der Familie mit dieser Maxime. Es ist uns wichtig, dass auch unsere Mitarbeiter nicht in der Haltung »Hoppla, jetzt komme ich« auftreten.

Was haben Sie sich von diesem theoretisch riesigen neuen Markt versprochen, der sich da 1989 eröffnete? Wiedervereinigung, Einführung der D-Mark in der ehemaligen DDR – hat der Spielwarenmarkt von der Wende profitiert?

Über diese Öffnung und das Zusammengehen hat man sich einfach gefreut, aus emotionalen und sicher auch politischen Gründen, weil diese Bedrückung weg war. Dass damit auch Wachstum verbunden ist, das haben wir zunächst einmal gar nicht beachtet. Unsere Vertriebsleute, die damals gedrängt haben, eine Beratungstätigkeit in den neuen Bundesländern bei den Kindergärten anzufangen, hatten keinen kommerziellen Hintergedanken, sie hatten nicht vordergründig Umsatz im Kopf, sondern wollten vermitteln, was man mit Ravensburger Produkten pädagogisch bewirken könnte. Zunächst war es für uns als Firma wichtig zu zeigen, was mit unseren Produkten in Kindergärten und Schulen möglich ist. Es war sicher günstiger, nicht als Besser-Wessi aufzutreten. Die Leute in der DDR waren ja nicht dumm, sie haben bloß unter einem falschen System gelebt. Wir wollten eine Plattform für diejenigen schaffen, die an Erziehungsfragen für Kinder interessiert waren. Dass das etwas blauäugig war, muss man aus heutiger Sicht zugeben. Rein geschäftlich war das nicht so einfach. Buchhandlungen mussten zuerst umstrukturiert werden, Spielwarenhandlungen gab es nicht in derselben Form wie bei uns, auch keine Supermärkte. Natürlich entstand in den ersten Jahren nach der Öffnung ein zusätzlicher Markt, allein dadurch, dass die ostdeutschen Bürger in die Westländer zum Einkaufen kamen.

Die »blühenden Landschaften«, die man schaffen wollte, wurden zum geflügelten Wort. Haben Sie sich nach Übernahmemöglichkeiten umgesehen?

Nicht aktiv. Es gab auch wenig im Spielwarenbereich. Und für das Buchgeschäft war in unserem Vorstand meine Cousine zuständig. Sie musste natürlich eine sehr vorsichtige Position einnehmen, denn als Börsenvereinsvorsteherin für den wiedervereinigten Buchhandel hätte sie nicht wie ein Raubtier auftreten und sich irgendwas unter den Nagel reißen können.

Anfang der 90er-Jahre gab es eine Phase, in der mehrere westliche Traditionsunternehmen Insolvenz anmeldeten, verkauften, sich verkleinerten oder wirtschaftliche Probleme hatten. Gibt es da einen Zusammenhang?

Ich würde mich scheuen, darin einen Zusammenhang mit der Wiedervereinigung zu sehen. Es sei denn, einige Leute hätten im Rausch der Begeisterung zu viel investiert und sich dann an dem Brocken verschluckt. Ich kenne keine Spielwarenfirma, bei der das der Fall war. In unserer Branche in der alten Bundesrepublik gab es zwei oder drei bedeutende Firmen, die die Segel gestrichen haben, die Firma F. X. Schmid und das Unternehmen Schmidt Spiel und Freizeit sowie Kosmos. Mit F. X. Schmid hat unser damaliger Vorstand die Verhandlungen aufgenommen – natürlich mit meinem Konsens als Aufsichtsratsvorsitzender, ich hatte sogar den Kontakt hergestellt. Ich hatte Herrn Schmid zufällig auf der Straße getroffen, ja, das gibt's. Er fragte mich, ob wir ins Gespräch kommen könnten. Mit der Wiedervereinigung hatte das weniger zu tun, er hatte gemerkt, dass seine Marktposition zu schwach war und er nicht so weitermachen konnte. Auf diese Weise gehörten plötzlich die Berliner und die Altenburger Spielkartenfabrik und die Puzzleprodukte von F. X. Schmid in den USA zu Ravensburger.

Das hört sich ja an wie aus einem Roman. Man trifft sich zufällig auf der Straße ...

Wir kannten uns, wir waren schließlich im selben Metier tätig. Man hätte sich bei der Messe treffen können, das war aber nicht der Fall. Er hätte auch anrufen können, dann wäre es aber viel ernster gewesen, so ging das etwas unverbindlicher. In einem anderen Fall hatten wir mal an der Firma Schmidt Spiel und Freizeit Interesse gezeigt. Da hatten wir Kontakt, weil ich mit einem der Geschäftsführer aus der Familie ausgesprochen gut befreundet war und im Aufsichtsrat der Spielwarenmesse mit ihm zusammensaß. Aber das hat nicht geklappt, sie haben von einem Tag auf den anderen Insolvenz angemeldet und an eine Berliner Firma verkauft.

Gab es nicht in dieser Zeit eine generelle Tendenz zur Monopolisierung?

Die Marktstellung war in diesen Jahren wichtiger geworden, wir sprachen vorhin darüber. Der Handel hatte sich verändert, Großabnehmer erstarkten, wobei diese teilweise auch genossenschaftlich organisiert waren. Es wurde schwieriger, dagegen zu halten. Hinzu kam, dass sich der Spielwarenmarkt in dieser Zeit erheblich veränderte, weil sich die Spielgewohnheiten wandelten. Schauen Sie die Eisenbahnhersteller an, manche Firmen gibt es heute überhaupt nicht mehr! Dann der Geburtenrückgang und natürlich die Entwicklung der Elektronik. Die Leute saßen vorwiegend vor ihrem Fernseher oder am Computer und spielten nicht mehr mit Modelleisenbahnen.

Es traten viele Phänomene gleichzeitig auf. Welche Faktoren prägten die Marktveränderungen am stärksten?

Vor allem die Elektronik und der Geburtenrückgang, wobei man beides schon vor der Wende übersehen konnte. Wir wollten auch deshalb im Ausland stärker werden. Wenn Sie Produkte zu einem bestimmten Preis herstellen wollen, müssen Sie versuchen, das über die Menge zu erreichen. Wenn Sie es im eigenen Land schwer schaffen können, müssen Sie die Auslandsmärkte erschließen. Wenn dort die Gestehungskosten entsprechend niedriger sind, müssen Sie dort auch produzieren. Das ist beim Automobil genauso wie bei Puzzles oder Spielen.

Glauben Sie, dass Ravensburger die Hausaufgabe, mit dem demografischen Wandel fertig zu werden, gut gelöst hat?

Bis jetzt ja, allerdings mit einigen nicht ganz ungefährlichen Unternehmungen, die wir dann aufgeben mussten.

Sie haben dabei neue Initiativen der 90er-Jahre im Blick – die sich nicht alle bewährten. Zum Beispiel der Ravensburger Freizeit- und Promotionservice, der 1990 seine Arbeit aufnahm. Wie kam es dazu?

Der Handel, Firmen oder Institutionen kamen immer häufiger auf uns zu und wollten Großspiele für Spielplätze, Praxen oder sonstige Einrichtungen bestellen. Andere suchten spielerische Lösungen für Mitarbeitertreffen oder Belegschaftsversammlungen. Anfangs haben wir den Kunden gratis einiges zur Verfügung gestellt, aber das kostet ja Geld. Deshalb hat man versucht, daraus eine eigene Aktivität zu schaffen. Das führte uns zur allgemeinen Überlegung: Was können wir mit unseren Fertigungsanlagen noch produzieren außer Spielen und Puzzles? Wir können drucken, wir können kaschieren, wir können stanzen, wir können das und jenes. Wie könnten wir diese Leistungen, für die wir kompetent sind, weiterverkaufen? Wir könnten zum Beispiel Schachteln für ganz andere Produkte herstellen, was wir dann aber nicht gemacht haben. Daraus ist letztendlich eine Tochterfirma entstanden.

Ihr Ziel von Sonderfertigungen war es, das vorhandene Know-how und die Maschinen besser auszulasten?

Ja, damit die eigene Produktion rentabel wurde.

Gab es Ravensburger Markenspiele mit fremden Handelsaufdrucken?

Die Überlegungen gab es immer wieder und auch den einen oder anderen Sündenfall, der schnell abgestellt wurde. Für die Schweiz haben wir lange nicht die Migros beliefert, weil sie grundsätzlich nur Eigenmarken vertrieb. Später hat sie ihre Taktik aber geändert, das ist ein Thema für sich.

Ebenfalls 1990 wurde eine Ein-Mann-Abteilung Merchandising gegründet, um Ravensburger Stoffe und Figuren als Lizenzen zu verkaufen und selbst Lizenzen für Produkte einzukaufen.

Der Kindermarkt wird vom Fernsehen und den beliebten, leicht vermarktbaren »Characters« der Kindersendungen gesteuert. Man denke nur an die Sesamstraße oder Biene Maja. Wir nutzen auch heute noch bekannte Figuren und Stoffe, vor allem Disney bei Puzzles und natürlich Käpt'n Blaubär, den Star fürs Ravensburger Spieleland, wofür wir für viele Jahre eine Lizenz erworben haben.

Wenn Sie für einen Inhalt verschiedene Transportmöglichkeiten sehen – als Spiel, im Buch, im Fernsehen, im elektronischen Spiel, als Aufkleber, Plüschtier, Bettwäschedekor, Nahrungsverpackung oder Faschingsverkleidung –, dann ergreifen Sie die Chance. Alles ist verknüpft, auch die Fernsehshow oder eine TV-Serie, mit der Produkte von uns verbandelt sind.

War diese Verlinkung von Produktbereichen neu?

Ich sage nur: Disney! Die haben ihre Stoffe und Figuren lange vor uns vermarktet. Allerdings folgten zunächst die wenigsten Unternehmen diesem Beispiel, vielleicht hatten sie auch nicht so zugkräftige Stoffe. Wir sind auch spät eingestiegen, uns half aber unsere verlegerische Denke, die Erkenntnis, dass wir Inhalte in verschiedener Form transportieren können.

Mit Computersoftware für Kinder hatten Sie schon in den 80er-Jahren experimentiert. 1994 wurden eine Abteilung Multimedia gegründet und mit Fachleuten besetzt und die ersten interaktiven PC-Spiele produziert.

Die Eltern der 80er-Jahre standen dem Computer noch negativ gegenüber und wollten ihre Kinder nicht selbstverständlich damit umgehen lassen. Wir waren zwar sicher, dass der Computer ins Kinderzimmer einziehen würde und wollten Inhalte nicht nur in Spielen und Büchern transportieren, sondern uns auch bei neuen Medien engagieren. Wir beobachteten den Markt und vertrauten schließlich unsere Aktivitäten einer richtigen kleinen Firma an, der Ravensburger Interactive Media. Dort wurden PC-Spiele für Kinder, vor allem solche mit Lerninhalten, entwickelt.

Wir hatten durchaus Achtungserfolge, bekamen auch Preise, vom Wirtschaftlichen her war es nicht erfolgreich. Nachdem in den USA bereits ein großer Markt entstanden war, entwickelte sich auch in Deutschland die Szene. Wir erkannten, dass man völlig neue Vertriebswege auftun und viel Geld für neue Spiele investieren musste, um mit den großen Playern mitzuhalten. Vor allem kamen dann unsere Produktentwickler auf die Idee, mit reißerischen Spielen, die tatsächlich den Markt bestimmten, in den ökonomisch erfolgreichen Sektor vorzustoßen, in dem die Wettbewerber Erfolge hatten. Das jedoch wollten wir nicht mit dem Namen Ravensburger verbinden. Deshalb kreierten die Produktentwickler für diese Kategorie eine eigene Marke namens »Fishtank«. Das war glücklos. Plötzlich konkurrierten wir mit den großen Playern der Welt, was uns total überforderte. Wir gaben die Aktivität auf.

Hatten Sie in der Zeit gelegentlich das Gefühl, sich auf schwankendem Boden zu bewegen?

Dieses Gefühl hat man immer wieder. Aber man musste den veränderten Verbrauchergewohnheiten Rechnung tragen. Wir befürchteten den Absatzrückgang unserer Produkte und sorgten uns, eine Entwicklung zu verschlafen. Es wird weniger gelesen, die gesamte Unterhaltungsbranche wandert in die elektronische Welt ab. All diese Gedanken beschäftigten uns.

Gleichzeitig hatten Sie in England 1990 den Holzspielhersteller Michael Stanfield übernommen.

Er hatte nicht nur Holzspiele. Michael Stanfield war ein kleinerer Spielwarenhersteller im englischen Markt, der bereit war, seine Firma zu verkaufen. Wenn wir im wichtigen englischen Spielwarenmarkt weiter Fuß fassen wollten, durften wir uns nicht aufs Exportieren beschränken. Wir mussten eine eigenständige Vertriebsfirma betreiben. Sie verschaffte uns eine gewisse Marktposition in England, das war alles.

Ab 1990 arbeitete in der Endmontage eine zweite Schicht vom frühen Nachmittag bis spätabends.

Unsere Produktionskapazität reichte nicht aus, wir haben einiges auswärts fertigen lassen, wollten das eigentlich selbst übernehmen. Wir haben lange überlegt, wo wir eine zweite Fertigung aufmachen könnten, in Holland, Belgien, Frankreich gesucht und uns schließlich auf Chalon-sur-Saône kapriziert.

Zuvor jedoch hatten Sie in Ravensburg eine zweite Schicht eingerichtet, fast schon eine Verdoppelung.

Die zweite Schicht in einem Frauenbetrieb ist so gut wie nicht durchzuhalten. Die Frauen wollen tagsüber arbeiten und nicht nachts oder spätabends. Es hat nicht gut funktioniert, außer in der Druckerei. Eine dritte Schicht wäre erst recht illusorisch gewesen. In einer anderen, weniger ländlich strukturierten Gegend, auch mit höherer Arbeitslosigkeit als bei uns, hätte man es vielleicht realisieren können.

Bevor das Unternehmen sich stärker an ausländischen Standorten engagiert hat, bauten Sie in Ravensburg ein großes neues Verlagsgebäude, das 1992 bezogen wurde.

Wir wollten nicht einen Architekten damit beauftragen, ein schlichtes Bürogebäude zu entwerfen, mit einem Mittelgang und links und rechts Büros. Zudem empfahl uns ein Mitglied des Aufsichtsrats, der Verleger Dr. Günther Hauff, den Architekten J. von Berg, mit dem er beim Bau seines Stuttgarter Verlagsgebäudes gute Erfahrungen gemacht hatte. Natürlich gab es Stimmen, die unseren Bau zu aufwendig fanden. Wir wollten keine Show machen, aber auch nichts Kleinkariertes hinstellen – was vielleicht billiger gewesen wäre.

Manche haben gesagt, jetzt wird das Prinzip der Bescheidenheit verlassen.

Das kann durchaus sein, aber man sollte zu unterscheiden wissen, wann es angebracht ist, bescheiden zu sein – im Auftreten gegenüber Dritten. Und wann eher selbstbewusst – beim Erscheinungsbild der Firma.

Anfang der 90er-Jahre wurde ein Umweltbeauftragter ernannt. Welche Aufgaben hatte der?

Das war sicher ein Thema der Zeit. Es ging um die Abfälle, um das Öl, das abgelassen wird, um die Trennung bestimmter Rohstoffsorten, aber auch um die Produktzusammensetzung. Auch früher schon haben wir darauf Wert gelegt, in unsere Produkte nichts reinzubringen, was ökologisch miserabel oder giftig ist, schließlich sollen Kinder damit spielen.

Auch das Qualitätswesen wurde um ein Prüflabor erweitert, um Produktteile zu testen auf Gesundheits- und Umweltverträglichkeit.

Dazu fällt mir ein Geschichte ein. Eines Abends bekam ich zu Hause einen Anruf von der Berliner Kriminalpolizei. Ein Kind habe ein Pulver verschluckt, das einem Puzzle von Ravensburger beigelegt war, und ich möge ihnen sofort die Zusammensetzung dieses Pulvers angeben, um zu prüfen, ob es giftig ist. Gott sei Dank war die Puzzlebeilage völlig unschädlich und wir konnten den Verdacht schnell entkräften. Es ist Teil eines ökologischen Bewusstseins, Kindern von vornherein nichts potenziell Schädliches in die Hand zu geben. Für uns eine Selbstverständlichkeit.

Man hat auch mal damit geworben, ein Kleinkind könne Bilderbücher gefahrlos anknabbern oder daran lutschen. Zu den Zeiterscheinungen zählte nicht nur Ökologie, sondern auch Gesundheit. Im Personalwesen von Ravensburger wurde ein Gesundheitsmanagement für die Mitarbeiter eingeführt, möglicherweise eine Modeerscheinung?

Jeder Betrieb war schon lange verpflichtet, einen Gesundheitsbeauftragten bzw. einen Betriebsarzt zu beschäftigen. Der hatte nicht nur zu tun, wenn jemandem ein Finger in die Maschine geriet, sondern er musste darauf achten, dass die Mitarbeiter ergonomisch richtig sitzen, dass sie eine vernünftige Beleuchtung haben etc.

Die Gesundheit der Mitarbeiter ist ein wichtiges Gut. Es soll nicht heißen: Bei dem Otto Maier sind alle verkrüppelt, wenn sie rauskommen. Wenn Sie die räumlichen Verhältnisse der Fertigung im Altbau gesehen hätten, wie die Leute dicke Stöße von Papier und Pappe schleppten, weil es noch keinen richtigen Aufzug gab ... Als man die technischen Hilfsmittel hatte, musste niemand mehr Papier auf dem Rücken tragen.

Das bringt mich auf den letzten Betriebsausflug 1993. Das Unternehmen organisierte einen riesigen Betriebsausflug nach Stuttgart zur Bundesgartenschau, für den sich immerhin 572 Mitarbeiter angemeldet hatten, praktisch die Hälfte der Mitarbeiter am Standort Ravensburg. Danach hat man aufgehört, die Betriebsausflüge wurden abgeschafft.

Die Betriebsausflüge waren eine ausgesprochen positive Sache. Ich bin selbstverständlich jedes Mal mitgefahren. Früher, als wir alle in einem Gebäude gearbeitet haben, kannten sich die Mädchen vom Fließband und die Büromitarbeiter. Das ist dann durch die räumliche Trennung verloren gegangen, und weil der Betrieb größer wurde. Jedoch kam die Diskussion auf, ob es nicht besser wäre, Abteilungsausflüge zu unternehmen, weil sowieso immer die direkten Kollegen zusammenhocken. Irgendwann hatte sich das Hin-und-her-Argumentieren erledigt, weil wir einfach zu viele waren – wir fuhren mit acht oder zehn Bussen los!

1993 wurde ein Sonderzug nach Stuttgart eingesetzt.
Es hatte sich überlebt. Es war auch problematisch, abends, wenn man noch beisammen sein wollte, eine Halle für mehrere Hundert Menschen zu finden, ziemlich mühsam. Der Betriebsrat war auch der Meinung, dass man auf einen gemeinsamen Ausflug verzichten sollte, eine ziemlich klare Sache.

Flexible Arbeitszeitmodelle – ebenfalls ein Thema jener Zeit. Der Betrieb wollte absatzorientiert produzieren, im zweiten Halbjahr mehr Stunden als im ersten Halbjahr.
Im Spielwarenbereich haben wir eine extrem starke Absatzkumulierung im Weihnachtsgeschäft. Früher hatte der Handel entgegenkommenderweise die Ware schon im Sommer reingenommen, musste jedoch die Rechnungen entsprechend später bezahlen. Deshalb wurde im Frühjahr und im Sommer produziert auf Teufel komm raus, aber – hatten wir zu Weihnachten immer genau das Richtige auf Lager, was die Kunden kaufen wollten? Nicht immer. Deshalb haben wir versucht, die Arbeitszeiten stärker dem Absatzzyklus anzupassen. Die Mitarbeiter arbeiten im Sommer weniger und länger im Winter. Das kam durchaus gut an, sie konnten tagsüber zum Baden gehen und mit den Kindern mehr Sommerferienzeit nutzen. Betriebsurlaube gab es gar nicht so oft, vielleicht mal vierzehn Tage.

Das Modell stieß nicht auf Widerstand?
Nein, finanziell bedeutete es keinen Verlust für die Arbeitnehmer. Es gab ein Arbeitszeitkonto, das Einkommen veränderte sich nicht, man musste nur ein eventuell entstandenes Minus an Arbeitsstunden ausgleichen.

Ist es in der Region nur positiv aufgenommen worden, dass man bei Ravensburger saisonabhängig arbeitet?
Der Wunsch des Unternehmens, die Kapazitäten eher dem Absatzverlauf anzupassen, und auf der anderen Seite die Bereitschaft der Mitarbeiterinnen, im Sommer kürzer zu arbeiten als im Herbst und Winter – die Bedürfnisse deckten sich. So entstand das Arbeitszeitmodell zur allgemeinen Zufriedenheit, ähnlich wie einige Jahre zuvor die gleitende

Arbeitszeit für kaufmännische und redaktionelle Angestellte. Das wiederum ist für Mitarbeiter der Fertigung schwer zu realisieren, weil man sich direkt zeitgleich zuarbeiten muss, aber es gab nie Spannungen deshalb in der Belegschaft. Wir haben eben gute Mitarbeiter, die mitdenken, die nicht nur an die eigenen Befindlichkeiten denken, denen das Unternehmen viel zu verdanken hat!

Otto Julius Maier:
Ethik im Unternehmen – Unternehmensethik auf Produkte
bezogen. Vortrag im Rahmen der Arbeitstagung der
Direktoren an deutschen Wirtschaftsgymnasien in Friedrichshafen,
Oktober 1990. Auszüge

... Als mein Großvater 1883 seiner Buchhandlung unter eigenem Namen einen Verlag angliederte, veröffentlichte er zunächst alles, was ihm ein Geschäft zu sein schien, Bücher über Recht, über Chemie, obwohl er weder Jurist noch Chemiker war. Zunächst war alles mehr zufällig. Wahrscheinlich, weil er eigene Söhne hatte, gerne in die Schweiz reiste, machte er Jugendbücher, Spiele wie „Reise in die Schweiz" etc. Er machte Bastelanleitungen und selbstverständlich machte er auch das eine oder andere Spiel, das man heute als deutsch-national oder als die deutschen Nationalgefühle stärkend bezeichnen würde. Wahrscheinlich ist da auch eine Seeschlacht mit dem Titel „Skagerrak" dabei gewesen. Im Laufe der Zeit ... kam es zu einer Spezialisierung [auf Spiele und Bücher].

Zwischen den Kriegen machte mein Vater unter anderem Bücher über Design, über gute handwerkliche Formen, ausgehend aus einer Vorlagenreihe meines Großvaters. Da dies zufällig durchaus auf der Linie der Machthaber im Dritten Reich lag, hatte ... der Verlag eine Basis zum weiteren Existieren. Bei Jugendbüchern und Spielen konnte man auch eine Zeitlang noch jüdische Schriftsteller und Entwerfer beschäftigen, da man im Programm, im Inhalt immer eine unpolitische Linie verfolgt hatte. So kam der Verlag über die Runden, ohne daß er sich in eine unerwünschte Richtung beugen mußte und ohne daß mein Vater sich politisch engagieren mußte. Er war nicht einmal Parteimitglied gewesen. Durch diese Zeit ist aber bei der Generation meines Vaters, und auch bei meiner Generation, die wir nach Kriegsende merkten, wie sehr man damals aufpassen mußte, um „sauber" zu bleiben, eben auch in seinen Produkten, eine Sensibilisierung entstanden, die uns Richtschnur wurde. Es gab selbst in den frühen Vierziger Jahren keine Kriegsspiele, keine Gewaltverherrlichung und nach 1945 natürlich erst recht nicht.

Wir haben schon Ende der 60er Jahre Unternehmensgrundsätze aufgestellt, wir haben eine Zeitlang auch relativ detailliert gesagt, in welchem Geiste wir etwas veröffentlichen wollen. Manchmal gab es Konflikte, Diskussionsstoff, aber insgesamt hat sich das gut eingespielt. Unsere Mitarbeiter sind wohl gleich streng in ihrer Einstellung wie wir selbst. Diskussionsstoff gab es gelegentlich bei einer Frage, ob ein Buch in Richtung Pazifismus oder Wehrdienstverweigerung oder Terrorismusbegünstigung veröffentlicht werden darf unter dem Imprint unseres Hauses oder nicht. ... Daß wir im übrigen eine solche Geschichte auch nicht unter einem anderen Imprint herausbringen wollten, sei nur nebenbei erwähnt. Es geht hier also nicht um Opportunismus. Das würden unsere Mitarbeiter nicht verstehen. Image geht auch nach innen, hat Innenwirkung, nicht nur Außenwirkung! ... In gewisser Weise konnten wir mit einem lange gepflegten Spektrum und Niveau an Produkten das Dilemma, etwas Verkäufliches nicht verantworten zu können, reduzieren auf die Frage nach der Glaubwürdigkeit: Paßt das neue Produkt zu unserem bisherigen Programm und Image?

... Langfristige Grundeinstellungen verändern sich, auch die Bedeutung gewisser Themen. Hier hilft nur ein überzeugender Verhaltenskodex, eigene Normen und Überzeugungen und die der leitenden Mitarbeiter eines Unternehmens.

... Wir kommen jetzt z.B. in eine Diskussion über Verpackung. Wie groß muß eine Schachtel sein, um einen bestimmten Inhalt aufzunehmen? Wir haben aus Rationalisierungsgründen bei den Schachteln gewisse Normgrößen, was dem Verbraucher durch einen niedrigeren Preis des Produktes zugute kommt. Oft ist eine Schachtel nicht genügend gefüllt, die nächst kleinere Größe wäre aber zu klein. Was tun? Ein Produkt muß auch eine bestimmte werbliche Aussage aufnehmen können. ... Dafür kann es nicht nur eine ganz kleine Schachtel haben. Zudem gibt es Länder, bei denen eine Verpackung, eine Schachtel, möglichst groß sein muß, um etwas herzumachen. Ich will damit nur aufzeigen, daß hier durch die Sensibilisierung der Menschen für umweltfreundliche Produkte nicht nur die Waschmittelproduzenten, sondern auch ein Spielehersteller vor Entscheidungen gestellt wird. Auch dies hat eine ethische Dimension: Ethik sagt uns nicht, wie groß eine Schachtel sein soll, aber sie sagt uns, daß wir unsere Interessen einbinden müssen in die Interessen anderer und der Allgemeinheit, daß wir sozialverträglich handeln müssen, und das heißt grundsätzlich auch: ökologisch verantwortungsbewußt. ...

Dies alles ist nicht nur eine ethische Frage, sondern durchaus ein egoistisches Bestreben, Pflege des Unternehmensbildes in der Öffentlichkeit und damit langfristige Bestandssicherung des Unternehmens. Aber man ist dort am glaubwürdigsten, wo man auch die eigennützigen Motive zugibt. Und auch Glaubwürdigkeit ist eine Frage der Ethik.

11
Vive la France et l'Europe.
Die wilden 1990er-Jahre

Juni 1995. Der Verleger betrachtet sein Haus nach dreiundvierzig Jahren der operativen Leitung als gut bestellt und will sich zurückziehen. Das Unternehmen Ravensburger vertreibt seine Produkte in zwölf Sprachen in fünfzig Ländern der Welt. Noch werden alle Spiele, Puzzles und Bücher mit dem blauen Dreieck in Ravensburg gefertigt. Es gibt knapp 1500 Beschäftigte und man macht 390 Millionen D-Mark Umsatz. Vier Monate vor seinem Geburtstag wechselt Otto Julius Maier ohne großes Tamtam, wie es seine Art ist, in den Aufsichtsrat der AG und übernimmt dort den Vorsitz. Cousine Dorothee Hess-Maier wird Vorstandssprecherin und bestimmt die Geschicke gemeinsam mit zwei familienfremden Managern.

Oktober 1995. Otto Julius Maier wird fünfundsechzig Jahre alt. In den freundlichen Geburtstags-Elogen auf den Verleger wird dieser als »Leitbild des ehrbaren Kaufmanns, verlässlich, aufrichtig, integer« und als »Marktwirtschaftler aus Überzeugung«, der »Gesprächsmüll« vermeide, charakterisiert. Die diversen Festreden auf den Jubilar bieten diesem einen Moment der Freude, des Durchatmens und Innehaltens, denn von Ruhe nach dem Rückzug kann keine Rede sein, die 90er-Jahre haben es in sich! Mal durchfliegt man luftige Höhen und mal kämpft man sich mühsam durch düstere Talsohlen vorwärts.

Was war geschehen?

In den 90ern taten sich neue Märkte auf, von denen wiederum einige an dem »Neuen Markt« an der Börse versammelt wurden. Die allgemeine Stimmung im Wirtschaftsleben Deutschlands lautete: Dabei sein ist alles. Eilig sprangen viele auf

vermeintlich abfahrende Züge auf – ohne sich nach deren Ziel-
bahnhof zu erkundigen – und gaben noch dazu den Zurückblei-
benden das Gefühl, absolut retro zu sein. Warner wurden ver-
lacht. Die späten 90er-Jahre geben in Lehrbüchern das beste
Beispiel dafür, wie aus dem Nichts eine Masseneuphorie entstehen kann, aus der Hunderttausende, ja Millionen Menschen ver-
katert aufwachen. Immerhin wurde diesmal kein Weltkrieg an-
gezettelt; und deutsche Anleger und Bosse tanzten auf dem
glitschigen Parkett in guter internationaler Gesellschaft.

Die seriösen Ravensburger Verleger rasen selbstverständlich
nicht kopflos in den Abgrund, dem Geist der Zeit verschließen sie
sich aber nicht. Sie expandieren in neue Geschäftsfelder, wagen
sich auf den schwierigen Markt elektronischer Spiele. Sie produzieren Kinderfernsehen im größeren Stil. Sie kaufen Konkurrenten aus der Spielebranche auf, denen angesichts der Globalisie-
rung die Puste ausgegangen ist. Sie verstärken weiter ihr
internationales Vertriebsengagement. Sie kaufen Grundstücke
und bauen im Ausland, lassen einige Maschinen umziehen, weg
von Ravensburg. Sie gehen an die Börse. Sie landen auf dem
Bauch. Sie verzeichnen zur Jahrtausendwende den größten Jah-
resverlust ihrer Geschichte – und melden drei Jahre später den
höchsten Jahresgewinn ihrer Geschichte. Otto Julius Maier
dachte in dieser Phase sicher gelegentlich an seine ersten Jahre
als junger Unternehmer, als er durch eine gewisse Nonchalance
nicht schnell genug handelte und der Karren beinahe an die
Wand gefahren wäre. Jetzt schrillten seine Alarmglocken, aber
als Aufsichtsratsvorsitzender hielt er sich strikt an die Regel,
dass der Vorstand die Verantwortung trägt und der Aufsichtsrat
nicht als Backseat Driver auftreten darf.

Das spannendste und größte Abenteuer jener Jahre erlebte
der Verleger sicher durch die Errichtung der weltgrößten Puzzlefabrik im französischen Burgund. Frankreich gerät für ihn in den
Fokus unternehmerischer Initiative, abgesehen von vertriebli-
chen Aktivitäten, die es seit Jahrzehnten gibt. Im folgenden Gespräch geht es zunächst darum, dieses Wollknäuel aus persön-

lichen Wünschen und der Entscheidung für einen neuen Produktionsstandort sowie dessen baldiger Schließung ausgerechnet im eigenen Lieblingsland aufzudröseln. Frankreich, mon amour?!

Anfang der 90er-Jahre haben Sie begonnen, eine Puzzlefabrik in Frankreich zu planen.

Der Auslöser war die dringend benötigte zusätzliche Fertigungskapazität. Eine Erweiterung in Ravensburg schien uns nicht möglich. Wir haben damals einen jungen Mann engagiert, der für die Planung dieses Projekts verantwortlich war, und ein Planungskomitee mit Produktionsleiter Bruno Müller, dem kaufmännischen Leiter Dr. Anton Dressendörfer und Spieleverlagschef Dr. Armin Boeckeler ins Leben gerufen. Man musste viele Faktoren bedenken, die Märkte, die Lohnsituation, nicht zuletzt, ob man willkommen ist. Da kamen Holland zur Sprache, Belgien und verschiedene mögliche Standorte in Frankreich. Schließlich konzentrierten wir uns auf zwei Standorte, der eine lag in der Gegend von Belfort, der andere in der burgundischen Stadt Chalon-sur-Saône.

Musste es ein Gelände im Ausland sein?

Ein wachsender Teil unserer Märkte befand sich im Ausland, wobei wir in Europa bleiben wollten.

Haben Sie jemals außerhalb von Europa fertigen lassen?

Kaum. In den USA hatten wir später ein Lager. Aber Sie denken sicher an Asien – dort kam ein eigener Standort nicht infrage. Wir haben einige Zeit Teile in China fertigen lassen, die meisten Produktionsschritte für den Spieleverlag wurden aber in der Zwischenzeit zurückgeholt und werden heute in Polička in Tschechien realisiert. Wir verfügen dort über Kapazitäten auch an Spritzgussmaschinen und können fast alles selbst machen.

Also Frankreich. Wie kam es zu dieser Entscheidung?

Einige Aufsichtsräte meinten, wir sollten es in der nahen Schweiz probieren. Ich dachte: »Bei den Löhnen? Unmöglich!« Die zwei Standorte der Endauswahl habe ich mir angeschaut. Am Flughafen Basel-Mülhausen hat man mich zum ersten und einzigen Mal meines Lebens in einen Hubschrauber gesetzt. Die Region Belfort wollte uns animieren, in der Gegend zu investieren. Die haben dort nach Beschäftigungsmöglichkeiten für Frauen gesucht. In der Nähe gab es eine große Fabrik von Peugeot, vor allem mit Arbeitsplätzen für Männer. In Chalon-sur-Saône dann hatten sie ein herrliches, flaches Gelände, das höchstens einen Nachteil hatte, es war relativ nahe an der Saône gelegen, wir fürchteten die Überschwemmungsgefahr. Der sehr charmante Bürgermeister konnte alle Einwände entkräften und so fiel die Wahl auf Chalon, zuletzt, weil das Grundstück groß genug zum Expandieren war. Wir hatten in Ravensburg mehrfach erweitert, auch einmal Gelände dazugekauft. Deshalb wollten wir es diesmal mit dem Geländekauf richtig machen.

War es eine Entscheidung für Frankreich oder für das Gelände? Spielte Ihre persönliche Bindung an Frankreich keine Rolle?

Subjektive Faktoren will ich gar nicht ausschließen. Seien wir ehrlich. Die Tatsache, dass das in Frankreich war, hat mir persönlich einiges bedeutet. Deshalb habe ich vielleicht den Vorschlag Schweiz zu rasch in den Wind geschlagen. In der Zwischenzeit habe ich eingesehen, dass in der Schweiz zwar hohe Stundenlöhne üblich sind, aber das Land durch niedrigere Sozialkosten und eine hohe Arbeitsmoral für einen Betrieb sicher kein schlechter Standort ist. In Frankreich waren die Personalkosten günstiger. Andererseits ist es in Frankreich viel schwieriger als in Deutschland, Mitarbeiter zu entlassen, das haben wir erst später erfahren. Die 35-Stunden-Woche wurde erst später eingeführt, dadurch wurde der Standort Frankreich noch mehr verteuert. Das hat sich unter Monsieur Hollande jetzt auch nicht geändert, im Gegenteil.

Sie haben sich auf Puzzles konzentriert. Sie haben einen ganzen Bereich umziehen lassen und mit 200 Mitarbeitern die größte Puzzlefabrik der Welt zum Laufen gebracht.

Trotzdem haben wir bestimmte Arbeiten am Puzzle in Ravensburg weitergeführt; wir wollten nicht abhängig werden von einem einzigen Produktionsstandort.

Wie oft waren Sie in Chalon-sur-Saône?

In der Entstehungszeit zwei- oder dreimal. Einmal hat mich der französische Bürgermeister gebeten, in München bei einer Werbeaktion für seinen Standort aufzutreten. Da hab ich den Leuten einiges zu Frankreich berichtet und meine Frankreichbegeisterung weitergegeben.

Sie haben versucht, ihm in Deutschland Türen zu öffnen?

Ich weiß nicht, ob das gelungen ist. Der Bürgermeister war gleichzeitig Parlamentsabgeordneter und wurde später Minister unter Chirac, ein sehr guter Mann.

War die Entscheidung für Chalon auch eine kulturelle Sache, im Sinne der deutsch-französischen Freundschaft?

Wenn sich zwei gleichwertige Lösungen angeboten hätten, hätte mein Herz für Frankreich geschlagen. Ob das die beste aller Welten war, das sei dahingestellt.

Sie sind immer sehr frankophil gewesen.

Meine Sympathie für Frankreich hat mit meiner Jugendzeit zu tun. Nach dem Krieg war Ravensburg französische Besatzungszone. Wir hatten französisches Militär hier mit allen Nebenwirkungen, wie das bei Besatzungen ist. Meine Großeltern wurden aus dem Haus rausgeworfen, mein Vater musste einen Teil seines Hauses aufgeben. Dennoch gestaltete sich die Situation sehr menschlich. In das Haus meines Vaters am Bodensee zum Beispiel kam ein ganz scharf auftretender französischer Offizier, der im Befehlston sagte: »Das Haus wird requiriert und ich werde da einziehen!« Mein Vater hat ihn höflich durch das Haus geführt. Dabei kam man ins Gespräch und nach einer halben Stunde sagte der Offizier sehr höflich, er finde das Haus so schön, er würde gerne da wohnen. Ob mein Vater ihm sein Zimmer geben könnte. Und über den französischen Gouverneur in Ravensburg, der Sympathie für mich Fünfzehnjährigen hatte, fand ich französische Freunde, bevor ich überhaupt zum ersten Mal nach Frankreich kam. Wahrscheinlich habe ich die unangenehmen Begleitumstände dieser Zeit einfach verdrängt.

Als ich einige Jahre später mit dem Zug in Begleitung eines französischen Freundes nach Paris fuhr, um dort meinen Job anzufangen, bemerkte ein Mitfahrer zu ihm: »Est-ce que c'est une voiture boche?« Man wurde damals als Deutscher noch als »Boche« beschimpft, aber ich hab das nie als Problem empfunden, ich bin in Frankreich offen aufgenommen worden. Voraussetzung war natürlich, dass man sich bemüht hat, Französisch zu reden. Ich hatte Freunde dort, bin später in den Ferien gerne nach Frankreich gefahren, es war immer sehr angenehm und menschlich, auch in den geschäftlichen Kontakten. Jeder Mensch tickt anders, man muss sich auf andere Menschen einstellen. Inzwischen habe ich seit fünfundzwanzig Jahren ein Domizil in Südfrankreich. Die Engländer unterscheiden sich von uns Deutschen im Südwesten stärker als die Franzosen. Wir dürfen nicht vergessen, dass wir in der oberschwäbischen Region rein geografisch den Franzosen immer näher waren als den Angelsachsen. Die Hamburger haben sicher eine ganz andere Beziehung zu den Angelsachsen als wir – wobei ich auch mit den Engländern gut auskomme.

Glauben Sie, dass die hohe Unternehmenskultur, die den Standort Ravensburg immer geprägt hat, in einem Unternehmen wie dem in Chalon auch zu spüren war?

Ich glaube nicht, dass die französischen Mitarbeiter die Unternehmensphilosophie der Ravensburger verinnerlicht hatten, sondern die fanden vielleicht das Produkt anständig, nett – aber nicht mehr. Man darf sich keinen Illusionen hingeben. In Polička ist das anders, die Leute identifizieren sich in der Zwischenzeit stark mit der Familienfirma, die Franzosen sind nüchterner. Ein Beispiel: Ich war seit der Einweihung 1999 nicht mehr in Polička gewesen, und als ich die Fabrik vor kurzem nach dreizehn Jahren wieder besuchte, haben mich Leute erkannt und sich offenbar gefreut, mich wiederzutreffen.

Lässt sich die gewachsene Unternehmenskultur vom Ravensburger Otto Maier Verlag in die neuen Zeiten mit mehreren Marken und Standorten retten? Entstehen da nicht Parallelkulturen?

Retten ist vielleicht nicht der passende Ausdruck, sondern erhalten. Wichtig erscheint mir, die einzelnen Firmenteile, auch die ausländischen, auf einen gemeinsamen Geist einzustimmen. Dafür ist in den 90er-Jahren und danach viel Gedankenschmalz in Papiere geflossen – Unternehmens- und Führungsgrundsätze, Markenphilosophie, Darstellung unserer Haltung, Zielvereinbarungen mit Mitarbeitern. Auf der Arbeitsebene wird auch immer wieder über Ziele und Strategien des Unternehmens gesprochen. Ich habe nie von großen Problemen gehört.

1996 wurde Chalon eröffnet, 1998 in Polička der Grundstein gelegt, 1999 der Standort eingeweiht, 2001 Chalon geschlossen. Hat man 1998 schon gewusst, dass Chalon nicht zu halten ist?

Nein, das wusste man nicht. In Polička übernahmen wir mit unserem Kooperationspartner, der Firma Dino, die unsere Produkte mitvertrieben hat, zunächst ein altes Fertigungsgebäude, in dem für den tschechischen Markt Spielwaren aller Art produziert wurden. Als wir dann einen Neubau erstellten, um den dortigen Fertigungsbetrieb ganz zu übernehmen, war ich nicht mehr im Vorstand, hätte aber fragen müssen: »Wir haben doch schon eine Fabrikation in Chalon, die wir nicht auslasten. Warum fangen wir wieder etwas Neues an?« Es gab allerdings nichts daran zu rütteln, dass das Lohnniveau von Polička zu bevorzugen war; damit zeigte für Chalon der Daumen nach unten.

Es fällt im Nachhinein schwer zu glauben, dass man diese Idee nicht bereits als Konzept in einer Schublade hatte.

Als wir 1992 anfingen, Chalon zu planen, waren wir mitten in den Boomjahren. Damals hat man an den Ostblock als Fertigungsstandort gar nicht gedacht, erst später, deshalb mag der Verlauf der Aktionen aus heutiger Sicht unlogisch erscheinen. Ich empfinde das auch als ein Problem. Na gut, die Firma hat es durchgestanden und überlebt, obwohl wir mit Chalon und der Schließung erhebliche Verluste gemacht haben. Aber es war richtig, die Schotten dichtzumachen und nicht noch mehr Geld zu verlieren.

Wurden die Maschinen direkt von Chalon nach Polička transportiert?

Teils zurück nach Ravensburg, teils nach Polička.

Könnte es sein, dass das Management diesen Plan, mittelfristig Chalon zu schließen, früher im Kopf hatte als Sie selbst?

Das glaube ich nicht, es gab die Notwendigkeit, den tschechischen Mitarbeitern einen vernünftigen Betrieb hinzustellen, denn in den alten Hütten konnte man nicht sinnvoll produzieren. Wann genau ihnen dieser Gedanke kam, dass das gleichzeitig auch das Todesurteil über Chalon sein würde, kann ich jetzt nicht mehr nachvollziehen.

Manchmal bin ich erstaunt, auf welche Weise wichtige wirtschaftliche Entscheidungen zustande kommen können – oft offenbar aus dem Bauch heraus.

Manches sicher, ja. In den Jahren, in denen ich noch im Aufsichtsrat war, habe ich mich nicht dagegengestellt, Chalon zu schließen. Wir waren ja durch andere Abenteuer geschwächt. Schließlich mussten wir unsere finanzielle Situation in Ordnung bringen, sowohl das Ergebnis als auch die Bilanz.

Das war sicher bitter für Sie, vor allem aber für die französischen Mitarbeiter und den netten Bürgermeister.

Das Wachstum stagnierte. Mein Baby war Chalon, in das mein Herzblut geflossen war. Es war schwer. Ich erinnere mich noch an das lange Telefongespräch mit dem Bürgermeister, der mich fragte, ob die Schließungsentscheidung mit den französischen Gesetzen und der 35-Stunden-Woche zusammenhinge. Ich habe geantwortet: »Nein, das hängt nur mit unserer Produktionskapazität zusammen, leider Gottes. Und Sie können versichert sein, es tut mir schrecklich leid.« Und dabei blieb es. Wir haben den Betrieb stillgelegt, die Mitarbeiter entlassen und ein paar Jahre später das Gebäude verkauft.

Die Frankreich-Story enthält auch ein Kapitel Paris: 1996 übernahm Ravensburger die französische Traditionsmarke Jeux Nathan.

Die Beziehungen zum Hause Nathan bestanden bereits während der französischen Militärverwaltung in der Nachkriegszeit. Die Verbindung blieb erhalten, Nathan hatte einen Schulbuchverlag und fertigte auch Material für Kindergärten, da gab es Parallelen zu unseren Lernspielen. Wir haben hin und wieder Lizenzen ausgetauscht, zudem waren wir beide, Nathan für Frankreich und wir für die deutsche Sprache, für dieselben Produkte Lizenznehmer von amerikanischen Unternehmen. Dann wurde das Unternehmen Nathan an einen großen Pressekonzern verkauft, der wiederum den kleinen Spieleanteil mit Fertigung und Auslieferung nicht weiterführen wollte. Zu der Zeit war ich bereits im Aufsichtsrat. Diese Idee, Jeux Nathan zu übernehmen, gefiel mir gut. Allerdings haben wir Verträge geschlossen, die nicht langfristig genug liefen. Um es abzukürzen: Wir haben ihnen im Grunde genommen den Betrieb saniert und zugemacht, das ging auf unsere Kosten. Für die Nutzung des Namens zahlen wir heute noch Lizenz. Nach einigen Jahren hat Nathan wieder begonnen und sein Programm teilweise weitergeführt. Das war keine Glanzleistung von uns, wir haben vielleicht zu leichtfertig verhandelt.

Das Spielen hat in Frankreich nicht die Bedeutung wie in den deutschsprachigen Ländern?

Erwachsenenspiele durchaus. Ich war mit dem Leiter einer Spielwarenfirma befreundet, die in hohen Stückzahlen

»Scrabble«, »Monopoly« und Ähnliches produzierte und verkaufte. Die Firma, die mehrheitlich einer britischen Gruppe
gehörte, sollte Anfang der 90er-Jahre von einer amerikanischen Gruppe übernommen werden. Wir waren sehr interessiert, denn die Produkte waren Rosinen im Spielemarkt, vor
allem »Scrabble«. Die Geschäftsführung der Engländer wollte
uns als »weißen Ritter« holen. Es waren riesige Beträge, 50
bis 60 Millionen, die wir hätten investieren müssen. »Weißer
Ritter« bezeichnet einen Alternativkäufer, der vom Management der zu verkaufenden Firma den Aktionären präsentiert
wird, um denjenigen, der kaufen will, auszustechen.

Ein Strohmann?

Nein, einer, der dem Management genehmer ist. Denn Übernahmen erfolgen meistens gegen den Willen des Manage-
ments. Wir haben dieses Ansinnen aber abgelehnt, es hätte
uns finanziell überfordert.

**Übernahmen haben generell unabhängig von der Branche
einen schlechten Ruf, weil oft der Zweck einer Übernahme
bedeutet, dass die erworbenen Marken eingestellt und Mitarbeiter entlassen werden. Was hätten Sie mit dem Klassiker »Mensch ärgere dich nicht« gemacht, wenn Sie die
Firma Schmidt Spiel und Freizeit tatsächlich übernommen
hätten?**

Tja, wir hätten ihn sicher gerne genommen. Übrigens wird er
uns oft zugeordnet, das liegt am Bekanntheitsgrad von Ravensburger. Wir hätten einen Wettbewerber aufsaugen können, ganz schlicht. Das ist eine Möglichkeit der Programm-
erweiterung zur besseren Auslastung des Unternehmens. Eine
andere wäre, in Ländern einen Vertrieb aufzubauen, in denen
man bisher nicht vertreten war.

Einen Artikel, der so bekannt ist wie ein »Mensch ärgere dich
nicht«, hätten wir selbstverständlich in unser Programm integriert. Man muss von Fall zu Fall entscheiden, aber keinesfalls
darf man zwei verschiedene Ausgaben von ein und demselben
Spiel erhalten, es sei denn, man will verschiedene Märkte
beliefern.

Stichwort Fernsehen. Die junge Firma Ravensburger Film + TV GmbH eröffnete in Mainz zu Füßen des ZDF ein Büro. Abgesehen von der Beteiligung mit einem Prozent am Fernsehsender SAT.1.

Für SAT.1 hat man uns eine Beteiligung angeboten. Es war das erste private Fernsehen und das erste mit Verlegern – Zeitungsverlegern –, und wir wurden als Kinder- und Jugendverlag gefragt. Natürlich hatte Leo Kirch, der eigentliche Drahtzieher, viel Gewicht und viele Stoffe fürs Privatfernsehen im Köcher. Er war für uns eine Art Impulsgeber und wir fingen an, ebenfalls Stoffe fürs Fernsehen zu produzieren, so entstand eigentlich unsere Tochterfirma RTV.

Das hat sich anfangs ganz gut angelassen. Es wurden viele Programmstunden produziert und an verschiedene Sender geliefert.

Der anfängliche Optimismus war sicher gerechtfertigt. Wir haben gute Kontakte aufgebaut mit Sendern in Deutschland, Frankreich, Spanien und anderen. Der Name Ravensburger öffnete uns einige Türen. Allerdings merkten wir bald, dass wir nicht genügend Geld in die Hand genommen hatten, um attraktive Produktionen zu stemmen. Der Börsengang wäre durchaus gerechtfertigt gewesen, wenn es in der ganzen Branche vernünftiger zugegangen wäre. Wir waren auf dem besten Wege, uns als TV-Produktionsfirma für private und öffentlich-rechtliche Sender zu etablieren. Wenn Sie heute fernsehen, begegnen Sie vielen Filmen oder Sendungen, die von externen Zulieferern kommen, das ist gängige Praxis. Auch die supererfolgreiche Marke »Wer wird Millionär?« gehört einer Firma, die den Stoff erfolgreich in alle Welt verkauft hat.

Hatten Sie damals einen ähnlichen Boom erwartet?

Erwartet nicht. Erhofft. Dann gerieten wir in einen Strudel, vielleicht haben wir es nicht richtig gemacht, vielleicht waren wir irgendwo – zu kleinkariert, haben uns verzettelt.

Wie hat das TV-Abenteuer begonnen? Mich interessiert der Moment der Initiative.

Ich erinnere mich noch an ein Gespräch, das meine Cousine und ich – sie im Vorstand, ich im Aufsichtsrat – mit den anderen Vorständen Dr. Detlev Lux und Erhard Pohle hatten, in dem es darum ging, ob wir die Expansion und die dafür nötigen Mittel durch Börsengang holen sollten. Es war in der Zeit des Neuen Marktes, es lag in der Luft und war plausibel, dass wir uns für die Expansion Kapital zuführen. Wir haben also beschlossen, RTV an die Börse zu schicken. Das klappte zunächst auch, aber das ist dann völlig aus dem Ruder gelaufen, ganz simpel – und hat ein Erfolg versprechendes unternehmerisches Konzept kaputtgemacht. Als die Blase platzte, waren wir mittendrin. Die Entwicklung der Aktie war zunächst spektakulär, stürzte dann immer weiter ab.

Die Aktie hatte einen Ausgabepreis von 8,30 Euro und lag am Abend des ersten Tages bei über 24 Euro, schoss dann auf über 100 Euro hoch – und brach einige Monate später mit dem ganzen Neuen Markt sehr plötzlich zusammen auf unter 1 Euro. Stoff für einen Börsenkrimi. Woran lag das?

Das kann ich schwer rekonstruieren, ich will niemandem die Schuld zuschreiben.

Ich suche die Schuld zunächst bei demjenigen, der die Impulse aufgenommen hat, nämlich bei mir selbst, nicht nur in den Umständen. Wir mussten feststellen, dass der Börsenwert der Firma RTV den Wert der Gesamtfirma Ravensburger AG um ein Vielfaches übertraf, eine groteske Situation. Als die Abwärtsfahrt an der Börse begann, blockierte uns eine Sperre, dass die alten Anteilseigner nicht verkaufen durften. Die Situation war noch aus einem anderen Grund sehr bedrückend, weil viele Mitarbeiter und Leute sich von einer Aktie zum Ravensburger Filmgeschäft viel versprochen und dabei Geld verloren hatten. Wir haben alle sehr gelitten, nicht nur finanziell, sondern auch menschlich.

Hatte die Ravenburger AG die Aktienmehrheit der RTV behalten?

Ja, die Aktien wurden an den Neuen Markt gebracht, es gab nur Streubesitz. Die Firma RTV hat das Geld, das sie aus dem

Börsengang erhielt, schnell ausgegeben, zum Beispiel mit Engagements in Australien. Sie verdiente kein Geld, also musste
die Ravensburger AG Garantien geben, eine schwierige Situation für das gesamte Unternehmen. Ich bin unserem kaufmännischen Vorstand Frank Mallet heute noch dankbar, wie
souverän er diese Fragen seinerzeit geregelt hat. Die Banken
haben uns die Pistole auf die Brust gesetzt und auf die Haftung gepocht. Im Zuge der Unternehmenssanierung, als wir
Chalon, Altenburg und eben RTV aufgegeben hatten, hat es
noch einige Jahre gedauert, in denen unsere Gesellschafter die
Haftung mitschleppen mussten. Dieses Abenteuer hinterließ
uns erhebliche Blessuren.

**Das muss Sie stark persönlich belastet haben, wenn man
bedenkt, wie schnell das alles ging. Ihr Onkel Karl starb
1979 und ein gutes Jahrzehnt später explodiert das Unternehmen in so viele neue Aktivitäten und internationale Geschäfte.**

Im Nachhinein betrachtet wäre ich froh, wenn wir einiges
ausgelassen hätten! Jedoch war und ist die Grundidee, mit
unseren Inhalten – heute spricht man von Content – auf andere Trägermedien auszuweichen, richtig. Kinderfernsehen
war richtig, Softwareprodukte für Kinder waren richtig.

Der Börsengang?

Ein Fehler. Aber hinterher ist man immer schlauer.

**Glauben Sie, man hat sich zu stark vom gewachsenen Sach-
verstand wegbewegt? Die Kompetenz fürs Filmemachen
war zunächst nicht vorhanden, und plötzlich war Ravensburger beteiligt am amerikanischen Sender Nickelodeon
Deutschland.**

RTV hatte sich beteiligt, weil das für das Unternehmen eine
Chance war. Nach einiger Zeit haben wir festgestellt, dass dieser Kinderkanal für uns zu teuer wird. Ich bin also mit RTV-
Geschäftsführer Peter Hille nach New York gereist, um den
Nickelodeon-Inhabern zu erklären, dass uns die Puste aus-
geht. Die Amerikaner sind ausgesprochen fair mit uns umge-
gangen.

Was ist aus RTV geworden?

Die weitere Entwicklung von RTV, bei kleiner Bewertung der Aktie, geriet unter dem Druck der notwendigen Erfolgsmeldungen für den Finanzmarkt etwas außer Kontrolle. Die Vorstände von RTV waren zwar sehr initiativ, die Sender jedoch wollten nicht mehr so bereitwillig fremde Produktionen für ihre Kindersendungen kaufen. Vor allem hatten wir einen starken Wettbewerber, EM.TV, der zu der Zeit auch in Schwierigkeiten geriet. Die Marktentwicklung für RTV und die daraus folgende Aktienentwicklung gestalteten sich derart desolat, dass man beschloss, die Firma zu verkaufen. Das Eingeständnis, es trotz guter Marke Ravensburger nicht geschafft zu haben, gute Kinderprogramme zu produzieren und im Markt zu platzieren, war bitter.

Wie konnte die Ravensburger AG diese vielen Aktivitäten gleichzeitig finanziell stemmen? In den Geschäftsberichten ist häufig von straffem Kostenmanagement die Rede. Die Mehrheit der Mitarbeiter verzichtete 1996 auf 1,8 Prozent ihres Dezemberlohns. Zur gleichen Zeit investierte das Unternehmen im großen Stil.

Wenn Sie eine Firma übernehmen, die kein Geld verdient, vermindern Sie Ihr eigenes Geschäftsergebnis, das heißt, der Gewinn sinkt oder man macht sogar Verlust. Das zweite finanzielle Problem entsteht, wenn Sie zu viel Geld ausgeben. Wir haben in diesen Jahren sicher zu viele verschiedene Dinge unternommen und zu viel Geld investiert, deshalb Kostenmanagement. Das bescherte uns in den Jahren 2000 und 2001 erhebliche Verluste, belastete unsere Bilanz, sodass wir uns von lieb gewonnenen Dingen trennen mussten. Chalon wurde geschlossen. Die Fabrikation von Spielkarten in Altenburg, die ich bei der Übernahme von F. X. Schmid sehr begrüßt hatte, weil Spielkarten als Dauerbrenner ein stabiles Geschäft sind, wurde schweren Herzens an eine internationale belgische Gruppe verkauft. Die Fernsehfirma RTV verkauften wir an einen österreichischen Investor. Wir standen wirklich mit dem Rücken zur Wand. Wir haben in diesen Jahren nichts verdient, Verluste gemacht, unsere Mittel schrumpften, deshalb waren harte Einschnitte nötig, um uns zu sanieren.

Es war Ihnen immer wichtig gewesen, über eine hohe Rücklage zu verfügen.

Von hohen Rücklagen konnte überhaupt nicht mehr die Rede sein, sondern die Bankleute legten ihre Forderungen auf den Tisch. Die Firma RTV war verschuldet, die Familiengesellschafter mussten für die Firma Ravensburger Garantien geben.

Welche Rolle hatten Sie als Aufsichtsrat bei diesen Übernahmen?

Ich werfe mir selbst vor, dass ich mich als Aufsichtsratsvorsitzender zu wenig um Details gekümmert habe, in dem Bestreben, dem Vorstand bloß nicht auf dem Schoß zu sitzen. Meine Cousine war zwar zunächst noch im Vorstand, dann im Aufsichtsrat, sie war aber nicht für die Finanzen zuständig, sondern für die inhaltlichen Fragen, es war nicht ihr Job, sich darum zu kümmern.

Wir hatten damals eine hohe Zahl von Aktien in unsere neu errichtete Stiftung Ravensburger Verlag eingebracht, natürlich hatten wir uns einen höheren Wert vorgestellt, aber die Stiftung durfte die Aktien zu den hohen Kursen oder unmittelbar danach wegen der Sperre gar nicht verkaufen. Sie musste eine gewisse Zeit warten. Das Stiftungskapital liegt heute zwar immer noch in einer siebenstelligen Größenordnung, entspricht aber nicht mehr der ursprünglichen Höhe und hat die Entfaltungsmöglichkeiten gegenüber den ersten Ideen sehr eingeschränkt.

Sie waren von Anfang an neben Ihrer Cousine im Stiftungsrat engagiert. Was bedeutet Ihnen die Stiftung?

Für den Vorstand der Ravensburger AG hat die Stiftung sicher die Funktion, bestimmte Spendenanfragen für soziale und kulturelle Projekte dorthin umzuleiten. Und außerdem unterstützt die Stiftung durch Aktivitäten das positive Image der Unternehmensgruppe Ravensburger. Jedoch führt die Stiftung Ravensburger Verlag durchaus ein Eigenleben und verfolgt ihre Förder- und Forschungsprojekte mit einem gewissen gesellschaftspolitischen Auftrag. Anders als im Produktbereich kann Ravensburger hier indirekt auf gewisse Entwicklungen Einfluss nehmen oder sie anstoßen.

Was macht die Stiftung eigentlich?

Wie ich aus der Arbeit im Stiftungsrat weiß, sieht die Stiftung ihre wichtigste Aufgabe darin, mit aktualitätsbezogenen Initiativen die Familien- und Bildungspolitik anzuregen und kritisch zu begleiten. Sie versucht, Tabuthemen aufzugreifen und einen Schritt voraus zu sein. Ein Beispiel dafür war vor gut zehn Jahren die Frühförderung im Baby- und Kleinkindalter, heute spricht jeder darüber. Dann ging es um die interkulturelle und interreligiöse Erziehung in Kitas. Die Stiftung beauftragte Religionspädagogen mit einer überregionalen empirischen Bestandsaufnahme der kulturellen und religiösen Zusammensetzung in Kitas, daraus entstand ein Ratgeber für Erzieherinnen in Sachen Toleranzerziehung. Es gab auch den Ravensburger Elternsurvey, eine repräsentative Befragung von tausend jungen Müttern und Vätern über ihre familiäre Zufriedenheit, weil sich das Wohlbefinden der Eltern logischerweise stark auf das kindliche Wohl auswirkt. Die sehr differenzierten Ergebnisse wurden vom Bundesfamilienministerium aufgegriffen. Inzwischen widmet sich die Stiftung einer manchmal vergessenen Kindergruppe: den sogenannten Lückekindern zwischen acht und vierzehn Jahren und deren Lebenswirklichkeit und Eindrücken. Und das sind nur kleine Schlaglichter.

Der Freizeitpark Ravensburger Spieleland wurde 1998 eingeweiht. Man setzte auch in diesen imageträchtigen Geschäftszweig hohe Erwartungen. Spezialisten für Freizeitparks gaben in ihren Gutachten sehr positive Prognosen ab. Aufsichtsratsmitglieder empfahlen uns damals, Fremdaktionäre einzuladen und nicht alles selbst zu finanzieren. Mit Hilfe der regionalen Bank IBB verkauften wir Anteile an einer »stillen Gesellschaft«, selbst behielten wir etwas über 50 Prozent der Anteile. Anfangs lief es ganz gut, aber Geld verdient hat die Firma nicht. Das war für die Anleger natürlich enttäuschend, es entstanden Verluste. Wir haben dann die Fremdanteile zehn Jahre später zurückgekauft, heute gibt es keine fremden Anteilseigner mehr. Beim Ravensburger Spieleland handelt es sich um ein Saisongeschäft, im Winter ist das Spieleland geschlossen, und die Besucherzahl schwankt je nach Wetter – es darf nicht zu heiß sein, aber auch nicht verregnet. Jedes Jahr kommen neue Attraktionen dazu, man muss immer reinstecken in dieses Geschäft, das inzwischen in manchen Jahren auch finanziell Freude bereitet, obwohl der Park nicht so kommerziell angelegt ist wie beispielsweise der Europapark in Rust oder das Legoland als direkte Konkurrenz in unserem Einzugsgebiet, zu dem auch die Nordschweiz und das österreichische Vorarlberg zählen. Allerdings genießt das Spieleland einen nicht zu unterschätzenden Marketingwert für das Unternehmen Ravensburger. Die Besucherzahlen haben sich kaum verändert seit der Gründung, sie pendelten sich auf über 300 000 Besucher jährlich ein. Das oszilliert so um 10 Prozent, je nach Wetter.

Die Anteilseigner waren stille Gesellschafter. Auch allerhand Mitarbeiter, teils Ehemalige, investierten voller Begeisterung in dieses Unternehmen und freuten sich, dass ihnen jetzt ein Stückchen vom Ravensburger Kuchen gehörte.

Insofern tut es mir sehr leid, dass sie später ihre Anteile unter dem seinerzeit gezeichneten Wert abgeben mussten. Allerdings waren die Mitarbeiter in Informationsveranstaltungen gewarnt worden, dass dieser Fall eintreten kann, und die Prospekte enthielten keine falschen Versprechungen. Wir haben sie nicht etwa in eine Falle gelockt, sondern eher zur Vorsicht geraten.

Erstmals in der Geschichte von Ravensburger, abgesehen vom Börsengang von RTV, hatten Sie andere Kapitalgeber zugelassen – und die meisten Mitarbeiter identifizierten sich sehr persönlich mit dem Familienbetrieb, für den sie arbeiteten. Es gab eine Art Euphorie.

Es betraf Mitarbeiter, aber auch andere Menschen aus der Region, die investiert und Geld verloren haben – was für den Ruf der Firma nicht gerade positiv war.

Ausgerechnet in dieser turbulenten und spannenden Umbruchzeit waren Sie in den Aufsichtsrat gewechselt. Stimmte Sie das nicht traurig?

Man muss sich einen Termin dafür setzen und das auch konsequent durchhalten. Damals war meine Cousine Dorothee Hess-Maier noch im Vorstand. Wir haben schon lange, bevor ich aus dem Vorstand in den Aufsichtsrat wechselte, über familienfremden Vorstand nachgedacht und haben mit Dieter Breede und Armin Boeckeler Vorstandsmitglieder gehabt, die nicht Familienmitglieder waren. Dass später ein neuer Vorstand, der viele neue Aktivitäten angefangen hat, dann schwer krank wurde und starb, war natürlich schlimm und hat uns viele Sorgen bereitet. Nachdem dann das Abenteuer RTV überstanden, Chalon verdaut war, ging es um die Neuausrichtung der angestammten Bereiche. Karsten Schmidt kam in den Vorstand, die Banken zogen mit und so wurde der Turnaround geschafft. Mein Sohn kam 2010 in den Vorstand.

Auch aus dem Aufsichtsrat sind Sie mittlerweile ausgeschieden.

Schon 2008, aus Altersgründen. Ich erfahre die wichtigen Dinge durch meine Cousine, die weiterhin im Aufsichtsrat tätig ist – durch Protokolle von Vorstandssitzungen, gelegentlich durch meinen Sohn und auch als Gesellschafter.

Sie sind doch sehr fit, dauernd unterwegs zwischen Ravensburg und Ihrem Haus in Frankreich und unternehmen viele Reisen.

Schon, aber man muss sich auch Limits setzen, spätestens mit achtzig Jahren wäre ich aus dem Aufsichtsrat ausgeschieden. Bei der Neuwahl des Aufsichtsrats habe ich mich bereits mit achtundsiebzig Jahren nicht mehr zur Verfügung gestellt.

Ihr Vater ist vor mehr als sechzig Jahren gestorben. Stellen Sie sich vor, Ihr Vater, der Ihnen sehr nahestand, käme um die Ecke und würde fragen: »Sohn, was hast du in den letzten sechzig Jahren, seit ich verschwunden bin, getrieben?«

Mein Vater wäre sicher froh über die gesunde Situation der Firma, aber er würde sich wahrscheinlich wundern, ob wir noch die Übersicht behalten. Er hat einmal eine Geschichte erzählt, damals hatte die Firma vielleicht fünfzig Leute, wie er einen Buchhändler in Bern besucht hat, der mit einer einzigen Mitarbeiterin seine Buchhandlung betrieb. Mein Vater sagte zu dem freundlichen Herrn: »Mit Ihnen würde ich gerne tauschen!« Er fühlte sich nicht als Manager. Für die vertriebliche Seite hatte er damals eine wichtige Hilfe, Andreas Pollitz als rechte Hand.

Würde Ihr Vater das Unternehmen wiedererkennen?

Abgesehen von den technischen Entwicklungen, im Kern sicher ja.

Wie ist denn Ihr Verhältnis heute zu den Mitarbeitern? Gehen Sie manchmal noch in den Technischen Betrieb und gucken sich um?

Nein. Das gehört sich nicht. Früher habe ich das regelmäßig gemacht.

Spaßeshalber, nicht zur Kontrolle. Fehlt es Ihnen nicht?

Nein. Meine Frau äußerte vor einem Jahr mal den Wunsch, den Technischen Betrieb zu besichtigen. Ich rief also den Leiter der Technik an: »Ich würde gerne mal meine Frau durchführen. Bitte organisieren Sie keine Führung, nichts, sondern ich laufe einfach durch. Ist das in Ordnung?« Ich bin einfach auf den alten Pfaden, die ich kannte, noch durchgelaufen, eine Stunde oder anderthalb. Obwohl einiges umgekrempelt wurde, habe ich mich noch zurechtgefunden, weil ich den

Produktionsablauf ja im Kopf hatte. Und viele Mitarbeiter haben mich angestrahlt, weil sie mich kannten.

Genau, das meinte ich, auch das sinnliche Erlebnis, der Geruch zum Beispiel.

Ich hab es gemocht, aber es fehlt mir nicht. Man muss wissen, wann Schluss ist!

Ist diese Fähigkeit, sich zu disziplinieren und persönliche Abstriche zu machen, wir sprachen darüber im Zusammenhang mit der Trennung von liebgewordenen Geschäftsfeldern, eine Grundeigenschaft, die man als erfolgreicher Unternehmer haben sollte?

Dass man an nichts zu sehr hängt – wenn man relativ nüchtern veranlagt ist, wie ich das bin –, das ist ein Vorteil.

Sie sind ein ausgleichender Typ.

Einer, der nicht auf Konfrontation geht, sagen wir mal.

Glauben Sie, dass diese Charaktereigenschaft – Ihre Cousine hat ja auch etwas davon, vielleicht liegt es in der Familie – wesentlich zum Erfolg des Unternehmens innerhalb der letzten hundert Jahre beigetragen hat?

Wenn Sie auf die Zeit des Dritten Reiches anspielen, kann ich nur versuchen zu rekonstruieren. Mein Vater und mein Onkel waren nicht in der Partei. Dass mein Vater kein Anhänger der Nationalsozialisten war, war mir früh klar gewesen, soweit man da einen Jungen überhaupt einweihen konnte. Natürlich hat der Verlag auf bestimmten Gebieten auch von Dingen, die damals hoch im Kurs waren, profitiert. Ein Beispiel: Die Nationalsozialisten haben, um die Jugend zu beschäftigen, Bastelkurse veranstaltet. Da wir Bastelanleitungen, zum Beispiel die Reihe »Spiel und Arbeit« anboten, lag das durchaus auf unserer Linie. Man hat ohne irgendein ideologisches Profil zu zeigen die eigene Spur verfolgt. Aber zurück zum ausgleichenden Typ und der Frage, ob das eine Charaktereigenschaft in der Familie ist: Sicher ist weder meine Cousine noch ich jemand, der auf den Tisch haut und nur seine Meinung gelten lässt. Das hängt aber sicher auch damit zusam-

men, dass wir zwischen uns immer Konsens herstellen mussten, argumentieren, etwas begründen. Sonst hätte unsere
Zusammenarbeit nicht funktioniert. Diese Art der Kooperation hatten mein Onkel und ich schon praktiziert. Und das
hat sich auf unser Verhalten auch gegenüber anderen Menschen ausgewirkt.

Wenn Sie heute jemand kennenlernt und nach Ihrem Beruf
fragt …

… dann antworte ich Verlagsbuchhändler, das habe ich mal
gelernt. Na ja, vielleicht erwähne ich noch, dass ich einen Verlag geleitet habe, der Bücher und Spiele herausbringt. Im Ausland werde ich tatsächlich manchmal gefragt.

Das trifft die Größenordnung nicht.

Also übertreiben wir es nicht! So wie ich vor einiger Zeit mal
bei einem Freund einen Herrn traf, der mich fragte, was ich
mache, dem habe ich genau das gesagt. Dann: »Und was machen Sie?« Er: »Ich bin literarischer Agent.« Da musste ich
lachen, wollte einen Witz machen und fragte: »Haben Sie den
›Harry Potter‹ vermittelt?« Da hat er gesagt: »Ja, in der Tat.«

Das erste »Harry Potter«-Buch wurde Ravensburger, soweit
ich weiß, auch angeboten – und nicht akzeptiert. Ärgerlich.
Auch früher hat das Unternehmen gelegentlich bei be-
stimmten Produktangeboten Chancen verpasst oder ver-
schenkt, auch dicke Fische wie »Monopoly«, das schon in
den 20er-Jahren, lange vor Ihrer Zeit, abgelehnt wurde.

Ich weiß nicht, ob diese Geschichten stimmen. Was »Monopoly« angeht, wurde tatsächlich erzählt, dass mein Vater das
Spiel aus moralischen Gründen nicht haben wollte. Ich habe
diese Geschichte wiederum einem englischen Geschäfts-
freund erzählt, der die »Monopoly«-Rechte für England hielt
und die europäischen Rechte verwaltete. Der hat mich angegrinst und gesagt: »Du hättest nicht abgelehnt?« Hätte
ich tatsächlich nicht. Bei »Harry Potter« lief es anders.
Meine Tochter, die damals noch in Schottland lebte, be-
richtete mir über einen neuen englischen Bestseller namens

»Harry Potter«. Ich habe den Hinweis an unsere Leute weitergegeben, da hieß es, die deutsche Lizenz sei schon vergeben. Selbst wenn die Geschichte wahr ist, kann man den Mitarbeitern jetzt nicht den Kopf herunterreißen deswegen.

Bedauern Sie manchmal, dass der Ravensburger Buchverlag keinen »Harry Potter« auf Lager hat?

So ein »Harry Potter«-Hype kann für einen Verlag durchaus gefährlich sein. Sie müssen den Ansturm bewältigen. Wir hatten mal ein großes Geschäft für den Bertelsmann Buchclub abgeschlossen, das ein Fünftel unseres Umsatzes ausmachte. Damals haben wir uns vorgenommen, keinesfalls die Strukturen zu verändern und uns niemals von der Euphorie zu unbedachten Veränderungen hinreißen zu lassen. Wenn Sie jedes Jahr einen »Harry Potter« oder ein ähnliches Kaliber auf den Markt bringen können, ist es in Ordnung. Schon, wenn Sie nur jedes zweite Jahr einen Weltbestseller dieser Größenordnung haben, fehlen Ihnen im zweiten Jahr so und so viel Prozent Ihres Umsatzes, etwas, das nicht leicht zu verdauen ist. Sie müssen es finanzieren zumindest. Solche Boomgeschäfte sind schön, aber nicht ganz ungefährlich, vor allem beim ersten Mal, wenn man noch gar nicht weiß, ob man zu viel oder zu wenig produziert, ob man auf Lieferprobleme oder überquellende Regale zusteuert. Trotzdem wäre ein solcher Bestseller für uns schön gewesen.

Altes Verlagsgebäude
in der Marktstraße 26, erbaut 1416,
seit 1896 Stammhaus des
Otto Maier Verlags

12

Draußen spielen.
Der Ehrenmann

»Mister Ravensburger« weiß, wann es heißt, loszulassen, eine innere Haltung und ein wirtschaftspsychologischer Instinkt, die vielen Familienunternehmern abgehen – mit der Folge, dass ihre Betriebe schwächeln oder gar untergehen.

Die Fähigkeit, rechtzeitig den Stab weiterzugeben, freundlich lächelnd »Adieu« zu sagen, damit auch den roten Teppich anderen zu überlassen und sich in hintere Reihen zu verdrücken, zeichnet Otto Julius Maier in ganz besonderer Weise aus. Natürlich übertreibt er in die andere Richtung, wenn er sich bei einer privaten Party bescheiden als unbedeutender deutscher Verleger outet – und sein ebenso erfolgreiches Gegenüber dasselbe tut. Die unfreiwillige Komik solcher Szenen ist ihm durchaus bewusst, er genießt sie. Andererseits erläutert er bierernst und mit Verve, wie Altersversorgung in Deutschland funktioniert und besser funktionieren könnte. Da spricht plötzlich der Politiker, allerdings eins der seltenen Exemplare in dieser Gattung, die nicht aus ihrer Region auf die offene bundesdeutsche Bühne aufsteigen möchten.

Große Selbstdarstellungen liegen ihm nun mal nicht, aber hinter seinem gelegentlich distanzierten Auftreten als Mann alter Schule verbirgt sich ein stets waches Interesse für aktuelle gesellschaftliche Themen. Das blieb so und verstärkte sich vielleicht noch, nachdem Maier sich aller institutioneller Bürden entledigt hatte. Auf seinen Büchertischen liegen Wirtschaftsbestseller, aktuelle Werke der Gegenwartsliteratur sowie Biografien und Autobiografien prominenter Zeitgenossen. Eins seiner wenigen Hobbys, wenn er denn dieses Interesse überhaupt

Verlagsgebäude Robert-Bosch-Straße 1,
erbaut 1992

so nennen möchte, ist die klassische Moderne in der Malerei. An Ämtern behielt Otto Julius Maier nur noch die Geschäftsführung der Ravensburger Holding GmbH & Co. KG (eine Gesellschaft, die die Interessen der Familiengesellschafter bündelt und koordiniert) und den Sitz im Stiftungsrat der Stiftung Ravensburger Verlag, deren Vorsitz seine Cousine Dorothee Hess-Maier ausübt. Im alten Verlagshaus sitzt er Tür an Tür mit ihr, man tauscht sich aus. Gibt es dabei ein Problem zu lösen, eine wichtige Entscheidung zu fällen, sagt sie meist: »Ich frage mal meinen Vetter, wie er das sieht.«

Ende 1997 ist das Unternehmen Ravensburger aus dem Arbeitgeberverband ausgetreten, eine auf den ersten Blick schwerwiegende Entscheidung.

Der damalige Vorstand, vor allem Erhard Pohle, erklärte mir als Aufsichtsratsvorsitzendem eines Tages, dass er aus der Tarifbindung austreten wird, weil er diesen Automatismus mit den Lohnerhöhungen nicht mehr mitmachen wolle. Mir hat das irgendwo zwar nicht geschmeckt, weil ich eine gewisse Solidarität richtig fand. Damit hat man natürlich die Mitarbeiter verunsichert und die Gewerkschaften auf den Plan gerufen. Deshalb musste eine Vereinbarung mit dem Betriebsrat und den Mitarbeitern direkt getroffen werden – letztlich mit ähnlichen Lohnerhöhungen wie von den Tarifparteien vereinbart.

Das muss Ihnen doch als jahrzehntelangem IHK-Präsidenten gegen den Strich gegangen sein.

Ja, schon in gewisser Weise, aber ich konnte vom Vorstand nicht einerseits Umsatzsteigerungen und gute Ergebnisse erwarten und andererseits vorschreiben, mit welchen Methoden das Ziel zu erreichen wäre. In allen Managementkursen, die ich mitgemacht habe, lautete die Botschaft: Sie können die Verantwortung nicht jemandem in die Schuhe schieben, dem Sie dauernd sagen, was er machen soll. Das war auch mein Grundgedanke, weshalb ich das operative Geschäft stärker sich selbst überlassen habe, als ich es in der Rolle des Aufsichtsratsvorsitzenden vielleicht hätte machen sollen. Wir sind ja nicht in einen asozialen Zustand verfallen, in dem wir die Mitarbeiter geknebelt hätten, weil wir keine Tarifbindung mehr hatten. Bei den Betriebsversammlungen kamen nach wie vor die Gewerkschaftsvertreter und haben ihre Sprüchlein gemacht. Und es gab selbstverständlich einen Betriebsrat. Also das war nicht so, dass da jetzt plötzlich die Anarchie ausbrach und ein gesetzloser Zustand herrschte.

Sind Sie gerne bei Betriebsversammlungen, die ja immer vom Betriebsrat einberufen werden, aufgetreten? Sie mussten immer etwas über die Pläne des Unternehmens, über neue Produkte und Ähnliches berichten.

Dieser Verpflichtung, die Mitarbeiter zu informieren, bin ich gerne nachgekommen, es war eine Selbstverständlichkeit. Im Prinzip lief das immer sehr vernünftig ab. Es hängt ein wenig vom Betriebsratsvorsitzenden und von den Gewerkschaftsleuten ab. Irgendwann kam einmal ein Gewerkschaftsmensch mit einer flammenden Forderung zum Thema »gleiche Bezahlung für Frauen und Männer« daher. Da haben unsere Leute angefangen zu lachen. Weil diese Forderung längst in unserem Technischen Betrieb erfüllt war.

Sie haben sich in Ihrem gesamten Berufsleben immer auch extern engagiert in Aufsichts- und Verwaltungsräten. Welche Aufgabe hatten Sie im Aufsichtsrat der Nürnberger Spielwarenmesse?

Anfangs wurde ich in die Branchenorganisationen Buch und Spiel hineingewählt, dadurch habe ich mein Wissen erweitert und gelangte an wichtige Informationen. Im Aufsichtsrat saßen zwölf bis vierzehn Leute, die bekannten Firmen wie Steiff und Märklin hatten damals viel zu sagen, das hat sich wohl inzwischen geändert. Weitgehend alle Segmente des Spielwarenbereichs waren vertreten im Aufsichtsrat, Plüsch, Spiele, Eisenbahn, Puppen usw. Der Verband der Spielwarenindustrie veranstaltet mit seiner Messegesellschaft immerhin die größte Spielwarenmesse der Welt, da mussten viele Entscheidungen getroffen werden. Ins Leben gerufen wurde diese Messe in Nürnberg erst 1949. Vor dem Krieg fanden alle Messen in Leipzig statt. Und da die Spielwarenindustrie damals vor allem im Raum Nürnberg konzentriert war, haben die Nürnberger Hersteller das in die Hand genommen. Es hat natürlich positive Effekte, wenn man im Aufsichtsrat der Spielwarenmesse mitarbeitet, ich war vierzig Jahre dabei. Die Gefahr, dass Sie mit Ihrem Messestand bei der Spielwarenmesse in der letzten Ecke landen, ist dann nicht allzu groß, auch als damals relativ kleine Firma. Und Sie gewinnen Erfahrung im Kontakt mit anderen Herstellern. Wo sonst kommen Sie mit Konkurrenten zusammen und erfahren von Problemen mit Kunden, Lieferanten oder Behörden.

Wie gerieten Sie in die Gremien des Börsenvereins des Deutschen Buchhandels, die andere große Branchenorganisation?

Ich war zunächst ein bis zwei Jahre im baden-württembergischen Verlegerausschuss, Mitte der 50er-Jahre bis Mitte der 60er-Jahre wurde ich dann in den überregionalen Verlegerausschuss in Frankfurt gewählt. Ich habe noch gute Erinnerungen an die Zeit, an Freundschaften mit älteren Verlegerkollegen. Zwei- bis dreimal jährlich tagten wir im Haus des Börsenvereins neben dem Goethehaus am Hirschgraben in Frankfurt. Wichtig war für mich auch die kleine Stuttgarter Verlegerrunde gewesen, zu der ich eingeladen wurde nach dem Verlegerkongress in Wien im Jahr 1959. Das war ein Kreis mit sechs oder sieben Mitgliedern, ich möchte jetzt keine Namen nennen, die einmal im Monat jeweils zu Hause bei einem ihrer Mitglieder zusammenkamen. Hier wurde ganz offen ohne jegliche Konkurrenzhaltung über alle Dinge in der Branche, aber auch über kaufmännische Fragen gesprochen. Das hat mir ungeheuer viel gegeben. Ich bin Mitglied geblieben bis zu meiner Pensionierung und habe einige Jahre vorher schon meine Cousine in diese Runde hereingebracht. Sie ist heute noch Mitglied und schätzt diesen Kreis sehr.

Eine weitere Funktion übernahmen Sie als Delegierter in der Mitgliederversammlung des Spielwarenverbandes.

Mir persönlich nützten all diese ehrenamtlichen Engagements zur Wissenserweiterung. Bedenken Sie: Ich hatte mühsam eine Verlagsbuchhändlerlehre absolviert, keinerlei Studium, ich musste alle Kenntnisse durch Erfahrungen erwerben. Deshalb war ich immer froh über Erfahrungsaustausch, in welchen Gremien auch immer, beispielsweise auch bei einer Organisation wie der Gesellschaft für Konsumforschung.

Was mussten Sie im GfK-Verwaltungsrat konkret tun?

Zunächst war ich einfaches Vereinsmitglied, weil ich über Marktforschungsergebnisse frühzeitig informiert sein wollte. Eines Tages hat mich in der jährlichen Mitgliederversammlung einer der Geschäftsführer für den etwa zwanzigköpfigen Verwaltungsrat vorgeschlagen. In diesem Gremium habe ich ausgesprochen interessante Leute kennengelernt und wirklich profitiert, weil verschiedene Branchen vertreten waren, unter anderem ein großer Bleistifthersteller, eine wichtige Nahrungsmittelfirma, ein bedeutender Betrieb für Sanitärinstallationen, ein Rundfunkhersteller usw. Wir sollten die Geschäftsführung beraten, das war sehr interessant, weil man gleichzeitig die Entwicklung von Märkten ganz nah verfolgen konnte und aus bester Quelle erfuhr, was sich im Handel tat.

Die Gesellschaft für Konsumforschung macht vor allem Marktuntersuchungen und erhebt Daten über die Entwicklung des Handels.

Ihre wichtigste außerbetriebliche Aufgabe erfüllten Sie im Präsidium und fünfzehn Jahre als Präsident der IHK Bodensee-Oberschwaben.

Ich bin schon der Meinung, dass Firmen, die es sich leisten können, jemanden abzustellen, solche Organisationen mitsteuern sollten. Nur immer zu schimpfen »Das funktioniert nicht!«, sich selbst aber vornehm rauszuhalten und die Verantwortlichen als Deppen zu bezeichnen, das geht nicht! In der IHK können Sie Einfluss nehmen und wenn Sie erst einmal im sechs- bis achtköpfigen Präsidium mitmachen, werden Sie automatisch mal gefragt, ob Sie nicht das Präsidentenamt übernehmen wollen. Beim ersten Mal habe ich es abgelehnt, aber als ich Mitte fünfzig war, habe ich das Amt doch angenommen.

Ein sehr zeitintensives Amt?

Ich war sicher alle vierzehn Tage dort und hatte bestimmt jeden zweiten Tag Unterschriftsmappen durchzugehen, hatte meine Telefongespräche oder auch Treffen mit dem IHK-Hauptgeschäftsführer. Ansonsten drei, vier Sitzungen im Jahr im Präsidium und drei, vier Sitzungen in der Vollversammlung. Ich hatte die IHK in der Öffentlichkeit bei Presse- und Fototerminen zu repräsentieren und fuhr mit dem Hauptgeschäftsführer zu den Sitzungen des Deutschen Industrie- und Handelstags (DIHT) nach Bonn, später Berlin.

Man spürt Ihre Begeisterung. Was hat Ihnen an dieser Tätigkeit Freude gemacht?

Auch hier: der Kontakt mit anderen Leuten. Eine Zeit lang haben mich die Steuerfragen besonders interessiert. Einmal kamen die zwölf baden-württembergischen Kammern zusammen, um mit der Landesregierung über Steuerfragen zu sprechen. Da wurde ich als eine Art Wortführer gebraucht, das hat mir Spaß gemacht, weil ich auf diesem Gebiet relativ kundig war. Später müssen Sie schauen, dass Sie einen Nachfolger finden als Präsident, was gar nicht so leicht ist. Es bestand die Gefahr, dass jemand das Amt anstrebt, der falsche Akzente gesetzt hätte und das Gremium zu einer »Gschaftlhuber«-Veranstaltung abgerutscht wäre. Im Präsidium waren nicht nur große Unternehmen der Region vertreten, sondern auch Versicherungsvertreter, Einzelhändler und andere Gewerbebetriebe. Die ganz großen Unternehmen haben ihre Verbandsleute geschickt, meistens nicht aus der ersten Ebene, weil sie dieses zeitraubende Amt nicht selbst bekleiden wollten. Einmal wurde doch der Chef eines großen Betriebs gewählt. In der konstituierenden Sitzung, mit all dem Hickhack um Formalien, habe ich den angegrinst – wir mochten uns gegenseitig gern – und gedacht: »Mein Lieber, dich seh ich jetzt auch nicht mehr oft.« So war's.

Die IHK-Tätigkeit erlaubte Ihnen, Ihren Schreibtisch zu verlassen und sich anderen, vielleicht unterhaltsamen Aufgaben zu widmen.

Man muss abwägen können, ob man es sich leisten kann, das eigene Unternehmen gelegentlich zu vernachlässigen, und ob die Anregungen, die man bekommt, das aufwiegen. Es wäre wahrscheinlich gescheiter gewesen, ich hätte die letzte Amtsperiode von 1993 bis 98 ausgelassen und mich mehr um die Probleme im eigenen Haus gekümmert.

Aber Sie haben Ihre externe Tätigkeit noch ausgeweitet!

Eines Tages erhielt ich einen Anruf vom Hauptgeschäftsführer des DIHT, Dr. Franz Schoser, der mich für einen Pensionsverein in Mülheim an der Ruhr anwarb. Ich konnte nicht widerstehen, weil mich das Thema Altersversorgung immer interessiert hat.

Warum?

Weil wir selbst von der Firma aus auch Altersversorgungszusagen gaben – und diese Aufgabe mir Rückschlüsse eröffnete. Ich habe gesehen, welch starke Rolle die staatlichen Eingriffe spielen. Der Staat schreibt vor, mit welchem Zinssatz Sie Ihre Rückstellungen berechnen dürfen, jetzt zum Beispiel 5,1 Prozent. Das ist bei den heutigen Zinserträgen viel zu hoch. Der Zinssatz müsste bei 2 Prozent liegen – damit das anzusparende Kapital viel höher ist. Das System war klug gedacht. Die erste Bundesregierung unter Adenauer verschaffte den Firmen die Möglichkeit, ihren Mitarbeitern Pensionszusagen individueller oder genereller Art zu machen und dafür eine entsprechende Rückstellung zu bilden, die steuermindernd wirkt, weil man die Beträge passivieren muss. Diese steuerlichen Vorteile – Rückstellungen zu bilden und dadurch den Gewinn zu reduzieren, das heißt, weniger Steuern zu zahlen – brachten die Unternehmen dazu, Pensionszusagen an ihre Mitarbeiter zu geben. Andernfalls hätten sie es nie gemacht und die Altersvorsorge der Mitarbeiter nur dem Staat überlassen. Wie gesagt, es war klug gedacht. Aber dadurch, dass die Höhe der Rückstellungen über den Zinssatz vom Staat gesteuert wurde, ist das Ganze gefährlich geworden. So manches große Unternehmen hat einfach sein Pensionswerk geschlossen und keine Zusagen mehr gegeben, weil es nicht finanzierbar war.

Sie könnten als Berater der Bundesregierung tätig werden!
Um Gottes willen nein! Ich wäre nicht geeignet gewesen, mich in der Politik zu engagieren. Natürlich bekommt man die Frage vorgelegt, ob man sich im Stadtrat oder Ähnlichem engagieren wolle. Das habe ich immer abgelehnt. Dazu bin ich vielleicht ein zu ungeduldiger Mensch.

Wenn Sie die Möglichkeit hätten, noch einmal bei null anzufangen, was würden Sie heute studieren?
Wenn ich damals genügend Zeit gehabt hätte? Wahrscheinlich Volkswirtschaft, weil mich die größeren Zusammenhänge interessieren. Gewisse betriebswirtschaftliche Kenntnisse habe ich mir selber aneignen müssen.

Wer Sie näher kennt, weiß, dass Sie sehr an Kunst interessiert sind. Ist die Kunst eine verborgene Liebe, die Sie dem Unternehmen zuliebe vernachlässigt haben?
Durch das Unternehmen bin ich natürlich viel mit Personen zusammengekommen, die im weitesten Sinne gestalterisch tätig sind. Mein Vater war immer an guter Form, an der Arbeit des Bauhauses interessiert. Durch die Tätigkeit bei der Zeitschrift »Bauen + Wohnen« habe ich viele Architekten kennengelernt und Leute wie Charles Eames, dessen »House of Cards« wir verlegten, haben mich immer fasziniert. Ich bin interessiert an gutem Design, ich gehe gerne in Museen und Ausstellungen – aber ich bin kein Kunstexperte und kein Sammler. Ein bekannter Kunsthändler hat mir einmal gesagt: »Kunst muss wehtun«. Vielleicht wollte ich mir nicht »wehtun«. *(Er lacht.)* Das war für mich auch eine Frage der Mittel, die ich investieren konnte oder wollte. Ich habe gelegentlich eine schöne Lithografie gekauft, Miró oder Braque zum Beispiel. Ich reise gerne, auch heute noch. Dass ich gerne lese, versteht sich von selbst, und nicht nur die Frankfurter Allgemeine Zeitung. Ich interessiere mich für gutes Essen und guten Wein – aber alles bleibt bei mir immer in einem gewissen Rahmen. Wahrscheinlich bin ich ein ganz langweiliger Mensch.

Otto Julius Maier: Auszüge aus der
Abschiedsrede als IHK-Präsident 1998

... Die Industrie- und Handelskammern sollten so viele Aufgaben vom Staat übernehmen wie möglich, um besser, kostengünstiger das Zusammenleben von Wirtschaft und Staat zu organsieren. Auch wenn es schon hundertmal gesagt worden ist: Der Staat muß die Haushaltsdefizite zurückfahren, er muß die Haushalte konsolidieren. Er muß Spielraum bekommen, um Steuern zu senken, sowohl die der Unternehmen als auch für alle Bürger. Risikobereitschaft und zusätzliche Leistungen müssen sich mehr lohnen. Nur so läßt sich die Konjunktur nachhaltig anregen. Deutschland konkurriert auch in steuerlicher Hinsicht mit anderen Ländern. Wir leben und arbeiten nicht auf einer Insel, sondern in einer globalen Welt. ... Der Weg zu verbesserter internationaler Konkurrenzfähigkeit heißt: Neben Senkung von Steuern und Abgaben, Abbau von Subventionen, Entbürokratisierung. Die Industrie- und Handelskammern können und wollen durch ihre Arbeit mithelfen, diese Ziele zu erreichen. Mithelfen können aber wir alle als Bürger. Das heißt, nicht bei jedem Problem nach dem Staat zu rufen und staatliche Regelungen für jedes Detail zu verlangen, nicht bei jeder Maßnahme oder Streichung von Subventionen oder Zuschüssen gleich aufzuheulen und zu behaupten, es werde einem etwas weggenommen, wenn etwas weniger gegeben wird. Mehr Bürgersinn und Achtung vor den Gesetzen kann manche staatliche Einflußnahme unnötig machen. Und staatliche Einflußnahme kostet immer Geld, Geld, das vom Steuerzahler vorher weggeholt worden ist.

Epilog

Sie haben mich nach einer Art »Zukunftsvision« gefragt. Das ist nicht so leicht. Wir sind in einem Markt tätig, in dem zumindest in Deutschland die Kinderzahl zurückgeht, in dem die digitale Welt einen immer größer werdenden Einfluss ausübt, da ist es gar nicht so einfach, in die Zukunft zu blicken. Ich möchte mich auch davor hüten, irgendwelche Vorgaben zu machen. Das ist Sache des jeweiligen Vorstands bzw. des Aufsichtsrats.

Ich hoffe natürlich, dass die Firma weiter wächst, sich gut im Markt Unterhaltung, Beschäftigung, spielerische Entwicklung von Fähigkeiten, in dem wir tätig sind, behauptet. Es wäre schön, wenn die Internationalisierung noch weiterginge, nicht nur im Sinne von Vertrieb des bestehenden Programms in andere Länder, sondern als Einstellung, welches Programm und welche Produkte wir als Unternehmen Ravensburger mit unserer Philosophie und unserem Wissen in anderen Märkten verlegen und auf den Markt bringen können.

Wir wissen aus Erfahrung, dass die Firma sich nur positiv entwickeln kann, wenn die Beziehungen der Gesellschafter untereinander stimmen. Je älter ich werde, desto bedeutender erscheint mir dies. Ich wünsche mir, dass auch der Übergang von der vierten in die fünfte Generation positiv läuft. Das wird bei zurzeit zehn Kindern in dieser Generation nicht einfacher werden. Jedes sollte einerseits einen eigenen Beruf haben, sich nicht nur auf Erträge aus der Firma verlassen, aber andererseits als Familienmitglied sich mit der Firma verwachsen fühlen.

Wir haben vor einigen Jahren als Ergänzung zu den Gesellschaftsverträgen einen »Family Codex« verfasst und mit den Gesellschaftern beschlossen, in dem wir unser Verhältnis zum Unternehmen und die Grundsätze für das Zusammenwirken der Gesellschafter zusammengefasst haben. Wichtig ist das Zusammenspiel in der Familie, gerade auch in der kommenden Generation. Dazu müssen Strukturen und Voraussetzungen geschaffen oder weiterentwickelt werden.

Gott sei Dank haben wir mit meinem Sohn Clemens und meinem Neffen Albert Hess in der vierten Generation zwei Familienmitglieder, die sich einerseits um die Firma, andererseits um die Gesellschafter und ihre Vertretung im Aufsichtsrat kümmern können. Dass dies weiterhin so gut klappt, das ist meine Hoffnung. Dass jetzt auch meine Tochter Valerie Mitglied des Aufsichtsrats ist, freut mich sehr.

Otto Julius Maier, im August 2013

Anhang

Dorothee Hess-Maier: Der Großvater
Otto Maier aus Ravensburg (1852–1925),
Verleger und Unternehmer

Der Buchhändler Otto Maier hatte im Sommer 1883 nicht einfach so den Entschluss gefasst, sich nach Ravensburg zu begeben und dort unter seinem Namen einen Verlag zu begründen. Bereits fünfzig Jahre zuvor war sein Vater Carl Maier, ebenfalls Buchhändler, aus Tübingen fortgezogen, um im schwäbischen Oberland Geschäfte zu machen. In Ravensburg wurde er Teilhaber der Dorn'schen Buchhandlung und erwarb Anfang der 1850er-Jahre eine Druckerei sowie eine Zeitung, die er als »Oberschwäbischer Anzeiger« herausgab. So war der Buchhändler auch Druckereibesitzer, Zeitungsverleger und Redakteur geworden. 1860 gründete er noch einen pomologischen und landwirtschaftlichen Verlag. Als er 1867 starb, hinterließ er seiner damals erst 39-jährigen Frau Julie und seinem fünfzehnjährigen Sohn Otto seinen Anteil an der Dorn'schen Buchhandlung, seine Druckerei mit dem Oberschwäbischen Anzeiger und seinen in den Anfängen steckenden Buchverlag. Mit diesen Aufgaben überfordert und nicht vertraut wandte sich Julie Maier an ihren Bruder Eugen Ulmer in Stuttgart, mit der Bitte, ihr bei der Ordnung der Geschäfte zu helfen.

Der junge Otto Maier wurde zum Buchhändler ausgebildet, verbrachte seine Lehrzeit in Berlin, Zürich und Graz. Im Alter von vierundzwanzig Jahren übernahm er die Anteile an der Dorn'schen Buchhandlung. Die Druckerei war verkauft worden und den Verlag hatte Eugen Ulmer übernommen, der diesen in Stuttgart weiterführte. Das Datum des ersten Verlagsvertrages, den Otto Maier im Jahr 1883 abschloss, gilt für die heutige Unternehmensgruppe Ravensburger AG als Gründungsdatum. Denn in diesem Jahr begründete er seinen Verlag mit einem Vorlagen-Werk für Grabdenkmäler. Für seine ersten verlegerischen Taten kamen ihm seine Erfahrungen als Buchhändler zustatten. Die Wünsche und Interessen des Publikums, die er durch die tägliche Arbeit in der Buchhandlung kennengelernt, sowie die Anregungen und Erfahrungen, die er während seiner Lehrzeit gewonnen hatte, dürften für sein Planen und Wirken wichtig gewesen sein, ebenso das verlegerische Vorbild seines Vaters Carl Maier und seines Onkels Eugen Ulmer. Bemerkenswert sind dennoch Zielstrebigkeit und Konsequenz, mit der er sein ganz spezielles Verlagsprogramm entwickelt und durchgesetzt hat.

Die Veröffentlichungen der ersten Jahre waren in Mappen eingelegte Vorlagen-Werke für Bau- und Kunsthandwerker wie Steinmetze, Bautischler, Kunstschmiede, Möbeltischler, Dekorationsmaler oder Wagenbauer. Nach dem ersten, 1884 herausgegebenen Spiel »Reise um die Erde« brachte er in rascher Folge weitere Gesellschaftsspiele heraus. Es waren Titel wie »Sprichwörter«, »Europa«, »Das 19. Jahrhundert« oder »Rotkäppchen«. Sie wurden dem Publikum in Anzeigen und Prospekten als »Lieblingsspiele für Jung und Alt« und mit der Empfehlung des Verlegers selbst angepriesen: »Diese Spiele vereinigen aufs Glücklichste Ernst und Scherz, Unterhaltung und Belehrung und der erzieherische Kern, der jedem dieser Spiele innewohnt, bietet im Verein mit Herz, Gemüt und Humor eine Fülle vergnüglicher Anregung und Erholung. Die Spiele sind nach pädagogischen Grundsätzen ausgearbeitet und dem jugendlichen Gemüt und Verständnis trefflich angepasst.« Zu den Spielen und Vorlagen-Werken gesellten sich im Verlag von Otto Maier bald sogenannte Jugendschriften, wie die Erzählungen von Christoph von Schmid (1768–1854), dem katholischen Theologen, Pädagogen und Domkapitular aus Augsburg. Dieser Jugendschriftsteller war über seine Lebenszeit hinaus ein in allen christlichen Familien, auch in den protestantischen, hoch geschätzter und heiß geliebter Erzähler geworden und frühen ökumenischen Gedanken gegenüber offen. Otto Maier hatte keinerlei Bedenken, Schmids Schriften zu verlegen. Seine religiösen Bindungen als evangelischer Christ beschränkten sich nicht auf die formale Zugehörigkeit zur Württembergischen Landeskirche. Der evangelische Stadtdekan Karl Fauser, der ihn gut gekannt hat, berichtet von dieser starken religiösen Gesinnung. Schließlich entsprach es wohl auch dem Geschäftssinn von Otto Maier, dass er diesen berühmten Erzähler ins Verlagsprogramm nahm, nachdem die Rechte an seinen Werken frei geworden waren und er sich hohe Absatzerfolge versprechen konnte.

Es ergäbe ein falsches Bild, neben den dargestellten, alsbald bedeutenden großen Verlagsgruppen der Vorlagen-Werke, der Spiele und der populären Schriften für Jugendliche einige andere Veröffentlichungen der frühen Jahre ganz zu übersehen. Otto Maiers erste verlegerische Arbeiten orientierten sich gewiss an den Wünschen seines kleinstädtischen Publikums, doch ist auch festzustellen, dass er sich sehr mit all dem auseinandersetzte, was sich in Deutschland sonst ereignete und als Veröffentlichung gute Absatzzahlen versprach. So erlebte er die Geburt der neuen Gesetzeswerke des Deutschen Reiches und brachte davon angeregt selbst ein Gesetzeswerk heraus, außerdem eine Ausgabe von »Die Invaliditäts- und Altersversicherung der Arbeiter, Gesellen, Dienstboten, Lehrlinge, Gehilfen aller Art« als Volksausgabe, ebenso wie Schulwandtafeln und Atlanten mit geografischen Merksätzen für deutsche Volksschulen.

Die Fortentwicklung seiner kleinen Firma, sein verlegerisches und auch unternehmerisches Handeln – all dies war jedoch in hohem Maße bestimmt durch Motive und Leitgedanken seiner eigenen, durch viele Einflüsse geprägten Person. Durch die Lektüre seiner umfangreichen Korrespondenz, die weithin erhalten und auf uns gekommen ist, lässt sich durchaus ein Bild seiner Persönlichkeit gewinnen. Ein lehrhaft-pädagogischer Zug – man ist versucht, ihn als penetrant zu bezeichnen – ist seinen Briefen an Freunde, Mitarbeiter und Geschäftspartner eigen. Die im Firmenarchiv aufbewahrten Kopien seiner Schreiben offenbaren seine ständigen und vielfältigen Aktivitäten, vor allem aber auch die Nachhaltigkeit seiner Bemühungen, sowohl in eigener Sache als auch in Angelegenheiten der Allgemeinheit sowie die Rigorosität, mit der er seine Grundsätze verfocht: Er versucht einen Autor für seinen Verlag zu gewinnen, dessen Werke ihm aufgefallen sind; er argumentiert, um einen anderen Autor von der Richtigkeit seines von ihm selbst entwickelten Projektes zu überzeugen; er erteilt dem für den Vertrieb der Vorlagen-Werke verantwortlichen Mitarbeiter Ratschläge, wie es ihm besser gelingen könnte, die schweizerische und österreichische Kundschaft zu interessieren; er kritisiert den Leiter einer städtischen Behörde, weil man einen Mitarbeiter nicht korrekt behandelt habe; der Direktor der benachbarten Brauerei wird gebeten, ermahnt, aufgefordert, für die Beseitigung von lästigen Gerüchen und Rußflecken zu sorgen; der Leiter des Forstamtes wird ersucht, die Bäume beseitigen zu lassen, die den Blick von der Aussichtsplattform der Veitsburg auf Stadt und Umland versperren. Dies alles erfolgt in der Form korrekt, aber distanziert, bestimmt und unnachgiebig. Abgesehen von der Pflegschaft beim Bodensee-Geschichtsverein, die er durch seine Mitarbeiter besorgen lassen konnte, hält sich Otto Maier jedoch bewusst abseits von allen Verpflichtungen gegenüber Vereinen, Gesellschaften oder beruflichen Organisationen und Einrichtungen.

Der Wille, sich durchzusetzen und dabei auftretende Widerstände zu überwinden, lässt sich in seinen Briefen immer wieder nachweisen. Dabei kam ihm offensichtlich seine Fähigkeit zugute, etwa seine Autoren von der Richtigkeit seiner Pläne argumentativ überzeugen zu können und sie dahin zu bringen, wo er sie haben wollte. Er muss eine Persönlichkeit gewesen sein, die Respekt und Gehorsam erheischte und Autorität ausstrahlte. Wie wäre es anders zu erklären, dass – um nur eines von zahlreichen möglichen Beispielen zu nennen, die diese Behauptung stützen können – einer seiner Söhne nach dem Tod des Vaters einen maßstäblich exakten Plan von dessen Arbeits- und Schreibtisch zeichnete, aus dem sich vom Platz für Bleistifte und Tintenfass bis zu dem des Telefons und Adressbuches alle Details der täglichen Arbeitswelt des verehrten, geliebten und wohl auch gefürchteten väterlichen Vorbilds ergaben.

Otto Maier war ein Mann, dessen Arbeitsethos von erzieherischem Willen bestimmt war. Im Archiv des Verlages in Ravensburg findet sich der Entwurf eines Verlagsprogramms, wohl aus dem Jahr 1912/1913, das die Herausgabe einer Bücherreihe unter dem Titel »Selbsthilfe und Selbsterziehung« zum Ziele hatte. Dort formuliert er selbst:

»Die unter diesem Titel erscheinende Bücherreihe hat den Zweck, denkenden, strebsamen Menschen, Jungen und Älteren, Fingerzeige und Anregungen zu geben, sie auf Schwierigkeiten und Gefahren aufmerksam zu machen ... Fleiß, Ausdauer und Treue sind die Eigenschaften, die er in sich ausbilden muss, wenn er etwas Rechtes werden will. Die wahren Erfolge werden nur von charaktervollen Menschen errungen … Um den verschiedenen Seiten menschlichen Wesens gerecht zu werden, sollen unsere Schriften teils praktische, teils ethische Fragen behandeln; wobei wir allerdings das vielfache Verwobensein beider nie aus dem Auge verlieren, sondern stets auf die Zusammenhänge hinweisen werden. Manches Buch wird davon reden, wie die Berufsfreudigkeit und Berufstüchtigkeit, Leistungsfähigkeit und Pflichteifer, Eigenschaften, die hauptsächlich dem äußeren Fortkommen dienlich sind, ausgebildet und erhöht werden können. Was die Kraft und den Lebensmut entwickeln und stärken kann, alles was zur Selbsthilfe gehört, soll da besonders berücksichtigt werden.«

In einem Anhang dazu werden später die Ziele dieses verlegerischen Programms wie folgt ergänzt: »Das Programm ergibt sich aus dem Collektivtitel von selbst. In positiver Hinsicht: Erziehung zur Pflicht, Charakter, Sparsamkeit, Tatkraft; Erziehung zu einem anständigen Menschen. Warnung vor: Nachlässigkeit, Müßiggang, Genussleben, Überhebung, Eitelkeit vor der Phrase und Leichtlebigkeit«.

Die damaligen Pläne kamen wegen des Ausbruchs des Ersten Weltkriegs nicht zur Ausführung. Sie sind aber bemerkenswert, weil sie Lebensprinzipien von Otto Maier in einer Art Credo zum Ausdruck bringen, die er auch in anderen Zusammenhängen in zahlreichen Briefen seiner geschäftlichen und privaten Korrespondenz immer wieder ausgeführt hat. Gewiss waren es auch Leitgedanken für die Erziehung seiner Söhne.

Man mag in diesen Leitgedanken Hinweise für seine eigene Lebensführung finden, vor allem auch solche, die als Impulse zu Beginn der Verlagsarbeit in Ravensburg und bei deren erfolgreicher Fortentwicklung eine Rolle gespielt haben. Denn es ist ja nicht selbstverständlich, dass dieser Verlag in Ravensburg entstanden ist, einer Stadt, die jedenfalls damals, vor 125 Jahren, keine besonders günstigen Voraussetzungen für eine Verlagsgründung bieten konnte.

Der Gründer des Otto Maier Verlags hat die Standortproblematik durchaus gesehen. In einem Brief von 1907 an einen Autor, den er für seinen Verlag gewinnen wollte, heißt es u. a.: »Da ich aber lediglich aus persönlicher Liebhaberei hier in der Nähe des Bodensees domiziliere, meine Verlagswerke aber alle in Stuttgart oder auch München herstellen lasse, so ist der bethlehemische Beigeschmack des hiesigen kleinen, aber netten Städtchens nicht so von Belang, wenigstens nicht für Unbefangene«. Wenn also heute für Ravensburg als Standort eines Unternehmens eine Reihe von Faktoren sprechen, so bleibt doch festzustellen, dass es besonderer Anstrengungen bedurfte, die Standortnachteile auszugleichen, die damals bei der Gründung des Verlages und in den ersten Jahrzehnten seiner Existenz gegeben waren. An den großen Verlagsstandorten in Stuttgart, Leipzig oder Berlin waren eben Autoren und Künstler vor Ort, ebenso Druckereien und Buchbindereien. Es bedurfte gewiss vieler Anstrengungen, wie Reisen und Warentransporte, um die Abgeschiedenheit des Ortes zu überwinden. Otto Maier war jedoch in seiner Persönlichkeit stark geprägt von seiner oberschwäbischen Heimat und tief verwurzelt in seiner Stadt Ravensburg.

Bemerkenswert ist seine ausgeprägte Liebe zur Natur, die er in langen Fußmärschen immer wieder erkundete. Er war ein bewanderter Mann im wahrsten Sinne des Wortes. Über die bloße Anschauung und Freude an der Natur pflegte er auch naturwissenschaftliche Interessen. Ein typisches Beispiel dafür ist seine Beschäftigung mit der Frage, ob es möglich sei, von der nahe gelegenen Waldburg an klaren Tagen den Montblanc zu sehen. Darüber führte er mit mehreren Fachleuten eine lange Korrespondenz. Er stellte Berechnungen unter Berücksichtigung der Erdkrümmung an. Panoramakarten wurden angefordert und neu gezeichnet. Das Problem konnte letztlich von ihm nicht eindeutig geklärt werden.

Auf seinen Wanderungen und Reisen, die ihn durch die engere Heimat oder auch in die Feriengebiete Österreichs und der Schweiz führten, nahm er regelmäßig sein Skizzenbuch mit, in dem er zeichnerisch festhielt, was ihm gefiel und ihn beeindruckte: eine schöne Architektur, eine typische Landschaft, ein Bergpanorama, Seen, Wald- und Wiesenlandschaften. Diese Skizzenbücher bilden noch heute einen besonderen Schatz des Firmenarchivs. Betrachtet man diese Zeichnungen, nimmt man erstaunliche Empfindsamkeit wahr, Sensibilität und Liebe zum Detail.

Auch in seinen Briefen erkennt man solche Wesenszüge, die scheinbar im Widerspruch stehen zu dem Bild des tatkräftigen Unternehmers. Trägt er beispielsweise ein Anliegen vor, bittet er zumindest um Verständnis. Andererseits reagiert er deutlich und gelegentlich auch hart und unnachgiebig, wenn er glaubt, seine berechtigten Interessen würden ungenügend respektiert.

Aus der nachgelassenen Korrespondenz von Otto Maier und aus Erzählungen seiner Söhne ist zu erkennen, dass er ein Mann war, der im Prinzipiellen niemals abwich von dem, was er für richtig hielt. Auf unerwartete Schwierigkeiten reagierte er rasch und entschlossen. Als er beim Ausbruch des Ersten Weltkrieges einen erheblichen Rückgang der Aufträge befürchten musste, kündigte er unverzüglich einer größeren Zahl von Mitarbeitern, um das Geschäft als Ganzes zu retten und so die Arbeitsplätze derjenigen zu sichern, die er glaubte halten und verkraften zu können.

Eine andere entschlossene Handlung, die für Otto Maier bezeichnend sein mag, war der über Nacht getätigte Verkauf der Dorn'schen Buchhandlung 1893. Es hatte Querelen gegeben, weil bekannt geworden war, dass Otto Maier im Gefolge des »Kulturkampfes« aus Bismarcks Zeiten eine Petition unterschrieben hatte, mit der evangelische Kreise überall ein Verbot von Niederlassungen der Jesuiten im Deutschen Reich anstrebten. Der katholische Stadtpfarrer in Ravensburg, ein persönlicher Freund von Otto Maier, empfahl diesem, einem geplanten Boykott der Dorn'schen Buchhandlung durch die überwiegend katholische Bevölkerung in Ravensburg zuvorzukommen und seine Buchhandlung sofort zu verkaufen. Dank seinem erfolgreichen Verlag war er auf den Besitz der Dorn'schen Buchhandlung wohl auch nicht mehr angewiesen.

Ein ausgeprägter Wirtschaftssinn, nüchternes kaufmännisches Denken und ein starkes Erwerbsstreben sind bei Otto Maier unverkennbar. Beim Tod seines Vaters Carl Maier war er erst fünfzehn Jahre alt gewesen. Es mag Notzeiten gegeben haben, die seine Mutter mit den Hinterlassenschaften durchzustehen hatte. Er scheint früh gelernt zu haben, was ein finanzieller Hintergrund für Familie und Unternehmen bedeutet, welcher Anstrengungen und Umsicht es bedurfte, diesen zum Wohle von beiden zu erhalten und zu vermehren. Seine Heirat mit Helene, geb. Kiderlen, aus einer wohlsituierten alten Ravensburger Familie, bot ihm finanzielle Unabhängigkeit, die es mit kaufmännischem Geschick und Spürsinn zu erhalten galt.

Für die wirtschaftlichen Erfolge des Verlagsgründers waren seine Lebensmaximen sicher von großer Bedeutung. Sein berufliches Wirken, der beständige und nachhaltige Einsatz für seinen Verlag gaben dem Unternehmen die gerade in den ersten Jahrzehnten seines Bestehens unerlässlichen Lebens- und Wachstumsimpulse. Hinzu kam, dass er die Betriebsgewinne nur im notwendigen Ausmaß für private oder familiäre Zwecke konsumierte und sie weitgehend für den Ausbau seines Verlages einsetzte.

Wenn man sich das bereits zitierte Programm für die geplante Buchreihe zur Selbsthilfe und Selbsterziehung noch einmal vor Augen führt, dann wird das Gewicht deutlich, das Otto Maier der beruflichen Arbeit und einer zurückhaltenden bescheidenen Lebensführung beimaß. Beides war für seine eigene Lebensgestaltung maßgebend.

Mindestens so auffällig an seinem Lebensstil ist die Zurückhaltung gegenüber allem äußeren Aufwand und die Ablehnung des »Genusslebens, der Überhebung, der Eitelkeit, der Phrase und Leichtlebigkeit«. Bei seinen Eisenbahnfahrten nach Stuttgart benützte er regelmäßig die Holzklasse. Als er mit einer Abordnung zu einem Besuch beim König von Württemberg eingeladen war, stieg er in Cannstatt um in die erste Klasse, damit er auf dem Stuttgarter Bahnhof standesgemäß aussteigen konnte. Da ihm Ölgemälde als Wandschmuck für seine Wohnung als luxuriös erschienen, kaufte er sich Lithografien, Kupfer- und Stahlstiche, die erheblich preiswerter waren; Belletristik hat im Verlagsprogramm – wie auch in seinem Leben – keine Rolle gespielt, wohl weil ihr seiner Einschätzung nach gelegentlich etwas

Ausschweifendes anhaftete. Soweit man sich dem Thema Kunst in der Verlagsproduktion zuwandte, war es allenfalls die pragmatische Schiene: Geschichte der Kunst, Kunststile und Stilvergleich, Kunstvermittlung, Anleitung für künstlerische Tätigkeit.

Auch wenn er seinen Lebensstil stets bescheiden hielt, kam es 1896 zum Bau eines großen Wohnhauses für seine Familie vor den Toren der Stadt, außen wie innen gewissermaßen die Quintessenz all dessen, was durch die Vorlagen-Werke seines Verlages weithin verbreitet worden war. Um den Rahmen für die weitere Entwicklung des Unternehmens zu ermöglichen, wurde das Verlagsgeschäft, welches er zunächst in der Bachstraße 2, dann in der Kirchstraße 12 betrieben hatte, in das stattliche Haus Marktstraße 26, Ecke Burgstraße, umgesiedelt, das er bereits 1886 erworben hatte.

Otto Maiers besondere Liebe galt dem Sommerhaus der Familie seiner Frau in Kressbronn am Bodensee, wo er sich oft mit der ganzen Familie zur Sommerfrische aufhielt. Hier entstand 1892 das »Panorama vom Schiffsdamm in Kressbronn«, auf dem die Alpenkette und die Vorberge vom Pfänder bei Bregenz bis zur Hörnlikette bei Arbon im Rundblick dargestellt sind. Lithografiert und verlegt, wurde es viele Jahre an die Sommergäste des Bodensees erfolgreich verkauft.

Otto Maier starb 1925 im 73. Lebensjahr. Drei Söhne Otto (1891–1952), Karl (1894–1979) und Eugen (1899–1945) führten das Verlagshaus weiter. Das von ihm begründete Unternehmen wirkt heute weit über die Stadt Ravensburg hinaus und schickt seine Produkte mit der Marke Ravensburger in alle Welt. In den Unternehmensgrundsätzen sind durchaus noch seine Spuren zu finden, wenn es heißt: »Unser Leistungsbeitrag für die Gesellschaft ist es, Nutzen zu stiften für Unterhaltung und Bildung. Unsere Angebote sind Anregung zur Persönlichkeitsentwicklung und Selbstentfaltung. Sie vermitteln Sinn für Gemeinschaft und Familie und fördern keine Gewalt; sie prägen Geschmack und das Gefühl für Qualität.«

Quellen und Bildnachweise